储卉娟 张慧等 著

回到日常生活

社会学与人类学的探索

华东师范大学出版社
·上海·

图书在版编目（CIP）数据

回到日常生活：社会学与人类学的探索 / 储卉娟，张慧等
著 . -- 上海：华东师范大学出版社，2024. -- ISBN
978 - 7 - 5760 - 5396 - 8

Ⅰ. C913.3

中国国家版本馆 CIP 数据核字第 2024ZL8035 号

回到日常生活：社会学与人类学的探索

著　　者　储卉娟　张　慧　等
责任编辑　赵万芬　顾晓清
特约审读　姜　峰
责任校对　杨月莹　时东明
封面设计　郑絮文

出版发行　华东师范大学出版社
社　　址　上海市中山北路 3663 号　邮编　200062
网　　店　http://hdsdcbs.tmall.com/
客服电话　021 - 62865537

印 刷 者　上海新华印刷有限公司
开　　本　787 × 1092　16 开
印　　张　12.25
版面字数　267 千字
版　　次　2024 年 10 月第 1 版
印　　次　2025 年 6 月第 2 次
书　　号　ISBN 978 - 7 - 5760 - 5396 - 8
定　　价　60.00 元

出 版 人　王　焰

（如发现本版图书有印订质量问题，请寄回本社市场部调换或电话 021-62865537 联系）

目录

说明与致谢

"日常生活论坛"是中国人民大学社会学院的年度品牌论坛，由储卉娟、张慧、富晓星、黄盈盈四位老师发起，于2016—2023年成功举办了七届，获得了良好的学界和社会反响。论坛旨在就日常生活相关议题进行多角度、多学科、多元的对话和深入的交流，为学界提供以"日常"为切口的理论洞见与历史和现实经验。

在七届论坛中，我们邀请的嘉宾来自社会学、人类学、历史学、民俗学、文学、建筑学、艺术学、医学等学科，集公益界和企业界共100余名师友参与研讨，共享学术志趣，缔结朋友情谊。在此对各位同仁致以深深的谢意。特别感谢美国芝加哥大学人类学系荣休教授冯珠娣（Judith Farquhar）对年轻学人的支持，她鼓励我们在学术探索中永远保持好奇心。特别感谢赖立里、刘文楠、肖索未、苏春艳、龚浩群等读书会朋友最长情的支持，论坛的成功举办离不开他们的鼎力相助。

"中国人民大学人类学文丛"推出的《回到日常生活：社会学与人类学的探索》辑录了前几届"日常生活论坛"的精华之作。该书由中央高校建设世界一流大学（学科）和特色发展引导专项资金支持，感谢社会学院对这个一流项目的重视。我们希望该论坛可以持续发展，常办常新。"中国人民大学人类学文丛"也将陆续推出中国人民大学人类学系策划的人才培养和科学研究佳作，敬请各位师友关注。

第一编

理论与方法

第一章 为什么研究日常生活？
——重新思考列斐伏尔的批评（代序）

"我们还没有从精神上离开 19 世纪。"

——亨利·列斐伏尔，《日常生活批判》[①]（第 119 页）

列斐伏尔在 20 世纪 50 年代写下如此尖刻的判断，他所指向的是法国哲学界对日常生活的忽视以及对宏大叙事的迷恋、裹足不前。初看这是有些奇怪的。事实上，当时恰是法国文化革命如火如荼之时，宏大叙事和结构主义作为批判的靶子几乎已经丧失了在智识层面的合法性，何以列斐伏尔依然如此痛切于看似僵死的敌人，以至于要花费十年之力写成三卷本《日常生活批判》，而萦绕在文本之中的是深陷不理解与围攻的愤懑、不满，乃至绝望，或者说表达得过于激昂的希望？列斐伏尔的对手到底是谁？为何这场战争如此艰难，就在"日常生活的问题和研究已经在历史学家、人种学家、哲学家、社会学家以及作家、艺术家和记者的眼中日益重要起来"的时刻？（第 5 页）

重提这些疑问，是因为它们似乎在某种意义上抓住了当下中国日常生活研究中潜藏的问题与危机。一方面，"日常生活研究"正在进入人文社会科学各领域，以不同的面向对本学科领域的传统研究范式提出挑战，青年学者，尤其是拥有新鲜生活经验的青年学生，纷纷在这一范畴内将自身经验"合法化"为学术问题，私人生活诸领域诸感受皆可敷衍成文，热闹非凡。另一方面，"日常生活研究"却无法摆脱被主流学界视作边缘研究的境遇，琐碎、偶然、无代表性、"剩余生活研究"仍是常见的批评。更尴尬的是，检视以"日常生活"为名的诸多研究，我们不得不承认，这些批评甚至在大多数时刻是中肯的。大量关于生活细节的学术研究，停留在现象描述或者俗套的概念套用与批判，并没有对理解社会、历史或者个体境况做出真正有分量、有启发的知识贡献。这一现状反过来又削弱了"日常生活研究"作为范式的合法性与必要性。

那么，为什么要研究日常生活？或者用列斐伏尔 80 年前的话说，如果"日常生活批判不过是对资本主义社会老式的、枯竭的批判的翻版而已，无非是对无关紧要的事物加以批判……是一个不值一提的批判"，那么"重启日常生活批判的意义何在呢"？（第 4—5 页）

这正是日常生活论坛发起之初我们所希望直面的问题。

[①] 本文中所注页码皆来自亨利·列斐伏尔. 日常生活批判：第一卷 [M]. 叶齐茂，倪晓晖，译. 北京：社会科学文献出版社，2018。

一　为什么研究日常生活？

"在如此繁杂和困难的问题可以提出来之前，它们必须成熟。"（第3页）

作为马克思主义者的列斐伏尔需要面对的第一个质疑是：如果日常生活只是被经济基础决定的上层建筑，是被决定的，那么为什么要单独研究日常生活？为何要舍弃更彻底的哲学思考，而进入琐碎的社会学？更换到当代的语境，我们或许会更熟悉：如果日常生活是被结构、权力或更深的历史机制所影响的表象世界，停留于此又有何意义呢，为何不着手进行更重要的研究？

现实当中，研究者处理这种质疑通常采取回溯学术脉络的方式，但这通常混淆了一个问题：概念和研究范式具有学术史上的合法性与此概念和范式为何应当在此时此地被使用之间其实是存在差异的。即使有胡塞尔、舒茨在前，我们仍然无法摆脱这个关于必要性的质疑。而在《日常生活批判（第一卷）》第二版序言中，列斐伏尔给出了一个不太常见的论证方式：要抓住当代生活的核心矛盾并对之展开有效的批判，必须进行日常生活研究。换言之，之所以在哲学研究之外仍然要进行日常生活研究，是由时代和人的新变化决定的。

列斐伏尔的论证至少有两点与我们当下的处境密切相关。

首先，生活本身发生了变化，而传统的哲学思辨或者文艺讨论方式不足以应对这种变化。"解放的热情之下，人们希望生活会很快得到改变，世界也会很快得到转变。不止于此：生活已经改变了；人在发展，大众处在骚动之中。他们的运动正在让新的价值浮出水面。"（第4页）在另一篇文章《日常与日常性》（*The Everyday and Everydayness*）中，他更具体地指出，拜物教的崛起惊人地改变了当代生活的"日常性"：

> 在一系列革命带来所谓现代之前，居住、着装风格、饮食——简单地说，生活本身——呈现出惊人的多样性。生活从不臣服于任何单一系统，而是随地区、国家、人群阶层、可用资源、季节、气候、职业、年龄和性别的差异而大相径庭。……什么改变了这种状况？功能性元素被与具体的生活脱钩、被理性化，然后被批量生产，最后被社会性约束或者劝说机制（即广告或者强有力的经济、政治习惯）强加到个人身上。形式与功能、与结构之间的关系并未消失，只是变成一种预先设定好的关系，并将这种关系清晰地进行生产、宣示和展现。一个现代客体会明白地表示自己是什么，以及自己的角色和位置，同时过度强调并再生产其所负载的意义符号：满足，幸福，品质，财富。[1]

如果说异化是马克思主义者真正关切的人的问题，那么，要把握正在发生的异化，就不能绕开拜物教的问题，以及"物"本身和围绕"物"的实践。"基于这样的理由，现在的哲学家

---

[1] LEFEBVRE H, LEVICH C. The everyday and everydayness [J]. Yale French studies, 1987, 73.

正经历着他们的先驱们所不知道的困境。"（第4页）

其次，现代科技对生活方式的渗透，在某种意义上改变了人对日常生活的感受，也改变了研究者进入和理解日常生活的难度与方式。现代科技作为一种内嵌算法与价值观的力量系统，以便利性为契机融入普通人的生活，同时也将一种与日常迥然不同的系统带入了生活层面。

> 现代技术进步实现了日常生活。现代技术进步替代了那些用梦幻、观念、诗歌或那些超出日常生活的活动所做的日常生活批判，现代技术进步从内部展开对日常生活的批判：日常生活做出对自己的批判，通过可能对现实展开批判，通过日常生活的另一方面批判日常生活的这一方面。拿那些具有所有先进生活设施的日常生活与较低或降低了生活标准的日常生活相比，前者呈现为一个遥远而熟悉的怪梦。……呈现出一种迷人的特征，一个另外的日常生活的世界，而不是这个观众自己的那个日常生活的世界，把观众从它的日常生活世界里连根拔起。（第7—8页）

科技仿佛在人的生活里埋下了一个如影随形的幻梦，从此每个人都真实地生活在想象与现实之间。列斐伏尔敏锐地察觉到，在此之后人的生活内部发生了分裂，这种分裂对生活于其中的个体而言是需要处理的矛盾系统，对试图对之展开观察的研究者而言，也意味着遥远的观看和揣测失去了效力。如果连身处其中的人都必须持续性地在张力之间、在幻梦和真实之间不断地做出调整，那么基于既有的、过去的、外在的知识系统的静止判断又有何价值呢？

基于此，列斐伏尔正面回应了主要来自哲学家的质疑：日常生活研究不是躲避了最核心和深刻的问题，而是进入这些问题的必要方式。它看起来在处理琐碎的经验，但现代生活的核心矛盾就在琐碎当中。

基于同样的判断，我们在2016年发起首届日常生活论坛，并在征稿启事中写道：

> 在全球化、城市化和网络化等浪潮的交叠作用下，中国社会的日常生活层面正在经历着剧烈的冲击和变化。时空极速延展，农村/城市、本土/异域、传统/现代、生产/消费、国家/社会、制度/个人等社会科学长期依赖的二元分类边界日渐模糊，人们的日常生活内容、生活欲求、关于日常生活的想象和期待都在发生变化，行动者的意义网络、象征体系随之变得异常复杂。如何扎根于经验，对当前生活世界多变繁复的内在逻辑进行深度的描述，扩展我们的研究视野，促进认识论和研究方法的创新，成为日常生活研究亟待解决的问题。

二　日常生活是什么？

列斐伏尔明确表示日常生活概念的边界亟需确定，尽管事实上阅读完日常生活批判的相关部分，关于"日常生活是什么"，我们并不能得到比阅读之前更清晰的答案，但他仍给予一个强有力的提醒：作为被观察对象的日常生活（everyday life）与我们每日经历的生活（daily life）是不是一回事？或者换个角度来提问：日常生活研究所说的"日常生活"究竟是什么？如果说日常生活是一个确定的研究对象，在逻辑上似乎确实存在"非日常"或者"反日常"存在的可能，但正如与会者在论坛所提问的：我们怎么区分"日常"与"非日常"或者"日常"与"反日常"，在具体生活的脉络里，难道它们不都是"日常地"发生的生活吗？

吴飞在总结中国社会科学的日常生活转向时，扼要提及了这一转向发生的时间线索与当前状况：

> 近20年左右，日常生活问题也受到中国大陆学者的关注，以《求是学刊》等刊物为中心……潘忠党、刘怀玉、陶东风、李猛、杨善华、郭于华等一批学者开始系统介绍西方的研究成果。孙立平发现，在过去几十年的时间里，"社会史""日常生活史""自下而上的历史""微观史学""口述历史"研究的进展，有效地推进了人们对社会生活中这个层面认识的深化……在中国，"日常生活史"不过是增进我们对"宏观历史"认识的一个途径，日常生活研究基本上是在介绍和批判性的视野上展开的，尚未成为揭开社会事实运行规律的最重要的手段，更没有发展成为学术界的主流范式。[①]

我们可以看到，迄今为止日常生活研究主要在三个不同的研究领域独立但有关联地展开。

第一，在哲学领域，主要以思想史梳理的方式，在尼采、韦伯、海德格尔、马克思、阿多诺、列斐伏尔的谱系中，介绍生活世界、日常生活、哲学的语言学转向等。日常生活或作为沉沦世界，或作为存在论世界，成为哲学研究者讨论个体生存状况的概念工具。

第二，在历史学领域，针对传统史学集中关注政治、经济等抽象领域的问题，从哲学讨论蔓延开来的"日常生活"成为微观史学滥觞的合法性依据。历史学家将目光从帝王将相、历史转折点、重大历史事件移开，利用之前被认为过分琐碎、平淡的档案材料，投向平民的衣食住行，甚至所思所想，力图恢复长期被压抑的"那些沉默者的历史"，从自下而上的新角度来重新检视曾经熟知的历史。在某种意义上，民俗学的日常生活转向也可部分地归入这一研究脉络，从关注节庆、仪式转而关注具体的"民"，关注积淀在普通人意识中理所当然的"礼俗"，"为普通中国人的日常生活辩护"。

第三，在社会学领域，进一步承接了社会史的微观转向，视日常生活为对抗结构－功能或宏大叙事的方法论解毒剂，在舒茨之后的现象学社会学脉络中，强调日常生活才是唯一重要的社会实在，真正的关键在于挖掘日常生活之中的隐秘意义脉络，是对长期占支配地位的宏大叙事发起的挑战与范式革命。

总结以上，我们可以更清晰地理解吴飞所做的判断，日常生活研究"基本上是在介绍和批判性的视野上展开的"，它更多地成为各研究领域在应对已有危机时的一次范式反动，用列斐伏尔的话说，成了"批判的武器"。这带来的直接结果，是不同领域的研究者实际上是在各

---

① 吴飞."空间实践"与诗意的抵抗——解读米歇尔·德塞图的日常生活实践理论 [J].社会学研究，2009，24（02）.

自的语境下定义日常生活。所谓的日常、非日常与反日常，并不是经验层面的区分，更可能是不同学科视域观照的不同结果。历史学、民俗学强调日常生活的恒常性和连续性，如关于"生活底蕴"的研究所讨论的日常生活，指的其实是出现很长时间、很难被打断的内容，这样的定义是在日常与非日常脉络之下才会出现的；社会学更强调日常生活作为意义生成机制，日常与反日常的关系会成为讨论的关键。所谓日常是被制造出来的，当我们沉浸在日常当中时会认为它是不言自明的，只有当反日常出现的时候，人们才意识到日常是被赋予的一种表象。在这种讨论脉络之下，日常并不是作为一个实体的领域而存在，所谓"日常"是被制造出来的一个幻象，日常生活是意义生成的领域，也是生成性机制。

历史造就现实的困境。一方面，当跨学科的研究者聚在一起讨论日常与非日常、日常与反日常的关系时，其实有可能是在以完全不同的对"日常生活"的定义在对话，甚至问题意识都完全不同；另一方面，日常生活作为"批判的武器"这一先置条件，导致研究者往往在经验上过于强调日常生活的非政治性、非结构性、底层性与反抗性，在分析取向上又无法摆脱与政治和宏大叙事的对话，结果便相当吊诡：日常生活研究时常主动甘于"琐碎"，仿佛不底层、不琐碎便不够日常，但谁又能说治国理政这种看起来远离底层的生活不是某类特殊人群的日常呢？

那么，如果我们能够主动、自觉地摆脱"分析和批判的层面"，在视域融合的前提下，正视日常生活研究之于现代社会的意义，致力于让它成为"揭开社会事实运行规律的最重要的手段"，又应该如何界定"日常生活"呢？首先，"日常生活"并不等同于"每日生活"，在任何领域内，日常生活都从未被直接等同于经验层面的生活本身，它是由具有不同问题意识的研究者在经验世界的基础上发展出来的"认知结果"。当社会史讨论日常与非日常时，日常生活意味着社会生活里带有恒常性的那部分。当微观社会学讨论日常与反日常时，日常生活则意味着人们的意义世界里不言自明的那部分。换言之，"日常生活"是研究者主动知识实践的认知结果，是意识对世界的一次把握，而非经验世界的学术代名词。其次，也是承接以上，"日常生活"因此不能被简单地等同于私人生活，或者底层生活，或者传统研究不涉及的"剩余生活"。所谓日常生活研究，不是按照某种标准对经验世界划分研究范畴，它呼唤研究者进行更深层次的自我反思，甚至涉及其自身所依凭的学科假设：固有的问题意识、研究方法、叙事方式等。

以上思考也构成了2017年第二届日常生活论坛的灵感。既然作为被观察对象的日常生活与我们每日经历的生活之间存在认知上隐秘的跳跃，那么——

学术对于日常的凝视，究竟是对日常的发现，抑或本质上是一场反日常的社会行动？今年，日常生活研究论坛将延续以上讨论，继续推动认识论与方法论的创新，并将话题延伸到"叙事与表达"层面：作为社会科学研究者，我们（能够）如何表达日常生活？以及，我们正在表达怎样的日常生活？什么是好的叙事？面对无法置身其外的日常世界，研究者表达经验的方法与叙事的类型，或许需要一场深刻的反思与大胆的创新。

三　重拾“好奇心”

即使我们已经意识到日常生活研究是接近当代社会事实运作内在规律的关键，意识到需要通过深度反思和方法更新才有可能完成对日常生活的“发现”，列斐伏尔也不会就此停止质疑——他会抛出一个更尖刻却无法回避的问题：怎样才是有益（而非有害）的日常生活研究？面对这个问题，或许我们可以从他自己如何对待各种日常生活揭示与研究路径（尤其是如何评价与批评卓别林和布莱希特）当中获得另一个可供反观我们自身和当下的角度。

在列斐伏尔看来，卓别林是一位天才，他借助从日常生活中借来的极端精准的元素，例如帽子、手杖和裤子，突然抓住了琐碎事情背后的怪异和混乱。“卓别林让日常生活突然神奇起来，戏剧化了，令人愉悦。卓别林像个陌生人一样走进了这个我们熟悉的世界，在回家的路上，经历这个世界，喜悦之中蕴含着伤害。他突然让我们失去了方向，当我们面对物体时，他不过是告诉我们，我们是什么；这些物体突然成了怪物，熟悉的不再熟悉了。”通过这种陌生化和奇异化，卓别林突然刺破了资产阶级世界的浑圆外壳，将其内部产生的与之时刻相伴随的那个穷困潦倒的世界释放出来。他实现了一种对日常生活“成功”的批判，“通过羞辱异化了的人的形象来揭示异化”。但同时，列斐伏尔仍然认为这是一次不彻底的批判，因为卓别林在提取这些元素的同时，也将这些平凡的事物抽离了远处的背景，明明是在建立根植于日常生活中的形象，却仍然依赖剧场以及观众观看时的神秘体验。观众会在黑暗的剧场中获得震撼的内心感受，然而一旦离开剧场，那些平凡的元素又回到日常生活中，就像“我们近距离观察一种从土地上、从各种各样的植物中挑出来的不起眼的植物，这种植物就变得神奇无比了。然而，一旦这样的形象与它们的日常背景分开，表达这些形象的日常属性的描述就变得非常困难了”。（第8—12页）

相比之下，布莱希特的戏剧则保留了更多对整体日常生活进行批判的雄心。传统戏剧通过时间、场所、情节逻辑一致的“三一律”，对日常生活的逻辑做出严密的控制，由此实现对日常生活中某一部分的认可和升华。而布莱希特的“史诗剧”则恰好相反，他希望通过各种手段消除舞台的神秘主义色彩，刻意通过靠近日常生活来表达行动。卓别林式的反转现实，在布莱希特看来不过是另一种舞台控制，而戏剧需要走得更远，将整个日常生活而不是选择的元素和组合形象带入观众的意识之中，通过将观众置入一个令人不安的外部情境，“这个舞台行动唤醒他的行动能力，迫使他做出决定……面对有争议的事情”（第19页）。这场戏剧界的民主革命致力于厘清日常生活的矛盾，而不是提纯日常生活。列斐伏尔十分认可布莱希特的志向，但表示仍然不满意：一种异化的危险。强烈的戏剧效果在迫使观众产生疏离感的同时，或许也会制造一个失去方向的内心世界和紧张的情境，观众不再被“经典的”结局支配，却也没有就此走入日常生活，而是堕入一种应激性的想象。“观众的异化的意识之中，通过意识的异化接近自己。他摆脱自己仅仅是为了更有效地进入他自己的内心世界。”这是一个容易走火入魔的过程。“观众会在一种不合情理的忘我境界中寻找他们需要的喘息和满足。”（第12—22页）唤醒，可以令观众意识到日常生活及其内在矛盾的存在，但他们并未因此真的回到生活的场景，舞台上弥漫的强烈感情也可能让他们进入另一场情绪的幻梦。这是经由艺术揭示日常生活的危险。

与以奇迹之名"诋毁"日常生活的波德莱尔（列斐伏尔的判断）相比，卓别林和布莱希特都在积极尝试将日常生活重新拉回到人们的视野中，并促使人们意识到日常生活中潜藏的矛盾。天才如卓别林或者费里尼，借助反转现实敏锐地抓住了日常生活的核心要素，但仍无力驱赶这种戏剧化的组合方式背后的神秘主义，只能反转象形并非日常生活本身；布莱希特的更新现实将剧场的光引向日常生活整体，赋予日常生活以史诗性，唤醒观众的行动能力，但强烈的戏剧感仍会构成障碍，舞台上刻意表现的日常生活动作与片段会产生新的戏剧魅力，无论如何，它仍然是被预先构造的。

无须刻意比较，我们不难看出这两位天才戏剧家的处理方式与某些经验研究之间的共同点。日常生活研究需要在经验世界中获取材料，如何获取，如何处理材料之间的关联，如何表述日常生活，如何处理与读者之间的关系，或许不仅仅是方法和经验的问题。正如列斐伏尔的批评所指出的，关键的维度在于，研究者究竟要展现什么。是如同卓别林一样，通过精准的材料选择来展现一个据说被遮盖起来的日常生活，还是如同布莱希特一样，通过各种叙事手法唤醒读者去参与材料所铺排出的具体世界，又或者如同列斐伏尔所建议的（尽管不曾给出具体操作步骤），摆脱对研究对象的预先假设（形象）和控制（舞台），直接进入人们的生活，开展一种"具体的社会学"。模仿书中提到的例子，如果在街上遇到专程去农夫市集买面包的妇女，我们可能不是去选择材料论证徘徊的消费主义幽灵，也不是事无巨细地描述围绕她的一切，打包成为街头的尤利西斯以供读者自行分析，而是不带预设地进入她的世界，"展开一个名为'我们怎样生活'的调查"。

> 我们可以利用许多研究手段，努力重新构造许多个人的真实生活。这些人的私人意识是如何形成的？受到什么影响？他们如何选择他们的生活道路、他们的职业？他们是怎么结婚的？他们如何和为什么有了孩子？他们在这类生活状况中如何和为什么如此这般地生活？
>
> 我们生活中琐碎的一天，是如何度过的？……一个平常人在一般的生活中，如何与大社会团体发生联系？他在哪里与这些大社会团体邂逅？他对这些大社会团体感觉如何？他如何想象这些大社会团体？他如何在复杂体制中生活？这个复杂体制从早到晚如何在他面前显示出来？（第180—181页）

虽然作为具体研究计划在今天看来失于简陋，但列斐伏尔展现了一个完全不同于当代电影、戏剧与文学的接近日常生活的方式，或者借用福柯的概念，一个基于"好奇心"（curiosity）的方式。

在2018年的会议上，冯珠娣将这个概念提出，引发了与会者的热烈讨论。也正是出于对好奇心及其所指向的研究方式的认同，我们将"重拾好奇心"定义为2019年日常生活论坛的讨论主题：

> 在发挥想象力完成对社会的建构、治理和改造之前，研究者或许首先需要应对的是如何理解自己和世界的关系。好奇心往往被认为是孩子气的、无用的，但是孩子的好奇

心却也是最没有边界的。它并没有既定的路径、逻辑和关联，也无关阶级、性别、种族。这种好奇心可以打破我们原本的认知，建立一种新的社会图景。同时，正如福柯所指出的，对研究者而言，好奇心是对惯性和固执（obstinacy）的打破，它呼唤对自我和世界真正的关切（concern），完成对僵硬边界的融化和多元性的开拓，最终让我们获得新的自由。

四　文集简介

日常生活研究是面向社会生活整体的一次认知冒险，它需要我们面对来自传统学科和思考方式的质疑，主动反思并打破传统学科壁垒所导致的认知障碍，甚至卸下已有的判断与假设，带着好奇心扎入未知的世界。重新阅读和思考列斐伏尔在 20 世纪 50 年代对日常生活研究提出的诸多批评，可以帮助我们获得一个重要的比较时空，定位我们的疑惑、发展我们的思考。

本书所选论文皆为 2016—2018 年日常生活论坛的参会文本，也在某种意义上集合了研究者对上文所分析列斐伏尔之问的思考与实践。基于此，文章被分成四个部分，对应主题的三大板块。

第一编"理论与方法"，主要讨论日常生活是什么，以及如何研究日常生活等理论问题。除了本文试图阐明日常生活论坛历届主题背后的理论考量，另选入赖立里与张慧的《如何触碰生活的质感？——日常生活研究方法论的四个面向》，深入讨论日常生活作为一种方法的可能性与途径。

第二编"媒介与叙事"，对应研究者与日常生活之间关系的思考，聚焦于研究者如何通过叙事媒介的反思与实践来完成对日常生活的把握。本编选入三篇文章，分别是刘亚秋的《将文学作为"田野"的可能——以记忆研究为例》、张丽华的《从"故事"到"小说"：作为文类寓言的〈怀旧〉》以及富晓星的《作为行动者的摄影机：影视人类学的后现代转向的反思与实践》，记忆、文学、摄影机成为研究者与日常生活之间新的表达介质。

第三编和第四编是好奇心探索的结果，分别从"历史经验"和"当代实践"两个时空维度展开对日常生活的探究。"历史经验"部分收入刘文楠的《晚清上海日常生活中的爆竹》和袁一丹的《北平沦陷的瞬间——从"水平轴"的视野》，"当代实践"则收入肖索未和王选的《家务劳动社会化：市场改革初期的再生产转型》、鲍雨的《身体麻烦：对脊髓损伤者日常生活中残障经验的考察》、龚浩群《身心锤炼：关于泰国城市中产阶层佛教修行实践的初步分析》、邢婷婷的《占卜术与时间焦虑——当代青年自然节律时间与社会时间之间的张力》以及储卉娟等《隐退、"自杀"与"重生"：互联网时空里的自我技术》。

"我们还没有从精神上离开 19 世纪，"在愤怒地攻击之后，列斐伏尔接着写道，"新人最终扼杀了魔力，埋葬了老神话'腐烂'的尸体，踏上了一条通往统一和意识的道路；新人可以开始他自己生活的征战，重新发现或创造平凡生活的伟大；新人可以开始了解日常生活，谈论日常生活。在这个时候，我们会进入一个新的时代。"（第 119 页）

（本文作者　储卉娟）

第二章 如何触碰生活的质感？
——日常生活研究方法论的四个面向①

日常生活作为研究对象似乎早已成为常识，日常生活研究的重要性也早已成为共识。然而，不少人仍然将"日常生活"看作一个不言自明的概念，"就在那里"等着研究者。换言之，把日常生活收集起来"深描"即可。而且这样的"深描"，往往是为了反映更大的社会政治议题，日常生活本身并没有得到足够的重视。其实，日常生活首先在"活"，以反映论来对待日常生活，从根本上否定了日常生活的生成性以及人们的主观能动性，也固化了对社会政治结构的认识。因此，有必要先对作为概念的日常生活进行辨析，扫清障碍，以进一步探讨日常生活研究如何可以成为社会科学研究行之有效的方法论。②

一 作为概念的日常生活

讨论作为概念的日常生活，离不开现象学家胡塞尔的"生活世界"概念。胡塞尔于20世纪初开创出"生活世界"这一哲学命题，并在30年代出版了《欧洲科学的危机和超验现象学》，对"生活世界"进行了集中论述。在胡塞尔看来，"生活世界"指人们具体经验到的周遭世界。③这是与科学世界相比较之后做出的论述。胡塞尔认为，科学世界把生活世界的一部分抽取出来加以形式化和片面化，是从前科学或前逻辑的生活世界中分化出来的。而"生活世界"是"认识论之前的"（pre-epistemological）世界，强调人的具体经验（lived experience），目的在于更加客观地把握我们所处的"既有世界"。舒茨（Alfred Schutz）将"生活世界"概念引入社会学，并"在确立社会科学的解释主义方法论的基础上形成对日常生活世界的理解和人类行动主观意义的阐释"④。虽然舒茨与胡塞尔在"生活世界"概念的使用上有一定差异，但舒茨对"日常生活世界"（world of everyday life）的强调使得社会学"从韦伯对历史个体（historical individuals）这类重大事件的分析转向了普通人的日常生活"。⑤同时他对解释社会学"意义理论"的重建也为

① 本文源自作者参与组织的"日常生活读书会"，其中很多想法来自参与者的讨论。在此对读书会成员黄盈盈、张慧、龚浩群、刘文楠、苏春艳、肖索未表示感谢。文中如有谬误，责任由作者承担。

② 本文将讨论范围局限在社会科学，主要是社会学、人类学研究领域。

③ 魏光莒. "生活世界"——由"视域"理论到"场域"理念 [J]. 环境与艺术期刊，2006（04）.

④ 何雪松. 迈向日常生活世界的现象学社会学——舒茨引论 [J]. 华东理工大学学报（社会科学版），2000（01）.

⑤ 李猛. 舒茨早期著作中的意义理论 [J]. 社会科学辑刊，1995（03）. 这里需要注意的是，日常生活世界作为一个总体世界，是作为研究对象存在的。换言之，在舒茨强调的"意义域"（provinces of meaning）之下，日常（转下页）

具体的研究方法贡献了不少思路，如"同感现实"、"经验图式"（schemes of our experience）等概念，对社会学研究产生了巨大影响。①

通过对日常生活的强调，舒茨创立的现象学社会学将日常生活带入解释社会学的视野并对其进行细致入微的描述性观察。社会学家加芬克尔（Harold Garfinkel）受其启发而于 20 世纪 50 年代创立的常人方法学，使日常生活概念突破了传统的"家庭""小团体"等初级关系的狭窄范围，为深入考察日常活动的经验研究提供了宝贵的研究工具。② 常人方法（ethnomethod）指"普通人（在生活中，为了解决各种日常问题）所运用的'方法'"，而"常人方法学的研究在分析日常生活活动时，将其看作是（社会）成员的方法，成员用这些方法使日常生活看起来是理性的，并且出于各种实践目的使行动是可以诉说的（reportable），也就是'可说明的'（accountable）"。③ 换言之，常人方法学关注普通人的方法，以此深入理解社会规则之下的社会活动。

不难看出，上述社会学研究都强调"以小见大"，遵循微观 / 宏观的基本思路，即意图从人们日常生活层面的活动与交往而关联到宏观层面的制度、威权、社会组织等议题。譬如常人方法学关注的核心是社会规则、"日常生活的结构"，尽管他们"关注的是事物之所以成为事物的一面，集中于活动的进程"，而非"结构"的社会静力学，但他们强调的还是日常生活的总体性，有客观化和形式化的趋势。④

作为"微观"的日常生活实际上是为解读"宏观"的制度、结构而服务的。与这一取向密切相关的，是西方马克思主义学派发展出来的"日常生活批判"⑤，代表人物包括卢卡奇、赫勒、列斐伏尔和德波等。从"日常"出发反思资本主义，乃至现代性给人们的日常生活带来的深刻影响，德波的《景观社会》以及列斐伏尔的《日常生活批判》都做出了相当精彩的分析。在《景观社会》中，德波详细描述了发达资本主义在榨空了的日常生活之上生产出的"满足""自由"的幻象，以及这样的总体性效果与"文化产业"（如好莱坞梦工厂）对日常生活的殖民的关联。⑥ 对德波来说，日常生活的"贫瘠"涵盖了所有的社会实践。尽管总体性的批评

（接上页）生活基本上是一个同质化的客观世界，等待研究者去发掘行动者的意义。或者如李猛指出的，由于过分强调主体间性（陆益龙称之为"主体互为主观性"），舒茨"对生活世界的论述中很少有权力、支配这些概念的地位"，从而"成了人际互动的一个理想的乌托邦"。

① 陆益龙. 一条路线，两种理论：韦伯和舒兹的社会学之比较 [J]. 安庆师院社会科学学报，1996（04）；杨善华、孙飞宇. 作为意义探究的深度访谈 [J]. 社会学研究，2005（05）.

② 不过常人方法学不一定属于"解释社会学"，因其很少强调"意义"，而更强调"描述"。

③ 固然，常人方法学阵营内部有许多不同的理论流派及分歧，如"情景常人方法"和"语言学常人方法"，"意义取向"和"实践取向"等，但这并非本文讨论的重点。参见李猛. 常人方法学四十年：1954—1994 [J]. 国外社会科学，1997（2）。

④ 参见李猛. 常人方法学四十年：1954—1994 [J]. 国外社会科学，1997（02）。尽管李猛认为"对于常人方法来说，并没有微观实践或宏观实践之分，存在的只是生产微观 / 宏观这样的分类范畴的实践活动"，但这并没有否认微观 / 宏观的二分在常人方法学中的核心地位。

⑤ 马克思将日常生活与意识形态关联起来讨论，认为日常生活和意识形态既相互重叠，也有许多相似之处：二者都处于近乎隐形和隐秘的领域，不仅需要付出努力，还需要想象力以使它们显形。参见 MARX K. The eighteenth brumaire of Louis Bonaparte [M]. International publishers, 1926.

⑥ 居伊·德波. 景观社会 [M]. 王昭风，译. 南京：南京大学出版社，2006.

貌似深刻，然而身处其中的人处于手足无措的被动状态，日常生活也显得苍白无力。

列斐伏尔一生坚持把日常生活作为批评资本主义文化的场域，尽管他也认为现代日常生活是荒芜的，但同时相信日常生活中蕴含着从资本主义束缚中解放出来的潜能。这一点与他所坚持的辩证唯物主义取向密切相关。他认为，以辩证的方法深入日常生活，不仅可以把握日常生活中异化和商品化的程度，也可以找到抗争的领域。对他来说，批判不应止步于批评，还要在日常生活中找到潜在的日常批判实践，譬如他对经典电影《摩登时代》中卓别林所呈现的工厂生产线与工人的身体节律之间的规训与张力的讨论。但他依然将日常生活作为社会生活的总体性基础。①

与这些前辈研究的不同之处在于，本文提倡以变动不居的角度看待日常生活，乃至万事万物："日常生活"是一个保持开放的世界或整体，它不必指向如"主体际性世界的意义"（现象学社会学）、"社会秩序"（常人方法学）、"资本主义异化"（日常生活批判）等总体性判断。如果仅仅是对"运用于日常的政治"做出总体性的认识，这其实是对所谓"运用于日常生活"的"大写的政治"的迎合及固化，忽视后者主导地位（是在特定时空条件下）成为可能之偶然性，也即失去了有效的干预及改变的主观能动性。坚持回到日常本身，目的是强调"生成于日常的政治"而不是"运用于日常的政治"。本文着力强调的是日常生活的生成性，也即由日常生活实践和经验中生成的存在感、身体感受及体验。强调日常生活的生成性，也是坚持研究的反思性，即这样一个前提：研究者与被研究者都在日常生活中。这显然有别于常人方法学的"无所涉入"（looking without），或舒茨提倡的"价值无涉的观察者"。② 本文更加倾向于德·塞托等人的日常生活研究方式：研究者与"报道人"是朋友与合作者，双方之间更多的是交流式的对话而非质询式的问答，甚至研究者自己的生活困惑也会受到研究对象的启发③。日常生活的生成性同样适用于研究以及研究者自身。

正是因为其生成性，日常生活才丰富多彩、繁杂琐碎。这里我们不妨采取现象学常用的"悬置"的方法，在前人已经将其引入社会科学质性研究视野的前提下，不去纠结如何定义日常生活，转而探讨日常生活研究的方法。第一步正是从日常生活的生成性出发。如上所述，研究者自身也应当进入到日常生活研究的视野，以把握日常生活时刻处于生成、变化之中的动态特征。甚至可能由此深化自己的研究议题。譬如本文作者已经完成的一项关于农村日常卫生的研究，来自她当年到河南农村做调研时切身的日常生活经验，由此了解到村民对卫生的理解及实践是基于他们在所处地域长期生活而形成的习性，同时这种习性并非一成不变，而是不断地处于调节、适应、转变中。龚浩群在研究泰国曼谷中产阶层的禅修活动时，也强调自己不仅是为了与报道人"交朋友"，这更是一个将其融入自己的日常生活，从心体验"禅修"实践的过

---

① LEFEBVRE H, Critique of everyday life: Volume One, trans. J. Moore. London and New York: Verso, 1991.
② 杨善华、孙飞宇. 作为意义探究的深度访谈 [J]. 社会学研究，2005（05）.
③ 在《日常生活实践：2. 居住与烹饪》中，吕斯·贾尔和皮埃尔·梅约尔的民族志田野调研的"访谈对象"主要是朋友及合作者，通过长时间的对话来引出日常生活实践；田野材料来自谈话中的反思、朋友的观点、读过的小说，不做严格区分。参见米歇尔·德·塞托，吕斯·贾尔，皮埃尔·梅约尔. 日常生活实践：2. 居住与烹饪 [M]. 冷碧莹，译. 南京：南京大学出版社，2014。

程。[①] 可以说，日常生活研究更加强调感同身受。黄盈盈在《女性身体与情欲：日常生活研究中的方法和伦理》中提出，日常生活"因其日复一日的常规运作而具有'隐而不见、在场却缺席'的特点"，同时也很可能"因为人群的边缘与话题的敏感'秘而不宣'"。[②] 如何令日常生活在场，研究者的反思性实践是相当必要的条件。

从日常生活的生成性出发，日常生活就不应该仅仅是研究对象，而同时也是研究的一个途径，或者说方法论。同时应该注意这样的前提：日常生活研究自有其特点，不可能取代其他的研究方法。这里从"日常生活"的字面意义出发，将日常生活研究可以关注的面向总结如下，权且作为日常生活研究的方法论特点。

"日"指向每日或周而复始的时间性、重复性，其中包含线性和非线性时间。

"常"指向常规或平常，其中既包含平常之"物"，也包含空间。

"生"指向活生生的生命本身，其中包含身体、情感等更加亲密的维度。

"活"指向具体的生活实践，以及习性（habitus）与经验。

切分为上述四点实在是为了方便行文清晰，在实际研究中，这四个面向往往密切相联，并无截然的先后顺序。接下来，通过具体的案例来讨论这几个面向。

二 日常生活的时间性

冯珠娣在《饕餮之欲：当代中国的食与色》中将历史时段与日常生活的时间做了一个对比：尽管 1978 年是正式宣布"改革开放"的时间，以她自己 1982—1984 年在广州、1987 年在山东邹平的生活为参考，冯珠娣观察到普通中国人在 20 世纪 80 年代的日常生活还是相当"集体主义式"的，直到 90 年代中期，文化大革命末期出生的一代成人成家之后，才有了明显的变化。也就是说，日常生活的时间史与宏观历史是错位的，同时，日常生活所展示出来的不同人群的时代性也是鲜明的。冯珠娣会在交谈之前先问一下出生年代，大体可以判断对方有着怎样的生活习性。[③]

从日常生活自身来说，美国人类学家布拉德·韦斯（Brad Weiss）认为，日常生活的时间具有重复、即兴、惯性的特点，时间性对把握日常生活来说至关重要。在他对北卡罗来纳州一个小镇农夫市集[④]的民族志报告中，韦斯集中描述了自己参与帮忙的肉铺在集市上一天之中的时间流：支起帐篷，摆好桌子，将分门别类切割好的各个部位或等级的牛排以及预先加工、冷冻的肉肠、肝肠、烟肉准备好，等等。显然，在这样一个人来人往的市集空间，各个摊位的时间流是不同的。而顾客即兴驻留、交谈的时刻则是对时间流暂时的打破。韦斯认为这个市集特有的时间性还突出地体现在这些打破时间流的瞬间。因为农夫市集强调的是自产自销的农产

---

① 龚浩群.身心锤炼：关于泰国城市中产阶层佛教修行实践的初步分析 [C].宗教人类学，2016（06）.
② 黄盈盈.女性身体与情欲：日常生活研究中的方法和伦理 [J].探索与争鸣，2017（01）.
③ 冯珠娣.饕餮之欲：当代中国的食与色 [M].郭乙瑶，马磊，江素侠，译.南京：江苏人民出版社，2009.
④ 农夫市集近年来在美国相当流行，本地农民在政府指定的地块定期售卖自家农场生产的农产品。因为多为家庭经营且强调手作艺术，农产品的售价往往高于超市价格，去农夫市集购物的人以中上阶层人士为主。

品，在顾客驻留的片刻，肉铺老板从生产者变成服务者，在时间流被打破的同时，生成的是消费者与生产者的直接关联。这与资本主义工业化生产之后生产、服务、消费的各成一体、互不相干有着明显的区别。农夫市集所强调的生产者与消费者的"关联"在这里以时间的形式体现出来，即便这样的驻留或关联不一定直接生成消费者对产品的购买（很可能攀谈几句便离开）而促成"商品流通"。此时体现的更有即时生成的农夫兼手作匠人的情感（交谈中生成的对自己手艺的自豪），以及生产与消费之间的亲密而非异化的关系。同时，对时间维度的强调还使韦斯注意到，来到市集的顾客都刻意穿着休闲装，以强调这是在工作时间之外的休闲；而农夫们则穿着他们在农场劳作时的衣服（工装及防水靴），以表达其如假包换的农夫身份。对农夫来说，市集或销售时间是工作生产时间的延续而非断裂，与顾客的时间观是相反的。如此，通过对农夫市集的时间节奏的把握，韦斯生动地勾勒出市集日常生活的轮廓，其中凸显的价值观的汇聚与交流直接引发出关于农业、技术、情感劳动、生产价值等更进一步的讨论。①

　　上面这两个例子都通过时间性揭开了日常生活的"习以为常之蔽"②。同时令人想到汤普森关于钟表时间、工人劳作与工业资本主义关系的经典讨论。③ 列斐伏尔也曾指出钟表时间已经统辖了人们日常的空间活动，即吃饭、上班、休闲、睡觉；而日常生活同时也是由生命，乃至宇宙的自然节律构成的，即生老病死、白昼与黑夜、四季更替。关注人们的身体时间或自然节律对外在时间（如现代钟表时间）的调适或不适，可以成为观察日常生活的一个有效的切入点。④ 吕斯·贾尔对烹饪、饮食的详尽观察与分析，也是围绕着日常生活的时间性展开的：从购物、准备食材、烹调到饮食，这一系列原本微不足道的重复劳作，在吕斯·贾尔的细致观察下，超越了公共 / 私人的二分，不再单纯局限于"家务事"的范畴，而且从中表达出的是相当有力的女性主义主张："总是有女性一直被困在家务与生育之中而与公共生活和知识教育绝缘……我想做这样一种写作：没有姓名、没有文字的写作……它面向的是总在为他人服务的一代又一代的妇女，她们的［知识与文字］是由生活必需且无穷尽的家务、循环往复的一日三餐、对他人身体的关照，汇聚而成。"⑤ 通过对女性在日常烹饪中"不足为道"的技艺及其取得的成就的欣赏性细致描述，吕斯·贾尔以"无名者的写作"的名义不动声色地表达了自己对男权社会性别不平等的批评。

三　日常生活的空间性

　　日常生活离不开空间，同时空间也形塑了日常生活。日常生活的空间与时间关系密切，如居所内部划分为餐厅、客厅、卧室的不同空间，随日常生活的节律而在不同的时间使用。列斐

---

① WEISS B，The continuous everyday: A comparison [J]. Conference paper presented at AAA 2015.
② 参见康敏. "习以为常"之蔽：一个马来村庄日常生活的民族志 [M]. 北京：北京大学出版社，2009。
③ THOMPSON E P. Time, work-discipline, and industrial capitalism [J]. Past & present, 1967, 38.
④ LEFEBVRE H, Key writings [M]. eds. S. Elden, E. Lebas & E. Kofman, New York and London: Continuum, 1985.
⑤ 米歇尔·德·塞托，吕斯·贾尔，皮埃尔·梅约尔. 日常生活实践：2. 居住与烹饪 [M]. 冷碧莹，译. 南京：南京大学出版社，2014。

伏尔提出了著名的"社会空间"（Social Space）的概念，也即空间并非被动的地点或"容器"，用以容纳人类的各种活动及社会关系；它其实对所有的社会进程都有影响。[①] 从下文笔者对村民的室内生活空间所做的仔细描述可以看到，从一个微观的角度描述的四合院，里面的具体布局可以揭示出非常具有当地特色的日常卫生实践。空间化（spatialization）同时决定着并取决于人们对"高""下""净""脏"的分别。正如福柯所说的，"空间从根本上代表了社区生活的形式"[②]。

在这个简朴的四合院里，处处体现着空间与卫生的关系。众所周知，传统中国建筑中，北为上位，南为下位，这也是一个划分空间的等级观。因此，井台和下水道设置在靠南边、近院门处，在距离北边的正房最远的位置。这些都体现了"上""下"与"净""脏"的关系。家家都有的供桌也蕴含了家庭卫生观的意义。供桌上面的物品显然是最重要的，如观音像或毛泽东像；位置也是最高的，或者说离地面最远。供桌是一个窄条长桌，一般都是根据堂屋北墙的长度订做的，正好抵住两侧的墙面。供桌下面中间的位置则可以让一张四方桌靠进来抵住北墙，节省一些空间。四方桌其实不常用，仅在招待客人或是逢年过节的时候才拉出来，摆上七盘八碟。四方桌下面往往还叠着一小方桌，那才是家常用的桌子。小方桌要矮得多，吃饭的时候大家把屋里、院里四处散落的"墩儿"拉过来围桌一圈即可。坐得低，离地面近，吃饭时吐出来的骨头、菜渣可以随手丢在地上，而不是摆在桌上。因为脏东西都应该往下走，而不能放在上面。

从供桌到四方桌到家常的小方桌，随着它们在村民生活中的重要性的不同排列，其高度也次第下降。日常生活空间的安排不仅体现了村民的日常信仰实践，同时也是村民的洁净观以及待客之道的体现。与此相应的是日常卫生实践。厨房与储物间距离厕所最远；院子里两条交叉的水泥甬道分别通向正房和偏房，方便行走和打扫，其余则维持原先的泥土表层，下雨时雨水可以渗到地下。脸盆和脚盆是严格区分的。使用后的洗脸水洒在地上"降"灰，卷起的裤脚和塑料拖鞋是为了防止灰土"上"身，等等。总的来说，这样的区隔涵盖了上位–洁净、下位–肮脏，内–净、外–脏，距离身体近–净、距离身体远–脏等，都是可以感知的带有等级秩序的卫生格局。

由此可以看到，对空间的关注可以帮助研究者做到对日常生活的内容和细节给予足够的重视；另一方面，从这些细节可以揭示其中的社会文化的隐形内含。这也是来自布迪厄的经典文章《卡拜尔房屋或颠倒的世界》的启发。在他早年的这篇民族志写作中，布迪厄对卡拜尔人居住的房屋空间做出了极为细致的描述，将房屋内部的分区与外部世界的分区联系起来，分别对应了"亲密、隐私的家屋女性世界"与"公共生活与农业劳作的外在男性世界"，从而勾勒出阿尔及利亚的柏柏尔族（Berber）文化的整体特征[③]。虽然这样的方法曾被批评为"无历史的结构

---

① LEFEBVRE H, Critique of everyday life: Volume One, trans. J. Moore. London and New York: Verso, 1991.

② FOUCAULT M. Two lectures, in power/knowledge: Selected interviews & other writings 1972-1977 [M]. ed. Colin Gordon. New York: Pantheon Books, 1976.

③ BOURDIEU P, The Kabyle house or the world rnversed, in Algeria 1960 [M]. London: Cambridge University Press, 1979: 133-153.

主义式"描述，但这篇经典文献着力强调的时间性、空间性与日常生活实践，已经超越了机械的结构式范畴。更为重要的是，这样的描述表达了布迪厄对卡拜尔房屋的居住者留恋其"传统文化"的感同身受，其中内隐了作者对战争乃至殖民主义的批评，自有其政治立场。① 回到笔者对河南农村日常生活空间的描述，细致的刻画也并非为了呈现"农村传统文化"，而是阐述日常卫生实践。笔者同时对村里后期流行的新式楼房内部的日常空间做出了观察，虽然传统的四合院不复存在（尤其不再有严格的南北朝向），但"上""下""净""脏"的空间区隔及其关联的日常卫生实践依然鲜明。依据这样的观察，村民日常生活的每一个细节都展示了他们对卫生的细致辨别，对"干净"的关注，对卫生的态度。由此回答在城乡区隔的社会背景下常常听到的价值判断：农村人不如城市人干净？答案显然是否定的。

关于中国城市家庭的空间，汪民安以20世纪90年代以来伴随着住房商品化的社会变迁为背景，探讨了家庭、居住空间、伦理关系、社会关系的相生相联："居住空间的差异，最能昭示社会的阶层差异……不同阶层，一定会占据着不同的空间，但是，这些差异性的空间本身，反过来又再生产着这种阶层差异。"由家庭空间扩大到社会空间，汪民安分析了在不同的社区（如大杂院、塔楼、别墅花园、郊区等）中不同的生活风格。差异性的空间不仅再生产了生活的差异，也同时再生产着习性的差异："人们日复一日回到家中，回到居住空间长久形成的政治结构中，空间在耐心而沉默地塑造他们的习性。"② 日复一日的时间、居住的空间、人与人之间的社会政治关系，习性不仅由这些日常生活的具体条件塑造而成，不可或缺的还有身体的日常实践。在讨论习性之前，不妨先认识一下日常生活之"生"——身体。

四　日常生活的身体

人文研究对"身体"的关注由来已久，尤其是在历史、哲学、文化研究、女性主义、文学批评等领域；社会科学领域对身体的关注也有不短的时间③。这里不做有关"身体"研究的梳理，只强调一点：进入社会科学研究视野之下的"身体"已经不再是笛卡儿"身心二元论"之下被动的、生物学意义上的客观有机体，而是"关心的身体"（mindful body）④、"会思考、有感情的身体"以及"社会之构成过程中的多维中介"⑤。由此，身体不再是千篇一律的具有同样构造的个体。事实上，"身体"从未以单一的形式存在过，如哈拉维（Haraway）所说的，各个

① SILVERSTEIN P A, Of rooting and uprooting: Kabyle habitus, domesticity, and structural nostalgia [J]. Ethnography, 2004, 5(4).
② 汪民安. 论家用电器 [M]. 郑州：河南大学出版社，2015.
③ 大多数学者将社会理论的"身体转向"归因于20世纪60至70年代以福柯、布迪厄、吉登斯等为代表的社会理论家的著作的影响，以及现象学、女性主义以及医学人类学诸研究对"身体"的从新认识。
④ SCHEPER-HUGHES N, LOCK M, The mindful body: A prolegomenon to future work in medical anthropology [J]. Medical anthropology quarterly, 1987, 1(1).
⑤ 克里斯·希林. 文化、技术与社会中的身体 [M]. 李康，译. 北京：北京大学出版社，2011.

身体的边界及其各种特征"是在社会交往中实现的"①。比如"脏"的概念，取决于如何界定、在什么范围界定，同时，人们也通过"脏"这个概念非常流动性地界定自己的身体。可见身体是异质多样、变动不居的。这也是对身心二元的权力关系的颠覆——身体成为关注具体的实践活动的重点。

在对身体做动态理解而非视之为医学解剖学意义上的静止人体的前提下，身体成为 lived body，或者说"过日子"的身体。冯珠娣更是进一步阐明："身体不仅有结构，更有时间性；不仅是一个客观的物体，更是［生命］过程的一个时刻，因为它总是在发展变化中，而那过程从根本上说也是社会的和历史的过程。"②也就是说，身体一直处于特定的时间与空间坐标之中，不仅是生命过程在各个特定时刻所展现的点，生命过程同时也处于社会、历史的过程中。既然"身体"涵盖了生活在这个世界上的各种具体、实在的经验，不妨通过体现（embodiment）来把握过日子的身体。比如人们吃饭、穿衣、居住，以及谈话、劳作、回忆过去、筹划将来等，都有其特定的形式，此即"体现"。日常生活的身体视角促使研究者把观察日常生活的视点放在具体而微的身体动作和习性中，通过对身体举手投足的各种动作以及日常实践的关注，深入日常生活。下面以笔者对农村日常卫生实践的观察为例。

刚来阿姨家住的时候，她时不时担心笔者觉得她家里"脏"（本地土话为"埋汲"）。头一个月笔者最常听到的话就是："我们农村不比你们城市。"有一天吃早饭，她又以这句话开头，然后这样跟笔者解释道："农村到处都'埋汲'。你看我成天下地，地里那还不都是土。还有这院里的花生，都堆在院子里，摘的时候都是灰。这两天下地，一天换三次裤子。"（笔者接口说："但那泥也好洗。"）"那是，没有细灰。"

阿姨这番话表明，人们对清洁的程度有着自己的常识性理解。而所谓"常识性"与人们的日常活动密切相关，因此各人看法不同。各种日常劳作，譬如撒化肥，烧干柴、树叶或烧煤做饭，从井里打水洗碗，在院子里摘花生，养鸡等，这些生活的细节都对日常卫生有着非常现实的要求与限制。阿姨说她一天换三次裤子，最好地说明了在这样的生活方式及生活条件下要想达到个人卫生需要投入多大的劳动力。在笔者的田野经验中随处可见的是村民在切身的日常环境中巧妙的日常卫生实践，与笔者在农村生活中的笨拙形成鲜明的对比。

住在阿姨家里，其实笔者的第一感受不是"脏"，而是不方便。如果笔者是阿姨，明知道从井里打水出来洗衣服的麻烦，很难说肯一天换三次裤子。住进来的第一天晚上，笔者甚至没有刷牙。因为大晚上站在院子里实在太冷了，何况还要用手抓住那冰冷的铁把手把水从井里压上来；更不用说笔者笨手笨脚的，一时还没学会如何单手操作把井水打上来。困难太多了。

这里笔者身体的在场，或者说笔者自身的切身体验，不仅令隐而不见的日常生活实践凸显出来，同时笔者和阿姨的身体差异也表明，身体是社会关系、文化政治，以及利益与欲望的各种历史形式相互交织于其上的一个活生生的场所（lived site）③。借鉴波伏娃的观点，农民不

---

① HARAWAY D. Situated knowledges: The science question in feminism and the privilege of partial perspective, in Simians, cyborgs, and women: The reinvention of nature [M]. New York: Routledge, 1991(1987): 183-201.

② FARQUHAR J, Introduction [M] // LOCK M, FARQUHAR J. Beyond the body proper. Duke University Press, 2007.

③ 米歇尔·德·塞托. 日常生活实践: 1. 实践的艺术 [M]. 方琳琳, 黄春柳, 译. 南京: 南京大学出版社, 2009.

是天生的，而是后天形成的 [①]；而且成为"农民"的方式多种多样（户籍、劳作方式、生活方式）。而村民的身体与市民的身体，其间的边界是在话语实践中形成的；城里人与乡下人在价值判断的话语（如文明、卫生、素质）中定位自己与对方的身体。切身的生活体验将研究者的视线放到具体而微的身体实践以及活生生的身体经验上，而这样的身体绝不可能是单一的个体，这是在具体的社会历史以及地理环境条件下形成的具有集体性、社会性的身体。正是"习性"将身体与社会性关联起来。

五　日常生活之"活"：习性与实践

"习性"由莫斯提出，但是由布迪厄结合了胡塞尔和梅洛－庞蒂的现象学后正式将其作为一个概念阐发出来 [②]，用于描述性别、阶级、年龄等社会范畴规范性在身体、感知、行为上的体现 [③]。冯珠娣在《饕餮之欲》中对"习性"的解读将其直接与日常生活研究关联在一起。根据她的论述，习性是"以常规行为为特征的'持久、可转换的气质集合'，可为世俗生活提供反复出现、可预料的形式" [④]。也就是说，如果我们同意日常生活是"无意识""隐而不显"的，或者属于德·塞托所比喻的"内在语言" [⑤]，如那些自说自话的唠叨、脑海中浮现的记忆、对周边生活不假思索的回应等，那么习性可以为我们提供窥见这些"内在语言"的机会。进一步来讲，相对于具有总体性、结构性、事件性的大叙事而言，可以通过对习性的把握而重新认识日常生活的琐碎、无聊、重复。譬如，洗洗涮涮、打扫卫生是日常生活的一部分，几乎习以为常到不为人知的地步。而一个小小的脸盆架，在笔者做田野调查的河南农村，几乎在每座房子里都可以见到，这是一个平常到可以被忽视的物件，同时也是一个安静而有力的证明，证明着村民对"干净"的关注、对卫生的态度。更为重要的是，它提供了村民的日常卫生，乃至人际交往、个人身体以及社会身体的场域。下面以脸盆架为例，来讨论尚村人的日常卫生的习性。

脸盆架在尚村是招待客人的必要物品。当家里有客人上门时，将客人迎到堂屋坐下后，主人总是会准备一盆热水，备上毛巾和香皂，让客人洗洗脸、擦擦手。洗完之后，主人才会端茶敬烟，请吃瓜子；等着开席上桌吃饭。进门的那盆洗脸水俨然已经是待客必备的仪式，而这仪式的首要含义正是"卫生"。

其次，脸盆架在平常的活动中也占据着非常重要的位置。阿姨家有两个脸盆架，一个在堂屋里面，一个在厨房外面的走廊上（也有人家把外面的那个脸盆架放在井台边上）。厨房外面的那个脸盆架上面还挂着一面镜子，旁边的墙面上钉了钉子，挂着毛巾。厨房的窗台下常年摆着两个大号暖水瓶，随时提供开水。每次从外面回来，阿姨做的第一件事就是走到脸盆架前面倒水、洗手，如厕完也是这样。洗完还会用手把水洒在院子里，顺便压压灰尘。

---

① 西蒙娜·德·波伏娃. 第二性 [M]. 郑克鲁，译. 上海：上海译文出版社，2014：27.

② THROOP C J, MURPHY K. Bourdieu and phenomenology: A critical assessment [J]. Anthropological theory, 2002, 2(2).

③ BOURDIEU P. In other words: Essays towards a reflexive sociology [M]. Stanford, CA: Stanford University Press, 1990.

④ 冯珠娣. 饕餮之欲：当代中国的食与色 [M]. 郭乙瑶，马磊，江素侠，译. 南京：江苏人民出版社，2009.

⑤ 米歇尔·德·塞托. 日常生活实践：1. 实践的艺术 [M]. 方琳琳，黄春柳，译. 南京：南京大学出版社，2009.

这里也是他们洗头的地方。笔者曾经尝试过学着他们洗头，但很快就放弃了：天气寒冷，穿着厚厚的衣服站在室外，挽着袖子的胳膊被迫高举着，费劲地把头低到脸盆架的高度去打湿、揉搓头发，顶着湿漉漉的脑袋来回奔波于井台与脸盆架之间；为防止打湿衣服，整个过程一直得低着头，头发上的水在眼前滴答。笔者这个城里人成为最不爱洗头的那个。

脸盆架显然是村民日常生活的要素之一，像洗脸洗头这样反复出现、可预料的日常生活形式，一定是经过了集体性的身体实践历史才"习惯成自然"的。可以说，习性不可能只关乎结构而无涉历史①，也即冯珠娣所言，习性"通常产生于集体性社会实践，不可能最终缩减为纯粹的个人专属"②。直到今天，脸盆架依然是娘家送来陪嫁的结婚家具中不可或缺的一件。对尚村人来说，洗头不是负担。笔者总能碰到人们在院子里、在门沿上、在堂屋里洗头，大概对尚村人来说这就像洗脸那样是极其简单的一件事。而笔者的笨拙（及"不爱洗头"）与之形成了鲜明的对比。从脸盆架起始，可以继续追踪的是其使用的历史，尤其集体主义时期的公共卫生运动对村民日常卫生实践的形塑。通过对习性的追问，原本卷曲、揉皱在一起的日常生活就此从空间和时间上舒展开来。

六 结语

从日常生活的生成性出发，日常生活不应该仅仅是研究对象，同时也是研究的一个途径或者说方法论。那日常生活研究如何可以成为社会科学研究行之有效的方法论？不妨提出以下几点看法。首先，重视日常生活时刻处于生成、变化之中的动态特征，研究者自身进入日常生活研究的视野，通过亲身体验来把握，甚至修改自己的研究问题。换句话说，研究议题来自日常生活，而不是研究者从日常生活中寻找材料来对研究预设加以证伪或检验。

其次，日常生活研究重在对具体而微的日常生活本身之关注，而非将日常生活作为探讨"意义""结构""秩序"等宏大命题的踏板。如杨建华在《日常生活：中国村落研究的一个新视角》中谈到的，"从方法论来看，微观的社会研究特别有助于摆脱既有的规范信念；如果研究只是局限于宏观和量的分析，难免套用既有的理论和信念。从微观层面得到的认识［则］有可能得出不同于既有规范认识的想法"③。这里并不是说对"意义""结构""秩序"的探讨不重要，而是强调对日常生活本身的关注，尤其是寻常百姓的生活策略，其中极有可能已经蕴含了如何认识社会、秩序、变迁的途径。

最后，对日常生活本身的关注，要求重视生活细节。如本文在田野材料叙述中对繁杂琐碎的细节的呈现，这些具体描述实为体现日常生活真实质感所必不可缺的基石：从农夫市集的微妙时间流到家庭空间的规则与规训；从身体清洁的照护到脸盆架所体现出来的日常卫生习性。对细节的关注要求的是做研究的细心与写作的耐心，甚至有对平凡琐碎之事的关心。这恐怕也

---

① BOURDIEU P. Outline of a theory of practice [M]. Cambridge: Cambridge University Press, 1977.

② 冯珠娣. 饕餮之欲：当代中国的食与色 [M]. 郭乙瑶，马磊，江素侠，译. 南京：江苏人民出版社，2009.

③ 杨建华. 日常生活：中国村落研究的一个新视角 [J]. 浙江学刊，2002（04）.

是日常生活研究作为方法论可能面临的困难。其隐含的要求是对微观/宏观二元论，以及"微不足道"与"意义远大"之等级差序的超越。因为，微言往往蕴含着大义。譬如对脸盆架的描述，目的有三：一是展现农村日常生活片段；二是呈现村民经过公共卫生普及运动、集体性的身体实践历史而养成的"习性"；三是将研究者自身的习性与之进行对比。由此，日常生活的每一个细节都展示出村民对卫生的细致辨别，他们绝对不会不如城市人（笔者）"干净"。这个描述所对话的，是当下日益突出的城乡分隔的社会背景之下"农村脏乱差"的话语所体现的城乡差别的相对性以及城市加诸农村的社会标签的普遍性。对政府来说，卫生是一个可以干预的对象、一个推广自律的场域，也是村民以此相互评估、监督的社会场所。而当下农村卫生管理的缺失是农村"室内现代化，室外脏乱差"的直接原因。这也从某种角度揭示出国家治理在城乡之间的偏差甚至盲区。可见，通过对日常生活的关注、细节的呈现，研究以及讨论可以达到一定的厚度和力度。

本文主要从笔者自身的研究经验出发，提出几点可行的日常生活研究的方法，建议从时间、空间、身体和习性几个面向着手，或可打开思路，触碰到日常生活真实的质感。同时，本文对日常生活研究相当核心的"实践"的概念也采取了悬置的方法而没有专门论述，事实上，时间、空间、身体、习性这几个面向无不是通过具体的实践体现出来的。最后不妨援引吕斯·贾尔在《日常生活实践：2.居住与烹饪》序言中的一段话，作为本文之研究立场的说明：在以往的研究中，"普通人"永远是他者，没有专有的名字，也没有责任归属和财产；他们只是一些被忽视的对象，或者只是大型调查中的原子式的点；作为类的存在，他们暧昧无名，似乎无足轻重。米歇尔·德·塞托提醒我们不要妄图谈论难以捉摸的主体性，而应该透过日常生活的实践、做事情的方法等来揭示这些无名者的行动策略，也就是说，研究必须进入日常生活的"实践"。

（本文作者　赖立里、张慧）

第二编 媒介与叙事

第三章　将文学作为"田野"的可能
——以记忆研究为例

虚构小说必须忠于事实。事实越真实，小说越好看。

——弗吉尼娅·伍尔夫

对文学的社会学研究（sociology of literature），在国外学界有过很多讨论，其主要关注点是文学与社会结构之间的关系。我们所熟知的是布迪厄的"场域"和"惯习"等概念对文学社会学研究的启示，其讨论文学可以作为认识社会的一个机制[①]。但它基本上还是一个缺乏范式、牵涉广泛的领域，理论和方法也无定式。[②] 很多学者不愿意自己被归于文学社会学名下，但不能否认有很多文学的社会学实践，每个实践都遵循自己的学术传统，保持自己的学科或学术传统。随着跨学科实践的增长，它愈发成为一个开放的领域[③]，但争议颇多，根本原因在于人文和社会科学之间的范式差异。概言之，在学界它还是一个跨界的存在，且处于较为边缘的位置，在很大程度上这意味着它是一个反学术体制的存在，而牺牲多样性换取一个体制，或许也是很多相关学者不愿看到的情况。

对文学的社会学研究，在当下国内主要存在于文学领域，而且是一个相对边缘的领域。自20世纪80年代以来，相关译作有十几种。文学视域下的文学社会学研究更容易被纳入一种人文传统，且枝蔓难以尽数。在研究取向上，一般而言，文学视域下的文学社会学与美学和文化理论密切相关，关注文学文本本身；而社会学视域下的文学社会学则对文学本文及其表现形式兴趣极小，主要关注文学这一社会事实的总体条件及其作用[④]。

有关文学的社会学研究，在国内社会学界还是一个偶尔被提及的问题。主流的观点认为文学是虚拟的材料，它与研究者收集来的一手素材（包括数据），以及历史档案类的资料有很大的区别，前者不可信，而后者正是主流社会学使用的主要资料，即当下的主流社会学中多以这类资料作为基础，去观察社会结构特征。但我们也会发现，这类结构特征多从社会、政治和经济等层面进行，而缺乏情感、心态、认同等主观层面的分析。近来在社会分层领域中，也有学者去讨论主观阶层感知和不平等问题，但所用的方法多以问卷形式收集资料，并多以"社会经

---

① 刘晖. 布尔迪厄的文学社会学述略 [J]. 外国文学评论，2014（03）.

② FERGUSON, PARKHURST P, DESAN P, GRISWOLD W. Editors' introduction: Mirrors, frames, and demons: Reflections on the sociology of literature [J]. Critical inquiry, 1988, 14(3): 421-430.

③ 严蓓雯. "文学社会学"之后的文学社会学 [J]. 外国文学评论，2011（01）.

④ 方维规. 文学社会学新编 [M]. 北京：北京师范大学出版社，2011.

济地位"这一变量作为考量的重要基础。诚然，这为认识中国社会提供了进一步的思考空间，但囿于素材，还有很多无法尽力之处。例如对于社会心态的讨论，尽管主流学界做了很多努力，但整体而言一直是社会学的短板所在。笔者认为，主要原因如下：一方面从视角来说，社会学的分析主要将实证社会学作为传统，在研究实践中强调一手调查和实践，而忽视了二手资料；另一方面，社会学的人文传统一直处于较为边缘的地位，即作为文化的社会学一直在社会学中缺乏其应有的地位，它经常被一些实证研究者操作化为一些变量，如受教育程度、读书的数量等，这导致我们对文化本身无法进行更细致和全面的考量。

费孝通在晚年的学术反思中提出了这一点，并指出社会学应该"扩展传统界限"。在这里，他尤为强调了加强社会学的人文性及其人文传统的必要性。他提及文学层面的一些案例，如李白的诗歌对理解中国传统文化的意义，但是对文学在社会学中应该如何自处以及能够发挥怎样的功能等问题还没有系统论证。这也是本研究提出问题的缘由之一①。

本文以记忆研究中的文学维度为例展开初步探索，即以文学作为社会学的"田野"是如何可能的，力图通过文学的途径给社会学的研究增加一些"人文性"传统。

一 "田野"含义的扩大与文学作品作为"田野"的意义问题

在讨论本文的核心关注之前，有必要梳理一下什么样的资料才能进入社会学的视野问题。在质性研究领域，社会学研究深受人类学的田野观念以及相对应的方法影响。"田野"概念对社会学的质性研究具有极为核心的意义和影响。它往往意味着社会学家需要到实地通过访谈、参与观察等方法获取一手的资料，以区别于历史学家的二手文献研究。这在费孝通早年求学阶段表现得尤为突出，在 20 世纪 30 年代，他甚至有意拒斥历史学的文献资料。当然，这也是社会学在中国初创阶段的学科特点。

在人类学领域，随着学术反思的不断推进，"田野"的含义在不断扩大，这一脉络有利于理解我们提出的"文学田野"何以可能的问题。有关远方的田野观念，来自早期人类学家的田野实践及其成绩，如马林诺夫斯基的"西太平洋的航海者"、拉德克里夫－布朗的"安达曼岛人"、格尔茨的巴厘岛的斗鸡游戏等，他们以扎实的海外田野研究，展现了欧洲社会以外的"未开化"的民族和地区的文化特征，他们认为如此可以更好地认识自身。

长期以来，在人类学的田野考察中，"海外"是一个必要条件，似乎严格意义的田野都要到本民族以外的地区开展，才能获得"文化震惊"，进而达到认识自身和自身社会的目的②。这也是费孝通的"江村经济"受到同窗好友利奇批评的原因之一。关于这一点，费孝通和利奇之间的分歧存在一个质疑和论辩的过程，他们都有各自的认识论理由，现在看来似乎无关对错。

与利奇的批评不同，费孝通的"江村经济"同时也被认为是人类学的一个转向，即由观察外民族转向对本民族的讨论。这一特点被他的老师马林诺夫斯基视为一个优点。马林诺夫斯基

---

① 费孝通. 试谈扩展社会学的传统界限 [J]. 北京大学学报（哲学社会科学版），2003（03）.
② 费孝通. 人的研究在中国——个人的经历（缺席的对话）[J]. 读书，1990（10）.

认为，费孝通拓展了人类学田野的范围，即人类学家可以做本民族社会的研究，甚至可以选择在自己的家乡做研究。[1]

事实上，在现代，随着社会发展，尤其是互联网技术社会的来临，源于人类学的田野概念发生了很多的转义过程。中间有困惑，也有论辩。诸如有人提出"坐上火车去了远方"才是"田野"的定义，而有人提出"人生何处不田野"这一更为大胆的假设和观点，即我们的生活、我们身边的故事，甚至我们自身，都是田野。在这里，"田野"的含义已经不同于以往。还有一些学者在理论层面不断拓宽对田野概念的理解。例如历史人类学家王明珂对"田野、文本与历史记忆"之间关系的思考。在某种意义上，他将田野、文本、社会记忆、表征等概念放在一个逻辑层面去讲述。他认为，这些都是某个社会文化的外在表现，而在这些表现之外，存在一个需要学者去探究的"社会本相"。在王明珂的论述中，这一"社会本相"多关涉特定社会的"情感、意图和意义"，即它是文化层面的社会结构和意义问题。也因此，他甚至提出非常值得展望和践行的文化研究路径，即在作家的作品中分析其所描述的社会认同和群体认同问题。他认为，这些作家的作品同样是社会的文本和表征，同样可以用来研究特定群体的认同本相。[2] 但是颇为遗憾的是，一般而言，主流人类学家的共识是，去追寻特定群体的认同，需要做传统的田野研究，即走出去，访谈和观察这一群体，由这类表征去认识上述研究问题，并得出相应的研究结论。这一路径是正统的，也是正确的，但排斥其他路径的做法则是存疑的。

而且，显然，仅就基于特定的个案访谈和结构访谈以及参与观察的研究，也是有局限的，这就是固有的传统田野研究的误识所在。即人们往往认为"田野"就是真实发生的地点和人物，而研究者追寻的就是这样一类表征，并从中得出自己的结论。这一特点，尤其体现在社会学的实证研究中。出现这类误识的原因之一是，社会学的实证类研究往往关注的是社会的政治、经济或者政策层面的解释，而忽视了社会的文化解释；或者是研究者在研究方法上过于强调所谓中层理论，强调经验和理论之间的逻辑链条，而往往忽视了质性研究中颇为给力的"扎根理论"。上述两个原因也是社会学常常拒斥文学的原因，即忽视了社会的文化维度，同时在方法上忽视了"扎根"等质性研究方法。

那么，文学作品（在哪些层面）如何才能成为我们认识"社会本相"的一个工具？

显然，这一层面的资料使用也是有其限定的。按王明珂的说法，做比较文学或文化研究的学者可以使用这类方法。在某种意义上，比较文学不是社会学的范畴，但文化研究是可以被纳入社会学学科范围之内的，不过它是社会学中不被凸显的一个领域，事实上，它比较边缘化，即文化社会学的研究问题，尤其是在国内社会学领域，还未成长为一个广受关注的领域，但这并不等于它是一个不重要的领域。那么，何为社会的文化维度？

以社会记忆研究领域为例。在这一领域，长期以来占据主导位置的是政治经济学视角，即常常将记忆与遗忘的机制归为经济、权力的作用，并常常将国家作为记忆制造的重要参与者。

---

[1] 布·马林诺斯基. 江村经济序（1938 年 10 月 15 日）[M]// 费孝通. 费孝通全集：第二卷. 呼和浩特：内蒙古人民出版社，2009.

[2] 王明珂. 田野、文本与历史记忆——以滇西为例 [J]. 思想战线，2017（01）.

在这种认识下，学者势必对记忆的主体——个人的记忆主动性——有所忽视，从而也忽视了个人身上所带有的社会性和文化性因素。记忆的文化维度，表现为一种源自特定社会的文化特殊性，而不是人类权力与控制的普遍性。所谓社会文化的特殊性，按照扬·阿斯曼的解释，就是不同社会触发历史回忆的结构性因素是不同的，这一结构性因素，可以称为文化因素。[①] 例如，在古代埃及，由于该社会内在的结构性因素之一是循环的时间观，这一时期的历史记忆特点是缺乏未来的维度；而其他一些社会，例如基督教社会，拥有一种线性时间观，所以，在其历史记忆中，过去和未来的维度是凸显的。

事实上，这些结构性因素是可以体现在个人的言行以及心理层面的。如同布迪厄所说的，个人性就是社会性。[②] 文化这一维度在个人层面常体现为心理学关注的认同问题上，如社会学常忽略的情感结构等问题，还包括个人（以及社会）的意图和意义问题等。

而在关注认同和情感等问题时，文学作品确实很容易给我们提供一些较为典型的范例。在这方面，国外一些学者的研究也证实了这一论断。如德国文化记忆研究者认为，一个民族文化中的经典文学往往是这个文化的"卡农"（Kanon，即标准）。[③] 流行文学作品也在不同层面体现了这一文化的文化认同或文化心理。例如阿莱达·阿斯曼通过对莎士比亚经典作品的讨论，探寻西方文化记忆的结构性特征。[④] 事实上，国内的红学研究也颇能说明这一问题。一部《红楼梦》能引来诸多学科、诸多学者，乃至民间红学爱好者的广泛讨论和争议，这本身就是一种特殊的文化现象。《红楼梦》本身也是一部社会文化史的展现，这一文本呈现了特定时期中国人的文化和社会理想（如曹雪芹对贾宝玉这一人物的塑造），而且其中展演的各种人物和阶层的特点展现了中国文化的不同面向。与此类似，对金庸小说的学术和民间讨论，也体现了金庸小说对中国文化结构与中国人理想之展演的吸引力。如侠义思想，这一点在《射雕英雄传》中主要人物江南七侠与郭靖的身上体现得比较突出。当然，上述讨论还仅停留于表面或印象。事实上，在众多的文学作品中，都可以找到其所处时代以及社会的文化模式，乃至文化理想。

在社会科学领域，关于在研究层面使用文学作品的问题，一直以来，在评论界之外还存在这样一种观点，即真正有创造力的人都去搞文学创作了，言外之意，似乎评论家都是二流人物，他们所做的评论也都是些无关紧要的研究。但是，这一观点存在误识，即否认文学作品可以作为文化表征的存在意义，以及它在何种意义上可以弥补一些学科范式——如社会学——之一手材料的研究局限。

从社会学的访谈以及参与观察方法中，很多时候难以获得十分深入的资料。因为这些方法受限于很多因素，例如访谈人的素养、被访谈人的特点、特定社会处境等因素的限制等。还有很多偶然因素也会对资料收集造成负面影响。如被访谈人在特定时间的谈话心情往往决定了

① 扬·阿斯曼.古代东方如何沟通历史和代表过去 [M]// 韦尔策.社会记忆：历史，回忆，传承.季斌，王立君，白锡堃，译.北京大学出版社，2007：35-56.
② 皮埃尔·布迪厄，华康德.实践与反思——反思社会学导引 [M].李猛，李康，译.北京：中央编译出版社，1998.
③ 扬·阿斯曼.文化记忆：早期高级文化中的文字、回忆和政治身份 [M].金寿福，黄晓晨，译.北京：北京大学出版社，2015.
④ 阿莱达·阿斯曼.回忆空间：文化记忆的形式和变迁 [M].潘璐，译.北京：北京大学出版社，2016.

其对访谈人的敞开度，这直接决定资料的深入性。例如，笔者在对知青的社会学研究中，收集最多的资料是有关其对下乡生活的苦的讲述，而且多是物质生活层面的苦，他们对精神层面的困惑，往往是点到即止。这给研究者，尤其是那些初涉该领域的研究者带来很大的困难。如果仅从这些资料中去获取我们对上山下乡历史的理解，难免有"隔靴搔痒"之感。老三届知青的讲述还经常忽视其红卫兵经历、在下乡地与同学和老乡之间的不和谐关系以及回城后的各种困顿。当然，有关这方面的资料，有很多获取渠道，如各种层面的历史资料等。但不可否认，文学是其中一个不常被提及的途径，至少不会被认为是一个十分"正当"的资料领域，毕竟文学以虚构或故事作为其基本特征。但如果在历史记忆的角度，而且如果探究的是观念层面的情感结构和记忆结构等问题，那么文学无疑提供了重要资源。概言之，文学也应该是一个被凸显的途径。

每每我们读到一些作品，或心灵受到激荡，或情感上生发出震惊。事实上，这种情感感受首先是来自文化层面的，即激荡或震惊的原因在于，文学作品叙述的事件结构或情感结构触碰到了我们内心的某类文化规则或观念层面的线索。而文学记忆探讨的，则往往是顺着这些震惊或激荡去重新梳理这类情感结构，将文学中暗含的、作家都没有明确表达或意识到的文化规则明示于世人并加以讨论，从而引发更深入、更广泛的思考，这样的研究路径具有文化启蒙作用。

如何将文学作为"田野"？可以将王明珂的历史人类学研究作为参考。他提出将"历史文献作为田野"的方法论，具体做法是将"文本"和"情境"相结合，去重新考察传统史学中固化套路下的史料，并有了新的发现。他认为，文本结构与情境结构有一种对应关系。例如存在于滇西的历史故事或神话（文本），表面上是一些杂乱不可信的信息，实际上反映的是云南地处几个文化及政治强权之间的一种边缘情境（情境）[①]。王明珂指出，象征历史起源的"英雄圣王祖先"传说和弟兄故事（文本），代表了不同的历史心性（情境）[②]。没有一个故事能够完全反映真实；以历史文献作为田野的方法论核心思想在于：注意到两种记忆间的差距、断裂，分析造成此现象的原因，即社会情境。而每个记忆背后都有其社会情境。[③]

以文学作为田野的具体方法和更深入的方法论探讨，还需要更多的实证研究去不断实践和总结。其前提问题至少包括以下几方面的内容。第一，需要研究者具有较好的研究素养。例如，以某一题材（论题，如知青问题）的历史小说作为田野，首先要求研究者对这一题材具有较好的历史感和实践感，如此才能保证在使用小说这类虚构素材时有一个必要的分寸，并清醒地意识到这些虚构的素材可以说明哪些层面的现实问题，等等。第二，要求研究者对这一历史小说所论及问题的历史情境有一个较为全面的把握，如此才能更好地把握历史小说的内容以及意义。第三，需要研究者对历史小说的文本内容有一个恰切的理解。这一理解与文学或文化学的文本理解是有差别的。例如，文学多从"文学性""审美"等角度去解读文本，而社会学则

① 王明珂. 田野、文本与历史记忆——以滇西为例 [J]. 思想战线，2017（01）.
② 王明珂. 历史事实、历史记忆与历史心性 [J]. 历史研究，2001（05）.
③ 王明珂. 在文本与情境之间：历史人类学的研究方法反思 [J]. 青海民族大学学报（社会科学版），2015（02）.

是将文学视为广义社会的一个组成部分，在解读文学文本时，社会学的一些分析概念（如社会地位、社会结构、权力等）是基本的分析工具，同时也是"将文学作为田野"之探索的内在基本视角。第四，在研究视野上，需结合米尔斯的"宏大历史与私人叙事"相结合的方法[①]，且不局限于小说文本中各人物关系的家国情仇，而是从中看到社会和历史的更大的本相。

二　文学中的记忆问题及其对社会历史观念的意义

对社会记忆的研究资料的获取，一直以来主要有四个路径。首先是来自田野资料的考察，如方慧容、郭于华、王汉生等人的研究。其次是来自历史和田野资料的结合，如哈布瓦赫对"圣地传奇地形学"的研究是结合了他的田野考察和历史资料进行的。再次，是来自历史资料的考察，如扬·阿斯曼对古埃及历史记忆的讨论，他的文化记忆理论也是在这一基础上提出的。最后，是来自文学、影视剧等虚拟资料的讨论，如阿莱达·阿斯曼对莎士比亚戏剧的讨论，她将之作为分析"不同层面和不同复杂程度的回忆问题"的例证[②]。阿莱达·阿斯曼指出，莎士比亚的历史剧是国家神话的一种，它很适合发挥政治作用，尽管时至今日，它对民族国家的推动不再具有现实意义，即便在今天它"既不告诉我们应该做什么，也不说我们是谁"[③]，但是，它展现了身份认同是如何建构起来的，及其与怎样的代价相联系。

就文学可以作为集体记忆的媒介（如回忆过程的文学演示）这一问题，德国学者阿斯特莉特·埃尔做了系统的讨论。她认为在集体记忆层面，虚拟文本的小说、影视等展示了其建构世界和记忆的本质。文学记忆包括三个层面的功能：存储、传播和暗示。集体记忆的多样性决定了文学作品可以根据不同的回忆方式来重构过去。这些记忆能够实现记忆文化多样性的功能，比如介绍各种文化模式、记录生活过程、构建对未来生活世界的想象、传播不同的历史观、寻求各种记忆话语之间的平衡以及反思记忆集体的过程和问题等。文学文本提供了集体记忆的修辞学形式，在以下四个模式，即经验模式、纪念碑模式、对抗性模式和反思模式中发挥各自的作用。阿斯特莉特·埃尔认为，文学文本的记忆研究可以给整个社会记忆话语提供值得思考的观念。[④]

关于介乎文学与历史之间的记忆研究，阿莱达·阿斯曼的作品颇值得社会学借鉴。阿莱达·阿斯曼对社会记忆的讨论与扬·阿斯曼有着很大的区别。在方法上，她综合了几乎所有的资料，有小说、电影、博物馆、展览以及历史记录等。在《记忆中的历史：从个人经历到公共演示》这一著作中，围绕着德国近现代的划时代事件，尤其是针对几代人对德国二战的不同历史态度，她使用了各种历史小说和历史电影去加以辨析和研究。而所谓历史小说和历史电影并不具备严格意义上的定义，凡是涉及特定历史事件的小说和电影，都可被界定为历史小说和历

---

① C. 赖特·米尔斯. 社会学的想象力 [M]. 陈强、张永强，译. 北京：生活·读书·新知三联书店，2005.
② 阿莱达·阿斯曼. 回忆空间：文化记忆的形式和变迁 [M]. 潘璐，译. 北京：北京大学出版社，2016：86.
③ 阿莱达·阿斯曼. 回忆空间：文化记忆的形式和变迁 [M]. 潘璐，译. 北京：北京大学出版社，2016：87.
④ 米尔切·巴斯勒，多罗塞·贝克. 回忆的模仿 [M]// 冯亚琳，阿斯特莉特·埃尔. 文化记忆理论读本. 余传玲，等译. 北京：北京大学出版社，2012：274-292.

史电影。这种视角和研究方法伴随着历史媒体化的潮流，愈来愈发挥着引导民众历史观的功能。① 在其中，我们可以看到文学所具有的强大功能，即它可以作为一种方法或载体，去认识"记忆中的历史"这一宏大问题，而"虚构"这一概念在这里不再成为主要问题。显然，虚构的文本无法呈现和还原大众所期待的"真实"历史，但它可以呈现另一层面的真实，如可以反映社会的历史观。

对另一层面真实性的理解，涉及历史的媒介化以及媒介中展现的社会观念的真实问题。其中，小说、影视等可以作为历史媒介化过程中的一个类型的文本。当然，小说与影视有很大的区别：小说是一种叙事形式的记忆文本，而影视则是一种展演形式的记忆文本；它们所使用的工具形式和影响对象都有差异。这种媒介化的历史记忆，可以在以下几个方面为我们理解逝去的历史及其展示的观念真实性提供启发。

1. 建立起不在场者某种感性的存在

对于逝去的历史，尤其是所谓重大历史，当下的多数人都不在场，在这种情况下我们如何与过去沟通？历史题材的文学、影视等为我们提供了载体，使得不在场者可以拥有"感性真实"的瞬间。阿斯特莉特·埃尔认为，正是在个人对生活经验的感知和回忆方面，文学发挥了举足轻重的作用。巴斯勒和贝克进一步指出，文学文本在演示回忆的过程中，在作家和小说角色层面都必须有一个主体感知中心②。《追忆似水年华》是一个经典的回忆演示文本，它通过角色回忆构建起一个有意义的生活故事。其中，那些特别值得回忆的事件往往被"做细"处理，而细节的描述往往成为回忆的激活器。这些回忆对回忆者而言至少意味着在情感上回到了过去，并能够被他人具体感知。

阿莱达·阿斯曼指出，在华兹华斯的浪漫史诗中，"感知"占据第一位，而且是作为"强烈感情的突发的漫溢"③。在这里，我们完全融入那包容一切的此时此刻之中。在这一过程中，感情被不断唤醒、不断回忆。在华兹华斯的史诗意义上，阿莱达·阿斯曼认为，诗歌是由记忆构成的。记忆中包含有感性真实的因素，而这种感性真实的存在与记忆的建构性特点有很大的关联。如阿莱达·阿斯曼所说，被回忆的过去可能是一种纯粹的建构、一种虚造、一种幻象，但它确实是一种被知觉和主观认为的真实的感知。她认为，比回忆的真实性更重要的是那些被回忆的事件的意义④，而这种意义是完全可以被建构的，其中有一种维度是围绕自身所进行的记忆建构。而哈布瓦赫认为，记忆是围绕着社会框架的一种建构，这一建构的特征使得记忆与心态、意义以及文化意识形态等发生密切勾连。⑤ 诚然，这种建构性显示了记忆中的历史的不稳定性⑥，不同媒介显示的记忆中的历史都有其各自的特殊意义，有的可以彰显历史的深度和厚度，有的可以提供其他视角的历史观念。如阿莱达·阿斯曼所说，至少它们可以提供感受的

---

① 阿莱达·阿斯曼.记忆中的历史：从个人经历到公共演示 [M].袁斯乔，译.南京：南京大学出版社，2017.

② 米尔切·巴斯勒，多罗塞·贝克.回忆的模仿 [M]// 冯亚琳，阿斯特莉特·埃尔.文化记忆理论读本.余传玲，等译.北京：北京大学出版社，2012：274-292.

③ 阿莱达·阿斯曼.回忆空间：文化记忆的形式和变迁 [M].潘璐，译.北京：北京大学出版社，2016：111-112.

④ 阿莱达·阿斯曼.记忆中的历史：从个人经历到公共演示 [M].袁斯乔，译.南京：南京大学出版社，2017：1.

⑤ 莫里斯·哈布瓦赫.论集体记忆 [M].毕然，郭金华，译.上海：上海人民出版社，2002.

⑥ 阿莱达·阿斯曼.记忆中的历史：从个人经历到公共演示 [M].袁斯乔，译.南京：南京大学出版社，2017：2.

真实性。而这一情感的在场性①是通过记忆的建构完成的，这一过程决定了记忆与一系列情感性概念发生密切勾连。

（1）有关"认同"概念

按照阿莱达·阿斯曼的说法，认同、身份问题与现代性理论之间存在不契合的关系，因此，在现代化理论中几乎不见认同的踪影，其中也包括马克思主义史学观。②"认同"概念在20世纪80年代后期以来的出版物中才逐渐获得重要性。而新的记忆和认同主题的兴起，又与创伤性断裂的经验和认知有关。自二战以来，尤其是有关大屠杀事件等文明毁灭历史的创伤经验促成了关于集体的记忆建构和认同建构的研究。这是认同的政治意涵。

在个人角度，记忆是构成人们身份认同不可或缺的组成部分。如阿莱达·阿斯曼所言，记忆与个人记忆能力等问题虽然是颇受质疑的存在，却是让人成其为人的东西。若是没有回忆能力，我们就不能构建自我，也无法与他人沟通。回忆是我们赖以汲取经验和建立关系，尤其是绘制自我认同图像的材料。③

经由回忆构建的身份认同也是集体得以存在的基础，这是文化记忆的一种重要形式。④扬·阿斯曼认为，回忆文化或文化记忆是一个民族或国家的续写和延续。他提出的文化的"凝聚性结构"概念就是建立在认同的基础上的。所谓凝聚性结构，指一个共同的经验、期待和行为空间，这个空间（对文化和社会）起到连接和约束的作用，从而创造了人与人之间的相互信任，并为他们指明方向。⑤他认为，在一个文化中存在规范性叙事（即指导性叙事）和故事性叙事两方面，它们共同构成了归属感和身份认同的基石，为个体提供共同遵守的规范和共同认可的价值。凝聚性结构也基于此而形成。

哈布瓦赫的经典记忆理论也指出了认同对集体的重要作用：分享了某一集体记忆的人，就可以凭此事实证明自己归属于这一群体。⑥扬·阿斯曼进一步加以阐释，指出这一认同是具体的，即集体记忆完全是建构在一个真实的、活生生的群体生活之中的。⑦哈布瓦赫在《记忆的社会框架》中指出，回忆本身体现了一个群体的一般态度，它不仅重构这个群体的过去，而且定义它的本质、特征和弱点。⑧

可见，集体和个体是认同的两个范畴。扬·阿斯曼认为，个体认同是一个由外而内的过程；个体是集体或者"我们"的组成部分或载体，集体或者"我们"的认同不能独立于个体而存在，而是与个体的知觉和意识紧密联系在一起。在个体的基础上，一个社会共同体才得以可

---

① 阿莱达·阿斯曼.记忆中的历史：从个人经历到公共演示 [M].袁斯乔，译.南京：南京大学出版社，2017：5.
② 阿莱达·阿斯曼.记忆中的历史：从个人经历到公共演示 [M].袁斯乔，译.南京：南京大学出版社，2017：8.
③ 阿莱达·阿斯曼.记忆中的历史：从个人经历到公共演示 [M].袁斯乔，译.南京：南京大学出版社，2017：57.
④ 扬·阿斯曼.古代东方如何沟通历史和代表过去 [M]// 韦尔策.社会记忆：历史，回忆，传承.季斌，王立君，白锡堃，译.北京大学出版社，2007：26-27.
⑤ 扬·阿斯曼.文化记忆：早期高级文化中的文字、回忆和政治身份 [M].金寿福，黄晓晨，译.北京：北京大学出版社，2015：导论：6.
⑥ 莫里斯·哈布瓦赫.论集体记忆 [M].毕然，郭金华，译.上海：上海人民出版社，2002.
⑦ 扬·阿斯曼.文化记忆：早期高级文化中的文字、回忆和政治身份 [M].金寿福，黄晓晨，译.北京：北京大学出版社，2015：32.
⑧ 莫里斯·哈布瓦赫.论集体记忆 [M].毕然，郭金华，译.上海：上海人民出版社，2002.

能；社会并不是与个体相对的存在，而是构建个体的元素之一。[①] 可见，在认同的个体和集体范畴中，扬·阿斯曼比哈布瓦赫更为重视个人的作用。在哈布瓦赫那里，集体记忆是个体记忆的"牢笼"，前者意味着一种社会框架，限制着个体的所思所想。[②]

（2）有关"想象"概念

在社会学的研究对象——涂尔干的"社会事实"概念中，社会学学者往往倾注了大量的客观事实，诸如社会流动、社会分层等，相关研究更关注来自外在的客观规范对人们的行为和思想的约束。

在其中，无论是记忆概念还是想象概念似乎都无立足之地。但是，颇值得注意和玩味的是，晚年的涂尔干转向了"宗教生活的基本形式"，在此他探究的是集体意识问题。在涂尔干学派中，与集体意识密切相关的概念有"集体欢腾""礼物流动"等。当然，它们都试图探寻这些观念的客观社会基础，但似乎并非全然如此。及至哈布瓦赫，他不仅提出集体记忆概念，而且指出集体记忆的建构性特征，这为我们今天观察和思考"想象"这一概念的社会学意涵提供了理论基础。

在讨论记忆的建构性特征时，不妨引用一下阿莱达·阿斯曼对记忆与想象之间的勾连。她指出，想象是一种感性的力量，它具有生动的感知，走在回忆之前，并且在事后取回回忆时跑来相助。[③] 作家托马辛·冯·策克莱尔把回忆和想象写成一对姐妹，它们分别体现了记忆的不同角度。

想象不仅在记忆研究中居于比较重要的地位，在当下的其他领域还是促发我们思考的较为核心的因素，有很多学者注意到了它的生产性功能。如人类学家阿尔君·阿帕杜莱在《消散的现代性》中给予想象很高的地位。在传统社会，不同社会群体间的文化交往通常是有限的；但在媒介化和全球化的时代，文化之间的交流则变得频繁。他认为，在当今，一个全球文化体系正在形成，其中想象起到十分重要的作用。在社会生活中，想象愈来愈扮演着重要的角色。书籍、影视等在这些文化交流体系中占据不可忽视的重要位置。他指出，"影像""想象的""想象体"这些概念正在将我们引向全球文化进程中某种关键性的、崭新的事实：作为社会实践的想象。[④]

在历史小说、历史电影等传递社会记忆的建构性实践中，这一社会想象实践发挥着重要作用。阿帕杜莱认为，这种想象是一种社会事实，同时会生产出新的社会秩序。

阿莱达·阿斯曼指出，生动的想象和真实的回忆在我们的记忆里不能总是界限分明的，它们相互重叠，相互融合；我们的亲身经历总是被我们所知道的事情所支撑和改变，而我们知道的事情可能来自图片、读物和音乐等，想象的回忆与我们外部的媒体总是保持着密切的关

---

① 扬·阿斯曼. 文化记忆：早期高级文化中的文字、回忆和政治身份 [M]. 金寿福，黄晓晨，译. 北京：北京大学出版社，2015：134.
② 莫里斯·哈布瓦赫. 论集体记忆 [M]. 毕然，郭金华，译. 上海：上海人民出版社，2002：94.
③ 阿莱达·阿斯曼. 回忆空间：文化记忆的形式和变迁 [M]. 潘璐，译. 北京：北京大学出版社，2016：110.
④ 阿帕杜莱. 消散的现代性：全球化的文化维度 [M]. 刘冉，译. 上海：生活·读书·新知三联书店，2012：35-41.

系。① 可见，"想象"这一概念对记忆的真实做出了不同定义。

这些外部媒体不仅改变了人类的沟通交流方式和社会结构的关系，同时影响着人类的思维活动和世界观。媒介所传播的历史意识、文化观念、习俗和制度已经渗透到每个人的行为与行动中。②

（3）有关"情感"概念

情感社会学在社会学研究中一直处于较为边缘的位置。尽管在现实研究中学者愈来愈认识到情感在比较坚硬的社会结构中的作用问题，但是关于这方面的理论以及研究，与我们所认识到的它的重要性还远远不能匹配。情感与现代化的理性传统是不太契合的。情感研究大致是在后现代思潮以及人们对现代性的批判和反思中成长起来的。例如与之密切相关的"认同"概念在20世纪80年代后的出版物中才得以凸显。

那么，如何在社会学研究中纳入情感因素，社会学又该如何看待情感问题呢？在文史哲的叙事中，情感似乎不成为问题，尤其是文学，在其叙事中，情感往往是一个自然流露的过程。而在社会科学中，情感往往在僵硬的学科范式下消失殆尽。

尽管我们可以看到涂尔干的《宗教生活的基本形式》、莫斯的《礼物》，乃至韦伯的《新教伦理与资本主义精神》等经典论述中存在有关情感的讨论，但这些也在后来不断的学科规范化进程中被边缘化和丢失了。

可以说，记忆中天然地带有情感因素。有学者讨论，如果没有情感参与其中，个体回忆是无法想象的。但社会学视野下的记忆研究，又往往受制于既有的结构因素，即对记忆进行一些结构化的表达，如此则忽视了情感中的许多微妙因素。情感的表达确实受制于很多结构性因素，但为避免现有的实证主义、理性主义传统对情感因素的过度阉割，我们有必要返回到"情感本身"。在方法上，对于情感的研究，我们还需要一个具体化的过程。首先，需要给它一个较为确切的定义，例如阐述其中的爱、恨、情、仇因素等；它背后的道德、伦理意涵也应该在情感研究之列。概言之，不能将情感概念过度抽象化和实证化，它更应该是一个具体化和充满思想的现象，这样才能更深入地理解其中的各种微妙关系。

此外，在对记忆中的情感问题进行讨论时，我们还需要一个宏观化的过程，即在研究视角上，将微观层面的情感问题与宏观的社会进程关联，对其中的政治、经济、社会伦理、道德等问题进行剖析，体现研究者"将微观个体生活与宏大社会进程进行勾连"③的能力。

2. "具体化"与"完整性"

（1）有关"具体化"概念

文学文本或影视作品提供的历史故事有很多具体化的情节，它展演了记忆过程，并通过故事或叙事给人留下深刻印象。具体化的历史问题涉及历史整体、历史多样化和历史细节等概念。其中，"历史整体"是一个核心概念，如何不断接近这一历史整体？首先，需要来自不同

---

① 阿莱达·阿斯曼. 回忆的真实性 [M]// 冯亚琳，阿斯特莉特·埃尔. 文化记忆理论读本. 余传玲，等译. 北京：北京大学出版社，2012：142-155.

② 丁华东. 档案与社会记忆研究 [M]. 北京：人民出版社，2016：311.

③ C. 赖特·米尔斯. 社会学的想象力 [M]. 陈强，张永强，译. 北京：生活·读书·新知三联书店，2005.

立场和不同视角的"具体化"呈现。舒衡哲指出，对于纳粹大屠杀历史，更多的时候我们需要的不是冰冷的数字，而是具体化的图像和情节。[①] 在这方面，文学的记忆是提供更具细节性话语的一个有效途径，其虚构或建构性特征甚至将时代久远的人物表情复活，并可以灵活地运用各种社会观念的表征形式，将之构造成一个完整的故事或叙事。这有些类似于一个人类学家的仪式，在一些人类学家看来，戏剧就是他们研究的仪式。在戏剧中，各种冲突、语言变得更为集中和典型，例如莎士比亚的《哈姆雷特》《罗密欧与朱丽叶》等。阿莱达·阿斯曼曾在莎士比亚的戏剧展现中分析西方文化的记忆特征。[②] 与此同理，在叙事更为细腻的小说中，作家建构的故事往往也是现实社会中人们历史观念的展现，尤其是历史小说等。

在记忆媒介化和具体化的展演中，观众也构成一个不可或缺的因素。他们或者被小说和剧中的人物、语言所激荡，收获和强化其文化认同；或者对照小说、剧中的观念和取向，被激起反抗的情绪，这在反方向上强化了其认同。例如 2012 年的史诗式电视剧《知青》引发社会热议，凤凰卫视为此几次采访了编剧梁晓声。在观念的认同与对抗中，我们看到了人们对同一段历史的不同态度及其具体演示。概言之，记忆媒介化所采用的具体化方式，在社会的道德规范和观念塑造方面起到了关键作用。

（2）有关"完整性"概念

"完整性"概念的第一个含义，可以阿莱达·阿斯曼在对历史小说进行分析时表达的观点为例，即历史小说在研究记忆者看来是无法抗拒的，主要原因在于它呈现给我们的正是人们有意识的人生经历以及口述史研究中难以包含的东西，例如开端和结束这两个因素。[③] 而开端和结束对评判一个历史事件的社会基础和道德基础来说是必要的，即知道从哪里来，到哪里去，从而完成一个完整性的叙事。阿莱达·阿斯曼指出，人类的生活历史开端缺失，并不意味着我们的历史没有开端，它呈现为"自我隐匿"的状态，而且这并不意味着过去和未来的缺失，恰恰相反，人们在观念中，是给过去和未来留下位置的。在此，阿莱达·阿斯曼强调了"锁链"这一隐喻，它是一个代际关系的完整性概念。

"锁链"隐喻来自席勒 1789 年的演讲，他强调：未来成形于我们将那些从之前世代所获得的事物，并需要我们（添加一些东西从而）更加丰富地传递给之后的世代，以做出我们自己的贡献。这是一种"亏欠的人情债"。阿莱达·阿斯曼在"家谱锁链"的意义上讨论了父亲文学和家庭小说在代际记忆传递过程中的意义。在二战叙事中，父亲文学的中心是子代与父代的决裂，而家庭小说的核心则是延续。后者涉及个体的"我"或后代如何融入到更大的家庭和历史关联中去。而后代在这一对自身身份的探寻中获得了一种历史的深度和复杂性，即"深层历史"得以展现。小说本文的写作方式可以展现这一深度和复杂性。在阿莱达·阿斯曼分析的家庭小说中，还出现了调研的方法，如写作者对家庭档案和其他文件资料的检索和参考。她认为这是"一个新的文学时刻"，它打破了虚构文学和纪实史料之间的界限。在这一锁链形式的记

---

① 舒衡哲. 第二次世界大战：在博物馆的光照之外 [J]. 东方，1995（05）.

② 阿莱达·阿斯曼. 回忆空间：文化记忆的形式和变迁 [M]. 潘璐，译. 北京：北京大学出版社，2016.

③ 阿莱达·阿斯曼. 记忆中的历史：从个人经历到公共演示 [M]. 袁斯乔，译. 南京：南京大学出版社，2017：51-54.

忆类型中，它表达了对交互存在的个人、家庭历史和民族或国家历史之间关系的承认。

而锁链不仅指对前辈欠下的人情债的偿还，还包括留给后代的罪责。[①] 具体表现在经历德国一战的一代留给后代的罪责及反思。阿莱达·阿斯曼分析了达格玛·勒波德（Dagmar Leupold）的小说《战争之后》中展现的锁链隐喻。其中，父亲是二战的一代，他的暴怒渗入家庭中间，影响了女儿的自我定位：即便父亲去世，"我"也是"永远不会告别的女儿"[②]，这促成了女儿对父亲的一生进行追踪，力图讨论父亲思想状态和社会行为的社会根源。斯蒂芬·瓦克维茨（Stephan Wackwitz）的小说《看不见的国度》是对一战亲历者的叙事，也是对祖孙之间关系的叙事。作为孙辈，小说作者指出，一战并没有在 1918 年结束，它持续到了1989 年，"我"以某种方式在其中继续斗争。孙子通过对祖父生活轨迹的追寻，发现自己与祖辈之间的相似（大鼻子、少白头倾向，甚至创作天赋等），从而与祖辈之间达成了某种谅解。这部祖孙纪实小说呈现了其他文本难以描摹的"幽灵因素"。所谓幽灵因素是指，在"看不见的国度"里保持不可见的、容易被人忽略的，甚至对撰写回忆录的作者来说也是保持不可见和难以感受的东西。在这里，家庭中的沉默成为滋养历史幽灵最重要的环境因素。这部小说创作出一种历史情感的代入模式，而家庭小说完成了以新的形式不断对记忆进行加工处理的任务。这也是小说记忆方式的特征之一。

在上述的家庭小说视角中，代际冲突得到和解，"人们必须在一段友善、持续、共同的叙述中不断重新发现自己和他人"[③]。小说叙事就是提供另一种叙述的手段和方法。这种记忆方式，如作为后代的孙子进入到祖父的"记忆深处"，也是"深层历史"的体现方式之一。在历史深处，发生了"情感换位"，叙述者原有的认知和情感上的障碍（例如祖孙之间的代沟）得到消除。

上述两部历史小说，不仅是小说，还是寻找和发现，展现了历史的印迹与想象的重建这一回忆的结构性特征。[④] 阿莱达·阿斯曼认为，这两部小说开创了一种新的有趣的文学形式——心态史。小说作者不仅是观察者，也是参与者；他们将上一代人的历史"制造"成向下一代传递的链条，完成了"自我启蒙"和心理治疗。在这里，家庭史以文学的形式被描写和记忆，作者对过往的回忆和想象正是通过这样一种方式影响到下一代人，"令我们的历史意识更加敏锐，而我们正是通过这一意识重新获得并且深化了我们的历史身份"[⑤]。这种文学形式的记忆展演也说明，历史能够以不同的方式被讲述。

完整性的第二个含义，可以使用扬·阿斯曼对"文化同一性"的定义来说明。扬·阿斯曼指出，无论一个社会的文化文本以何种媒介形式存储，都是一样的，都能形成文化的同一性和社会的内聚力，即文学作品和法律文本、宗教及政治文本并列。阿斯特莉特·埃尔指出，历史

---

① 阿莱达·阿斯曼. 记忆中的历史：从个人经历到公共演示 [M]. 袁斯乔，译. 南京：南京大学出版社，2017：56-57.

② 阿莱达·阿斯曼. 记忆中的历史：从个人经历到公共演示 [M]. 袁斯乔，译. 南京：南京大学出版社，2017：59.

③ 阿莱达·阿斯曼. 记忆中的历史：从个人经历到公共演示 [M]. 袁斯乔，译. 南京：南京大学出版社，2017：70.

④ 阿莱达·阿斯曼. 记忆中的历史：从个人经历到公共演示 [M]. 袁斯乔，译. 南京：南京大学出版社，2017：65、73-74.

⑤ 阿莱达·阿斯曼. 记忆中的历史：从个人经历到公共演示 [M]. 袁斯乔，译. 南京：南京大学出版社，2017：118.

小说以及冒险和旅行小说等都在集体记忆的建构中曾起到、现在也起着十分重要的作用，它告诉读者有关集体身份、历史观、价值和标准的知识。[①]

完整性的第三个含义，以奈阿迈·谢菲对"犹太人徐斯"文学形象的历史变迁文献为例可以说明。谢菲通过特定历史人物在不同时代的历史小说中的不同形象来展演人们的历史观之争，体现的是不同的"记忆整体"，背后是"文献完整性"：通过梳理犹太人徐斯死后250年来的文学作品的不同描述，展现了人们对犹太人徐斯形象的接受情况，从而反映出德国人和犹太人之间的各种关系。[②]

在方法层面，不同时代的有关"犹太人徐斯"的作品构成了一个较为完整的文本。谢菲认为，在叙述犹太人徐斯的形象方面，"只有作家才是最可信的叙述者，他们用各种小细节填充历史框架，以此表达同时代人的世界观"[③]。在每一部有关徐斯的作品中，如阿莱达·阿斯曼所言，都有开端和结局，做这类文本分析的一个好处是可以较为完整地获知这一作品对历史的态度。在早期作品中，多数作家将徐斯作为一个负面形象来描述，更多反映了那一时代基督教徒和基督教社会对整个犹太民族的攻击。这种反犹倾向基本上持续了整个19世纪，在20世纪初出现短暂的销声匿迹，20世纪30年代在纳粹德国形成高潮。当然，对徐斯的叙事，在19世纪下半叶就发生了一些变化，人们开始对这位犹太替罪羊形象进行了重新阐发和描述，开始关注到他的"光明"的一面。20世纪的最后几十年，人们试图研究徐斯的真正面貌。谢菲指出，即使我们永远不能得知有关徐斯的真实生活和行为，但关于他的描述仍会引发德国社会将徐斯作为一个象征，从而间接地促进德国人和犹太人之间的思想交流。

上述完整性概念来自不同层面的诠释，目前还是一个开放性的定义，本文只是初步讨论了小说记忆方式提供的故事或叙事的完整性、小说记忆背后的文化完整性，以及小说支撑起的文献的完整性等含义。相关议题，还需要借助更多的论据予以深入和系统的讨论。

3. 文学作为进入深层历史的一个途径

在记忆与历史之间，阿莱达·阿斯曼认为，存在一个对"深层历史"的认识问题，而现有的诸如道德和政治等规则，容易将"深层历史"简单化，制造人们进入"深层历史"的障碍。[④] 阿莱达·阿斯曼以卡尔·海因茨·波赫尔（Karl Heinz Bohrer）的德国二战史研究为例，说明历史深度是如何被阻碍的。二战至今，"大屠杀事件"成为德国社会记忆缺失的重要原因，即人们将德国的记忆局限在国家社会主义和大屠杀这一"德国有责任的、与历史道德相关的难题"上，从而忽视了德国历史的其他维度[⑤]，诸如德国妇女在二战结束后被强奸的历史、德国民众被驱逐的历史等。这导致记忆的障碍，从而引发国民的认同危机等政治问题和文化

---

② 奈阿迈·谢菲. 犹太人徐斯 [M]// 冯亚琳，阿斯特莉特·埃尔. 文化记忆理论读本. 余传玲，等译. 北京：北京大学

① 阿斯特莉特·埃尔. 文学作为集体记忆的媒介 [M]// 冯亚琳，阿斯特莉特·埃尔. 文化记忆理论读本. 余传玲，等译. 北京：北京大学出版社，2012：227-246.

② 奈阿迈·谢菲. 犹太人徐斯 [M]// 冯亚琳，阿斯特莉特·埃尔. 文化记忆理论读本. 余传玲，等译. 北京：北京大学出版社，2012：191-205.

③ 同上。

④ 阿莱达·阿斯曼. 记忆中的历史：从个人经历到公共演示 [M]. 袁斯乔，译. 南京：南京大学出版社，2017：3.

⑤ 阿莱达·阿斯曼. 德国受害者叙事 [M]// 冯亚琳，阿斯特莉特·埃尔. 文化记忆理论读本. 余传玲，等译. 北京：北京大学出版社，2012c：175-190.

问题。

"深层历史",依笔者的理解,指历史的整体性和与之相关的历史多样性和历史细节性等问题的交错。尽管进入"深层历史"存在障碍,但这些障碍不能完全阻挡不同身份和代际的人对重建深层历史的欲望。对过去的记忆是散在生活各处的,它们以各种方式为媒介,是不容易去除的,例如我们与祖辈或父辈关于过去经历的几句对话,历史小说和历史电影中看起来不经意间呈现的历史瞬间等;而那些散在的记忆碎片,构成我们探寻"深层历史"的有效路径。作为一种载体,对深层历史内涵的多样性、历史细节的描写,文学都可以胜任。尽管文学对细节的描写充满了虚构的因素,但如上所述,虚构在记忆研究中并不构成一个否定自身真实性的因素。记忆的建构性与文学的虚构性,在很多时候可以互相支撑,共同构成表达"记忆中的历史"的一种方式。记忆中的历史可以是漂浮不定的,事件真实并不是文学记忆要考虑的主要问题,情感真实,乃至观念的真实才是它的核心关注。总之,记忆以及文学的记忆可以完成这一使命,它们共同在文化层面为我们提供了一个理解"深层历史"并值得不断探讨的路径。

记忆媒体化,也是记忆具体化的一个路径。阿莱达·阿斯曼指出,人们相信,"某些东西尽管从历史大潮中退去,但在某个地方总会有一个最佳并且可靠的庇护所"[1],例如二战结束时期德国遭遇的大轰炸记忆、妇女遭遇的强奸以及德国人被驱逐出东欧地区的记忆。在战后很长一段时间内,在大屠杀记忆占据主流时期,德国人自己的创伤记忆处于禁区范围,这些回忆的创伤性痉挛若没有得到很好的缓解,就随时有可能成为一个具有威胁性的"拳头"。[2] 因为它们是散在社会之中的,所以也可以说,当下"简直是泛滥着与过去有关的各种联系"[3]。在我们看来,这些活在当下的过去记忆,与主流记忆相比,尽管处于碎片化状态,甚至是漂浮不定的,但有些伤痛记忆如同幽灵一般不可捉摸,当它们找到合适的时机和载体时,就会成为一股整合的力量,甚至会引发另一个方向的记忆潮流,即与主流记忆方向不一致的记忆叙事。为避免创伤性记忆成为"拳头"而威胁到现实,阿莱达·阿斯曼指出,有必要给这些伤痛的历史一个重新接纳的机会。[4] 在德国,媒介对德国受难者的传播在短时间内可能会引发强烈的社会情绪(当然,这也取决于整个社会对特定历史时刻的偏爱程度),但这种情绪对社会的长远发展来说可能是有利的。因此,在记忆文本中探寻"深层历史",可以"树立忠诚,促进形成义务"等[5]。

那么如何才能进入"深层历史"?阿莱达·阿斯曼的文学记忆研究提供了一个很好的范例。

曾经有一个阶段,德国社会中人们对二战历史的记忆简单化、单一化,即"大屠杀事件"

---

① 阿莱达·阿斯曼.记忆中的历史:从个人经历到公共演示 [M].袁斯乔,译.南京:南京大学出版社,2017:6.
② 阿莱达·阿斯曼.德国受害者叙事 [M]// 冯亚琳,阿斯特莉特·埃尔.文化记忆理论读本.余传玲,等译.北京:北京大学出版社,2012c:175-190.
③ 阿莱达·阿斯曼.记忆中的历史:从个人经历到公共演示 [M].袁斯乔,译.南京:南京大学出版社,2017:5.
④ 阿莱达·阿斯曼.德国受害者叙事 [M]// 冯亚琳,阿斯特莉特·埃尔.文化记忆理论读本.余传玲,等译.北京:北京大学出版社,2012c:175-190.
⑤ 阿莱达·阿斯曼.记忆中的历史:从个人经历到公共演示 [M].袁斯乔,译.南京:南京大学出版社,2017:7.

被绝对化，它压制了其他类型的记忆，并导致记忆的道德和历史问题。[①] 阿莱达·阿斯曼在国家、历史和认同三者之间的关系框架中来分析这一困境。她指出，国家历史首先是一种感情和认同上的东西；其次，它也必须是能够被叙述的，如此历史才能转化为认同的形式；再次，这一路径同时也是国家历史记忆化的过程，即成为人们记忆中的国家历史问题。波赫尔定义的"国家记忆"跨越几个世代和重大历史转折时期，是一个社会的集体精神和道德基础。而在一个记忆的"历史整体"中，存在几个维度的角力，如受制于历史作为市场因素、作为身份认同（我们想回忆什么）和作为道德命令（我们应该回忆什么）等层面的制约。

在各方角力中，人们看到的是一个分裂的德国历史，不仅回忆的个体和集体是多样的，而且回忆的形式也不尽相同。在这种分裂中出现了生动鲜明的历史事件和极具回忆力画面的所谓"记忆之场"，其特征是：基本是开放式的，谁都可以进入，并且能够不断调整。阿莱达·阿斯曼在社会记忆角度对"代际"概念重新进行了界定，即定义一代人的方法不仅仅是通过出生日期，还有相应的经历、交流和话语，以及累积经验的集体模式和根据回顾历史的方式进行的身份建构。她明确提出，不同代际对大屠杀历史的记忆和态度是不一样的；不同代际进入德国二战历史的方式也是不一样的，而德国历史对不同代际是开放的。她根据代际理论中"关键时期"（12到25周岁之间是个性发展的敏感阶段和事件经历的关键时期）概念划分了一些年代，如"一四年代""三三年代""四五年代""六八年代""七八年代"；她还从文化记忆的角度，在小说分析中呈现了几代人之间错综复杂的观念差异及其互动关系，指出各代之间对历史罪责、耻辱和认同等问题的认识是不同的。阿莱达·阿斯曼发现，我们对历史了解得越多，知识和情感之间的鸿沟就越深。例如，"三三年代"是战争的一代，他们有时在亲友关系层面也被称为"被谅解的一代"："爷爷不是纳粹"，"他们只是与上百万的其他人一样，也难逃强权的压迫"。在"亲友的悼词"和"历史的研讨"之前存有张力，从前者角度"历史的罪人"被谅解了。概言之，从代际记忆的角度去观察20世纪的历史，呈现出的是多重视角下的历史记忆。阿莱达·阿斯曼提供了两个颇具说服力的文学案例，即《战争之后》和《看不见的国度》。

三 对记忆建构性的进一步讨论

1. 建构性与记忆真实之争

按照阿莱达·阿斯曼的说法，"仍在当下"处在"正在成为过去"和"已经成为过去"之间，它有着广泛多样性[②]，而多样性恰是我们关注文学形式记忆的一个原因。

不同主体、不同立场、不同利益等都可以建构出自己的记忆体，也就是存在一个记忆的"罗生门"；这一"罗生门"与媒介中的历史观是类似的。阿莱达·阿斯曼提出，媒介展示的信息不能全然代表"记忆中的历史"这一概念，这涉及虚构的小说、影视等可以在哪一层面传递出令我们信服的历史观念问题。关于记忆中的真实和小说中的真实问题，上文有所涉及，但

---

① 阿莱达·阿斯曼. 记忆中的历史：从个人经历到公共演示 [M]. 袁斯乔，译. 南京：南京大学出版社，2017：9-35.

② 阿莱达·阿斯曼. 记忆中的历史：从个人经历到公共演示 [M]. 袁斯乔，译. 南京：南京大学出版社，2017：5.

没有进行专门的讨论。那么，什么是记忆的真实，什么又是小说的真实呢？

真实性是存在的，但它不是无可非议的。伍尔夫指出小说作为事实呈现的真实性的问题逻辑是："虚构小说必须忠于事实。事实越真实，小说越好看。"[①]从记忆角度，哈布瓦赫认为不存在一个真实的记忆，而存在一个建构性的记忆，即我们在取回记忆的过程中，因为条件的不同，我们取回的不是原件，而是不断创造出的新东西。但马塞尔·普鲁斯特的"最终不可言传的身体经历"经由旧物的引诱，也迸发出来了，似乎他取回的是原件。他超越了哈布瓦赫记忆的建构性原则。[②]与之类似，阿莱达·阿斯曼提出的"感性的真实"概念，将上述两个问题（即记忆的真实与小说的真实）都回答了。即，在人们的观念里，有一个回忆者本人认为的真实就足够了，即便这一"真实"与事实上发生的历史有细节上的出入，但如果回忆者认为这就是真实的，且对他（她）之后的生活，甚至身边的人都产生了实质性的影响，那么这就是真实的记忆。

纠结于真实，事实上并不能抓住记忆的真实与小说的真实中的核心问题。它们的核心问题在于，无论是记忆的建构性与记忆的虚假性，还是小说的虚构与小说的真实，都可以提供文化反省的功能[③]，即在多重历史真相和伦理层面，我们会在其中反思自己该担负起怎样的责任问题。

而有关虚构的小说等媒介展示的记忆真实问题，事实上也包括对不同的记忆建构或展现方式和手段的讨论。我们所说的文学方式的记忆展现，不仅包括小说，还包括影视剧。只不过它们展现记忆的方式不同，以小说方式展现的记忆，可被称为叙述，而影视剧的方式则为展演记忆的一种，后者除了叙述，还有可视化图像。就叙述方式而言，在阿莱达·阿斯曼看来，它并不意味着一定是按照时间的先后顺序，还可遵循事件的意义、重要性而展开，并被赋予意义和因果关系，因此，从来都不是单一的时间形式。它通过对多样性信息进行整理，并以特定的方式再现，是生成联系和意义的一种基础方式。[④]小说的叙事，可以借助想象力的虚拟超越史料的记载，令死去的事实"复活"，并创造出新的记忆话语。在这里，真实性与其说是一个事实，不如说是对个体身份认同和自我证实的检验和证据。[⑤]

可视化的影像（如影视剧）制造的记忆，阿莱达·阿斯曼称之为媒体演示，它包括所有以历史为题材的影视创作，如电影、电视、视频和数字媒体等媒介对历史的再现，具有广泛的影响力。但这一形式的展示中，会出现娱乐化而失却历史的"沉重"问题，如伦理问题。[⑥]

---

① 阿莱达·阿斯曼.记忆中的历史：从个人经历到公共演示[M].袁斯乔，译.南京：南京大学出版社，2017：129；阿莱达·阿斯曼.记忆作为文化学的核心概念[M]//冯亚琳，阿斯特莉特·埃尔.文化记忆理论读本.余传玲，等译.北京：北京大学出版社，2012：117-130.

② 阿莱达·阿斯曼.记忆作为文化学的核心概念[M]//冯亚琳，阿斯特莉特·埃尔.文化记忆理论读本.余传玲，等译.北京：北京大学出版社，2012：117-130.

③ 同上。

④ 阿莱达·阿斯曼.记忆中的历史：从个人经历到公共演示[M].袁斯乔，译.南京：南京大学出版社，2017：128.

⑤ 阿莱达·阿斯曼.回忆的真实性[M]//冯亚琳，阿斯特莉特·埃尔.文化记忆理论读本.余传玲，等译.北京：北京大学出版社，2012：142-155.

⑥ 阿莱达·阿斯曼.记忆中的历史：从个人经历到公共演示[M].袁斯乔，译.南京：南京大学出版社，2017：131.

对研究者而言，应该对上述的各种真实问题心存警醒。如阿莱达·阿斯曼告诫的，谁想研究记忆，就必须认识到不同的再现具有可塑性和可变性，即回忆是一个反复的动作，也是可变可塑的过程。阿莱达·阿斯曼同时提出一个需要不断反思的问题：媒介重现和社会过程之间是存在张力的，即媒介重现的记忆是在形式上被固定下来的，如纪念碑展现的记忆，而社会过程展现的回忆一直是可变可塑的，它是一个过程；二者之间的张力正是文化记忆的活力所在。

在复线历史观念下，真实是有着多重面向的。这也是记忆视野下的观念对于现代线性历史观的一个挑战。记忆的多面性导致记忆的碎片化成为必然。在这种情况下，媒介展示的记忆有整体化和统一化的倾向，如历史小说中的记忆、历史电影中的记忆，乃至历史展览中的记忆等。概言之，媒介化的记忆提供了我们反思历史的有效途径。而历史小说和历史电影中的记忆展现和反思，多提出的是记忆与政治的问题。例如，一些电影在世界范围内引发人们对过去历史的反思，同时引发人们关于记忆话语与记忆政治的讨论，如《苏菲的抉择》《辛德勒的名单》等。

2. 文学的记忆幽灵及其政治学意涵

王德威在《现代中国小说十讲》的序中提及，我们总是不断地重写文学史，但这一重写不是还原真相，而是写出真相的种种拟态。[1] 他在历史与文学的伦理担当主题下提出记忆的幽灵及其政治学意义。他指出，文学描写历史迷魅与文学记忆的面貌，在除魅的另一端是"招魂"的工作："魂兮归来，在幢幢鬼影间，我们再次探勘历史废墟、记忆迷宫。"在此可以铺陈洞见与不见，为下一轮的历史、记忆的建构与拆解预留批评的空间。

他同时指出，一个世纪的现代经验见证了历史的迷魅非但除之不尽，反而会以最沉痛的代价辗转在我们的身边；文学的记忆可以提醒我们潜藏在之下的想象之域与记忆暗流。确实，文学可以将我们原该忘记的、不应或不愿想起的幽灵召唤回来，它昭示着一种迷魅演义文本以及现代历史除魅冲动本身。在这里，文学是改造国魂的利器，同时也是随用随弃的工具。

与王德威的论述密切相关，我们发现，在当代，一些文学领域的思考要比学术领域的思考更为敏锐，表达更为灵活，并更具多样性意义，它们记录的史实可以幽灵的方式回归，如苏童在2013年问世的《黄雀记》。过去历史的幽灵附在古稀之年的保润祖父身上，这种表现形式在现实的日常生活中被看作"丢魂"；在历史的脉络中，它是历史的幽灵在游动。它导致现实的关系发生了各种破裂，例如保润家开始解体，最后走向幻灭。这一历史小说提出了该如何对待逝去的历史这一政治任务和伦理议题。

四 结论与讨论

本文以记忆中的文学问题为例，推进对社会学视域中的文学资料应该如何使用这一问题的理解，以及这一类资料能够回答什么问题的思考，试图为类似工作提供一个参考。探讨文学中的记忆展示形式，事实上是一种文化研究；与之相关，社会的文化维度是认识社会的重要方

---

[1] 王德威. 历史迷魅与文学基因——《现代中国小说十讲》序 [J]. 当代作家评论，2004（01）.

面。但在国内社会学界，我们对文化的思考还远远不够。我们可以借鉴相关的跨学科的角度和成果，为我们的理论建设提供一些基础和可能的路径。

文学同样可以是社会学"田野"的一个重要组成部分。如王明珂所说，文学、访谈、观察等在社会表征层面，它们的价值是相等的。[①] 在文化研究方面，尤其是在认同研究、记忆研究上，文学提供了很好的素材。我们关注文学"田野"，并不是因为研究者创新乏力，而是因为文学叙事中展演的记忆模式有助于我们深入考察社会的文化理想和文化模式；这也是社会结构的一个重要组成部分。

记忆与文学文本在认同、情感以及想象等方面具有较高的契合度，这使得记忆研究中对文学资料的使用变得更具合法性。记忆的媒介化趋势推进了这一领域中文学素材的使用；文学叙事的记忆呈现、影视的记忆展演，为我们理解逝去的历史提供一系列思考。

与历史文学叙事相关的记忆模式有助于我们建立某种不在场的真实感。相比抽象的概念化表述，它提供了一个具体化层面的历史感；历史小说还提供了一个有关开端和结束的表述，这有助于我们对文化记忆中"完整性"即特定文化模式的完整故事的理解。它往往展现了历史观或文化观的完整性，以此更好地诠释某种文化理想。具体性和完整性是引导我们进入"深层历史"的有效途径。在具体性和完整性之间，文学叙事展现的记忆也引发了我们对历史多样性的思考，以克服既有的认识障碍。历史多样性和历史碎片化在某些时候是同义的，碎片化的历史同样是认识完整历史的一个重要组成部分；来自不同主体和立场的对历史不同维度的叙事，构成了非主流历史观的碎片化。这为我们认识完整历史提供了契机。历史的碎片化看似漂浮不定，但它会寻找机会呈现（例如以文学为载体），从而激发新的讨论或运动。在政治层面，它也可以与记忆的幽灵同义，从而赋予历史以多面的含义，并引发人们反思。

在方法论层面，文学作为"田野"的一个核心问题是真实性问题。显然，虚构的文学不以反映历史事实的真相作为自己的诉求，但表述方式的虚构并不构成否定其观念真实、记忆真实和情感真实的理由。这与记忆的建构性特征类似，即被人们建构起来的记忆表征，是我们研究集体意识和观念认同的重要工具和切入点，我们并不因记忆的不真实而去否定它在观念层面和情感层面的真实意涵。文学"田野"也是如此，它对社会学的意义也在于此。

概言之，本文从费孝通先生晚年提出的拓展社会学的传统界限问题出发，试图提出强化社会学人文性的一个途径。本文以记忆研究为例来说明上述问题，而记忆研究本身就带有很强的跨学科意涵。当下对于记忆的研究，参与的学科领域有心理学、哲学、文学、历史学、社会学、传播学、档案学等。本文以记忆研究的文学田野为例，试图说明增加社会学的人文性是需要跨领域的想象的；同时，如费孝通所说，这并不是舍弃社会学的立场。所谓社会学的立场，在本文是指在社会学的视野内将社会学的局限作为提出问题的出发点，并试图以跨学科的手段来弥补这一缺陷。[②] 在席勒看来，跨学科方法是去除某一学科误识的一种重要手段。[③] 他设想

① 王明珂. 田野、文本与历史记忆——以滇西为例 [J]. 思想战线，2017（01）.

② 费孝通. 试谈扩展社会学的传统界限 [J]. 北京大学学报（哲学社会科学版），2003（03）.

③ RIOU J. Historiography and the critique of culture in Schiller, Nietzsche, and Benjamin [M]// CALDICOTT E, FUCHS A. Cultural memory: Essays on European literature and history. Bern: European Academic Publishers, 2003:35-51.

了一种因为实用的目的而"唯利是图"的历史学家，如此，其留下的解释或知识是有待商榷的，而跨学科的方法则可以与这些解释进行商榷，以弥补缺陷。在这里，席勒关注的是一种方法论层面的知识（具体指解释过去的方法），从而推进一种跨学科的历史检验方法，以避免幼稚、只关注细碎问题的历史学。

费孝通在扩展学科界限中提到，社会学应该对精神世界投放一定的精力，甚至将其作为一个领域去研究。事实上，在人类历史的漫漫长河中，其他学科对精神领域的研究一直是存在的，并有了很深的积累。不过，这一领域的问题一直很少进入社会学的视野，费先生提到的社会学对精神问题的关注中就包括很强的"跨"的意味。在此，费先生并没有提出"跨"可能出现的问题，反而指出了如果局限于社会学的既有方法，可能导致对精神问题的解释也变成"还原论"的了，即简单地以某种机制（如政治、经济、社会等）去看待精神世界，这样得出的结论即便在逻辑上是圆满的，也已经远离了精神本身。因此，费孝通提出了探索社会学研究精神世界之研究方法的必要性和重要性。他指出，"我们应该以一种开阔的心态"，从其他文明研究成果中借鉴和吸收，以完善中国社会学对非实证领域研究对象（如"心""意会"）的研究，"开拓"我们今天社会学的新领域。

（本文作者　刘亚秋）

第四章　从"故事"到"小说"：
作为文类寓言的《怀旧》

　　辛亥革命前后，鲁迅在故乡绍兴的一段"蛰居"时期里，写出了文言小说《怀旧》。在以昂扬的姿态出现的《域外小说集》（1909 年）与《狂人日记》（1918 年）之间，《怀旧》的出现相当低调，它以"周逴"的笔名发表于 1913 年 4 月 25 日《小说月报》四卷一号，但直到鲁迅去世之后，才收入 1938 年编订的《鲁迅全集》第七卷《集外集拾遗》中。尽管捷克汉学家普实克早已对《怀旧》进行了专文研究，并从情节构成的角度对这篇小说做了高度评价，称之为"中国现代文学的先声"[1]，但囿于文白的视野，在现代中国文学史中，以文言写作的《怀旧》始终是一个孤立现象，它一直被视为"新文学"的、或者是"新文学"之天才作家"鲁迅"的遥远前史[2]。如果将《怀旧》置于鲁迅清末以来的文学实践中来看，并且不计较文白的区隔，它其实正好处于从《域外小说集》到《狂人日记》的中间线上，是考察鲁迅对短篇小说这一文学形式从翻译介绍到内化为自身文学表达方式之过程的不可多得的样本。[3] 当然，它也为我们想象鲁迅在辛亥革命前后的思想与情感，并进而思考其小说创作的出发点，提供了重要依凭。本文试图在清末以来短篇小说的文类形构的视野中，将《怀旧》视为一部在形式上具有代表性的短篇小说作品，来重新阐释其主题意蕴以及这一主题所可能蕴含的自反性的文类指涉意义。

一

　　从故事层面看，《怀旧》的情节，的确如普实克所说，松散得近乎"无情节"[4]：一个夏日的午后，原本在家塾里教"我"读《论语》的秃先生，听到东邻富翁耀宗的"长毛"要来的传闻后挟衣而去，"我"则得以从令人困倦的家塾中解脱，到青桐树下听家里的佣人王翁讲太平

---

[1] 雅罗斯拉夫·普实克. 鲁迅的《怀旧》——中国现代文学的先声 [M]// 雅罗斯拉夫·普实克. 普实克中国现代文学论文集. 李燕乔等，译. 长沙：湖南文艺出版社，1987：112-119. 原刊美国《哈佛亚洲学报》1969 年第 29 期。

[2] 近年来国内学界对《怀旧》亦有不少专论，如伍斌.《怀旧》——探索"国民的灵魂"的最初尝试——兼与部分研究者商榷 [J]. 鲁迅研究月刊，1994（12）：19-23；叶凡.《怀旧》随笔 [J]. 鲁迅研究月刊，2002（12）：81-84；王京芳. 解读《怀旧》[J]. 鲁迅研究月刊，2003（07）：73-76 等，在不同程度上均有所创获，但最终的解读仍无法跳脱"改造国民性"、对历史与现实的忧愤等鲁迅后来思想与小说主题的影响。

[3] 王瑶在《〈怀旧〉略说》（收王瑶. 鲁迅作品论集 [M]. 北京：人民文学出版社，1984）中提到，《怀旧》"除了它是用文言写的以外，在精神和风格上它都是'现代的'"（第 252 页）。现代短篇小说的特点，这篇小说已经基本具备了。

[4] 雅罗斯拉夫·普实克. 鲁迅的《怀旧》——中国现代文学的先声 [M]// 雅罗斯拉夫·普实克. 普实克中国现代文学论文集. 长沙：湖南文艺出版社，1987：112-119.

天国时候的"长毛"故事；不久传闻被澄清，王翁的故事仍在继续，但最终由李媪打断，领着"我"归家休息，"我"和她分别做了基于各自经验的梦，"我"梦见了秃先生，而她则梦见了"长毛"。就主干情节而言，《怀旧》与鲁迅后来的短篇小说《风波》略有几分相似，都是由一则传闻引起的一场几乎没有什么故事发生的"风波"；然而，不同的是，《怀旧》明显多出了一个童年回忆的框架，同时，在这个框架之内又嵌套了小说人物王翁的回忆叙述。"怀旧"一题虽为周作人所加，却颇为贴切，它既是已近而立之年的作者鲁迅所怅怀的儿时之旧，同时还包含着小说人物王翁、李媪等在青桐树下讲故事时所感怀的太平天国之旧。

周作人曾经将《怀旧》的主题解释为对辛亥革命时事的影射："以东邻的富翁为'模特儿'，写革命的前夜的事，性质不明的革命军将要进城，富翁与清客闲汉商议迎降，颇富于讽刺的色彩。"[①]周作人的这番解读，发表在《怀旧》被重新发掘、收入《集外集拾遗》之前，对学界的论述影响极大，他在此后的回忆文章中，又不断追加对这篇小说的典故和人物原型的说明，一直倾向于将之解读为辛亥革命的别史。[②]鲁迅在《怀旧》中的确对商议迎降的"富翁"耀宗与"清客"秃先生都做了漫画式的处理，甚至不惜以牺牲小说叙事角度的统一为代价，不断插入以成年口吻发表的反讽议论。[③]然而，仅仅从影射时事的角度来理解，是否穷尽了这篇小说的主题意蕴呢？从小说的结构来看，如果仅仅是影射时事，小说第二部分几乎占了一半篇幅的家佣们的谈话便显得十分多余。那么，鲁迅为何要花费大量的篇幅来记叙似乎与小说主题无关的人物闲谈呢？这个嵌套在童年怀旧框架之内的故事人物的怀旧故事，当真只是无意义的"蛇足"吗？

普实克注意到了《怀旧》后半部分的人物对话与整个小说的不协调关系，不过，他仍然将之纳入其"无情节"的情节构成这一散文化的总体特征中来讨论，认为对话的目的是渲染气氛，或者是表现人与人之间的某种关系。普实克的阅读感觉是敏锐的，但这样的解释显然并不能让人满意。那么，到底这个嵌套进来的小说人物的怀旧故事，对整篇小说的主题将会产生怎样的意义呢？王翁的"长毛"故事，初看起来，与小说所写的现实世界中"长毛且至"的传闻之间构成了非常紧密的语义关系，然而，如果仔细阅读，便不难发现这一语义关系其实相当脆弱，它不过是建立在"不辨类属"的耀宗对一个谣言的再次误传的基础之上，并且小说中的王翁始终没有将他的"长毛"故事讲完，他的呈现永远是片段式的讲述。如此看来，王翁的怀旧故事与小说所写的现实世界之间的关联，并不如表面看来的这么简单。《怀旧》的内在结构及其主题意蕴，显然还有进一步探讨的空间。

---

① 周作人. 关于鲁迅 [N]. 宇宙风，1936-11-16（29）.

② 参阅周作人《鲁迅的故家》一书中《两种书房》《秃先生是谁》二文，另还有《知堂回想录》中《辛亥革命（一）——王金发》一节。周作人. 鲁迅的故家 [M]. 河北教育出版社，2002.

③ 如"先生能处任何时世。而使已身无几微之痏。故虽自盘古开辟天地后。代有战争杀伐治乱兴衰。而仰圣先生一家。独不殉难而亡。亦未从贼而死。绵绵至今"，这类议论明显不是儿童的口吻，米列娜正是以这种"不合语法现象"的叙述角度的移位为出发点，解析出《怀旧》所蕴含的"可见"与"不可见"的两个文本世界来，不过她的主要解读乃建立在对一个句子自己进行重新断句的基础之上，难免失之牵强。参阅米列娜. 创造崭新的小说世界——中国短篇小说 1906-1916 [M]// 陈平原，王德威，商伟. 晚明与晚清：历史传承与文化创新. 武汉：湖北教育出版社，2002：482-502.

这里首先从小说第二部分王翁的"怀旧"讲起。左邻富翁耀宗给吾家塾师秃先生带来了"长毛"要来的传闻，秃先生挟衣而去，乡邻里人心惶惶，"予窥道上。人多于蚁阵"，"盖图逃难耳"。[①] 在这样的背景下，吾家"阍人"王翁开始登场讲他的"长毛"故事：

> 饭已。李媪挈予出。王翁亦已出而纳凉。弗改常度。惟环而立者极多。张其口如睹鬼怪。月光娟娟。照见众齿。历落如排朽琼。王翁吸烟。语甚缓。
>
> "……当时此家门者。为赵五叔。性极憨。主人闻长毛来。令逃。则曰。主人去。此家虚。我不留守。不将为贼占耶。……"[②]

饭后青桐树下的纳凉，是一个典型的讲故事的传统场景。年过七旬的王翁讲述了一个四十年前留守在主人家的门房与厨子面对太平军（"长毛"）来袭的故事，"日日伏厨下不敢出"的厨子吴妪，向前来抢劫的"长毛"乞食，却接到了刚刚被砍下的门房赵五叔的血淋淋的头颅。在"长毛且至"的传言中，王翁的这个离奇故事吸引了诸多听众。然而，这些听众与故事讲述人之间的关系，却显得漠然而紧张——"张其口如睹鬼怪。月光娟娟。照见众齿。历落如排朽琼"。这种对于麻木的听众或看客的描写，不难在鲁迅此后的《阿Q正传》《示众》等小说中找到回响，它亦是鲁迅的文学与思想中不断回旋和思考着的主题。这个"照见众齿"的恐怖描写，则很容易让我们想起安特来夫《红笑》中那个著名的"无齿之怪笑"的意象。[③]

王翁的故事不断引起听众之一李媪的反应。她会在恰当的时候对故事做出评论，如对赵五叔的留守不以为然，则斗作怪叫——"唉。蠢哉"；而在长毛将赵五叔之头掷入吴妪怀中之时，则大惊叫——"啊。吴妪不几吓杀耶"。如此反应，可谓王翁故事的理想听众，其功能则颇有些类似章回小说的叙事者评论或是在紧要关头插入的"且听下回分解"。然而，就在王翁刚要"分解"的当儿，来自"青桐树下"似乎自足的"讲述者－听众"之外的声音，打断了故事的进程：

> "将得真消息来耶。……"则秃先生归矣。[④]

青桐树下的故事讲述被突然闯入的外来者误以为是消息的传播。王翁无意于传播消息，故勉强应答一声"未也"，又接着讲述紧张的"长毛"来袭的故事。

然而，故事马上又被紧跟而来的报告消息的耀宗所打断。接着小说转向耀宗与秃先生的对话，揭示出引起慌张的真相——"三大人云长毛者谎。实不过难民数十人"；于是，得到"三

---

① 鲁迅. 怀旧 [N]. 小说月报，1913-04-25，4（1）：4. 省略号为笔者所加。本文对《怀旧》文本的引用，一律根据《小说月报》初刊本，句读标点皆一仍其旧。

② 鲁迅. 怀旧 [N]. 小说月报，1913-04-25，4（1）：4.

③《红笑》中的意象描写如下："忽见有血自胸流出，少年苍白之面，忽变为不可言说无齿之怪笑。——是赤笑也。"引自周作人. 小说丛话 [M]// 钟叔河. 周作人文类编. 长沙：湖南文艺出版社，1998：408.

④ 鲁迅. 怀旧 [N]. 小说月报，1913-04-25，4（1）：5.

大人"确切消息的众人，一哄而散，"桐下顿寂。仅留王翁辈四五人"。①

接下来乃是"缀烟"之后的王翁与包括"我"与李媪在内的"四五人"的闲谈。王翁似乎意犹未尽，李媪询问他自己儿时遭遇"长毛"的经历，而"我"也对遥远的"长毛"故事兴致盎然。于是王翁放下赵五叔的故事，转向了他自己儿时的逃难经历。故事仍然扣人心弦，但这次积极做出反应的是不解世事的"我"。

> "吐吐？"余大惑。问题不觉脱口。李媪则力握余手禁余。一若余之怀疑。能贻大祸于媪者。
> ……
> "打宝何也。"余又惑。②

与李媪的"入戏"似的反应不同，"我"的问题却常常将话题从故事中牵引开去。王翁必须中断故事的进程，专门为"我"做出解释。然而，仍然是在故事的紧要关头，曾经作为理想听众的李媪却彻底打断了故事的讲述：

> "啊！雨矣。归休乎。"（不肯一笔平钝。故借雨作结。解得此法，行文直游戏耳）李媪见雨。便生归心。
> "否否。且住。"余殊弗愿。大类读小说者。见作惊人之笔后。继以欲知后事如何且听下回分解。而偏欲急看下回。非尽全卷不止。而李媪似不然。③

小说至此即终止了王翁的故事讲述，最终以"我"与李媪的梦戛然作结。王翁在小说中所扮演的是一个传统说书人的形象，然而，他始终没有将他的故事讲述完整，总是在关键时候被打断。最终，在插入的这段调侃并追念章回小说的"闲笔"中，《怀旧》似乎预示了传统的讲述故事的方式的终结，它的戛然而止的结尾则明确宣告了一种现代"短篇小说"的诞生。

现在我们可以回到小说的主体叙事层面上来。耀宗所带来的"长毛"传闻在乡邻中引起了恐慌情绪，而王翁的故事正是在这样一个危机时刻开始讲述的。小说中的耀宗是左邻一位吝啬而愚蠢的富翁，他将"何墟三大人"那儿也许是"山贼或近地之赤巾党"来袭的消息，传作了"长毛且至"，从而引发了王翁对四十年前的太平天国旧事的回忆。王翁的"长毛"故事，表面上由现实中的传闻而起，但与现实世界的关联，却是建立在这样一个非常微弱的误解的基础之上。王翁讲述出来的"长毛"故事，始终是破碎的。这样破碎的故事，其实很难在内容的层面在整体上对现实世界有所指涉；对小说主题构成意义的，毋宁说是王翁在消息不确、人心惶惶的背景之下讲故事的行为本身。

---

① 鲁迅. 怀旧 [N]. 小说月报，1913-04-25，4（1）：5-6.
② 鲁迅. 怀旧 [N]. 小说月报，1913-04-25，4（1）：6-7.
③ 鲁迅. 怀旧 [N]. 小说月报，1913-04-25，4（1）：7. 括号中为《小说月报》编者恽铁樵的批语。

德国批评家本雅明在《讲故事的人：论尼古拉·列斯克夫》①一文中从文类的社会史的角度，对"故事"与"小说"做出区分。在他看来，小说在现代初期的兴起是讲故事走向衰微的先兆，而这背后的社会根源，则是急遽变迁的现代社会中原有的经验共同体的瓦解。本雅明认为，讲故事的艺术，是介于古代史诗与现代小说之间的中间文类，更接近史诗的口头讲述的传统，是一种可以让意义具有永恒的内在性和传递性的艺术形式。②本雅明在文中列举了两类故事讲述者的经典原型，一类是农田上安居耕种的农夫，一类是泛海通商的水手。他认为，讲故事的艺术在很大程度上依赖于这些生活共同体之内的"口口相传的经验"，讲故事的人将教诲编织进实际生活，从而使智慧代代相传。然而，在经验正在"贬值"的现代性危机时刻，这一讲故事的传统正日渐消亡，取而代之的则是离群索居的小说家闭门独处的小说创作。尽管本雅明并没有就"小说"的兴起做出理论或历史的详细阐述，但他从经验共同体的瓦解的角度对从"故事"到"小说"（"短篇小说"亦纳入其中）的文类嬗变所做出的直截的社会史的论断却极富启发意义，足以"照亮"我们对于同样包含典型的讲故事的场景在内而又以短篇小说的形态出现的《怀旧》的阐释。

《怀旧》中经历了太平天国之乱并熟悉本乡掌故的七旬老人王翁，显然属于本雅明所列举的"农田上安居耕种"的这一类型的理想的讲故事的人；从这个角度来看，《怀旧》同样展示了这一"讲故事的传统"在现代社会里岌岌可危的处境。回到小说的开头，我们会惊异地发现，它正是以王翁在青桐树下讲故事的情境开场的：

> 吾家门外。有青桐一株。高可三十尺。每岁实如繁星。……桐叶径大盈尺。受夏日微瘁。得夜气而苏。如人舒其掌。家之阍人王叟。时汲水沃地去暑热。或掇破几椅。持烟筒。与李妪谈故事。每月落参横。仅见烟斗中一星火。而谈犹弗止。③

作为家塾学生的"我"对这一"彼辈纳晚凉"的情境十分神往，虽"亦尝扳王翁膝、令道山家故事"④，却常被塾师秃先生作厉色阻止。一边是谈到"月落参横"的惬意的故事交流，一边却是书房里永远也"不之解"的"苦思属对。看秃先生作倦面"⑤——"吾家门外"与"家塾之内"在一开始就构成了小说中两个截然不同的对立世界。

家塾里的秃先生首先对这一门外的令人神往的讲故事的场景构成了直接的威胁。小说中两次出现秃先生以"勿恶作剧"⑥来阻止"我"的听谈故事，而"我"则以"否则秃先生病耳。死尤善"⑦，"思倘长毛来。能以秃先生头掷李妪怀中"⑧这样的离奇臆想来加以对抗。更有意思

① 收入汉娜·阿伦特.启迪：本雅明文选[M].张旭东，王斑，译.北京：生活·读书·新知三联书店，2008：95-118.
② 参阅 WOLIN R. Walter Benjamin, an aesthetic of redemption [M]. New York: Columbia University Press, 1982: 219。
③ 鲁迅.怀旧[N].小说月报，1913-04-25，4（1）：1.
④ 同上。
⑤ 鲁迅.怀旧[N].小说月报，1913-04-25，4（1）：4.
⑥ 鲁迅.怀旧[N].小说月报，1913-04-25，4（1）：1, 6.
⑦ 鲁迅.怀旧[N].小说月报，1913-04-25，4（1）：1.
⑧ 鲁迅.怀旧[N].小说月报，1913-04-25，4（1）：5.

的是，作为小说主干情节的导火线，那则引起恐慌情绪的"长毛"传闻，正是来自一位"聪慧不如王翁。每听谈故事。多不解"①的东邻富翁耀宗先生，他把得自"何墟三大人"的消息传作了"长毛且至"，从而引起了秃先生的恐慌以及乡邻人士的仓皇逃难，一时之间，只见"何墟人来奔芜市。而芜市居民则争走何墟"②。正是在这样的背景下，"家之阍人"王翁仍然气定神闲地在青桐树下纳凉讲故事，"弗改常度"。如此连缀起来，则小说后半部分所写的王翁、李媪们的怀旧故事，便不只是"我"的童年怀旧中的普通一幕，它其实是嵌入小说之中的一个重要的结构性要素，在整体上形成了对以秃先生为代表的混浊而惶恐的"家塾世界"的对抗。

在谣言所引发的恐慌气氛中，王翁气定神闲的故事讲述与秃先生们的仓皇逃遁形成了鲜明对比：熟悉本乡掌故的王翁，他的经验来自代代相传的故事以及自己的人生阅历——"自云前经患难。止吾家勿仓皇"③；而被作者讥为芜市"第一智者"的秃先生，他的"思虑之密"则是"非由读书得来。必不有是"④，他在小说里是腐儒的代表。这里其实已经埋下了鲁迅此后小说与文章中不断隐现的一个对立结构的伏笔，即士大夫的"谋略"与民间的"智慧"之间的对立与差异。作为故事能手的王翁，显然不在鲁迅此后针对前者所进行的持续的文化批判的序列之内。如果将王翁的"怀旧"置于小说整体的怅怀儿时之旧的格局中，则小说所嵌套着的双重"怀旧"叙述，其实在结构上形成了精妙的呼应关系，作者所缅怀的，可以说乃是以王翁为代表的那个令人神往的"讲故事的传统"。

王翁的故事有两类听众，一类是因传闻聚集而来的麻木而惶恐的"环而立者"，一类则是与他有着共同的"长毛"经历的家佣李媪。"唉。蠢哉"，"啊。吴妪不几吓杀耶"，在众多的"环而立者"中，只有这位也曾"前经患难"的李媪适时地发出评论，与王翁进行意见与经验上的交流，她亦因此成为王翁故事的最入戏的理想听众。正是在理想听众李媪的配合下，王翁的故事讲得出神入化，成为几乎"无情节"的《怀旧》中唯一的情节高潮。然而，这个理想状态没有持续多久，一旦由秃先生和耀宗带来"真消息"，则故事的意义与功能马上被消解了，"众既得三大人确消息。一哄而散"⑤。王翁编织进故事里的教诲与智能，在"真消息"面前顿时土崩瓦解。在这种情况下，只有不解世事的"我"仍然保持着听故事的兴趣，然而，"我"的愿望在这个纷扰时刻的成人世界里却显得微弱无力。在这个意义上，《怀旧》其实同时也在展示"讲故事的传统"在这个危机频仍的时代里所遭遇的惘惘的威胁。

事实上，小说中所描绘的"张其口如睹鬼怪"的听众，一开始就与从容不迫的故事讲述人之间关系紧张，他们所希图获悉的是有关"长毛"的信息，这与王翁讲故事的兴致与初衷显然格格不入；而从王翁所讲的血淋淋的"长毛"故事中，他们并没有获得轻松之感，只是"目亦

---

① 鲁迅. 怀旧 [N]. 小说月报，1913-04-25，4（1）：2.

② 鲁迅. 怀旧 [N]. 小说月报，1913-04-25，4（1）：4.

③ 同上。

④ 同上。

⑤ 鲁迅. 怀旧 [N]. 小说月报，1913-04-25，4（1）：6.

益瞠。口亦益张"①。传统章回小说中常见的豆蓬瓜架之下说书人与听众之间轻松的交流语境，在一个变乱频仍的充满危机的时代里，显然已经失去了它的社会基础。对王翁的故事造成威胁的，除小说中直接写出的反面人物秃先生与耀宗外，其实还有这一危机四伏的时代，以及这一时代里那些"环而立"的麻木的庸众。因此，青桐树下王翁与李媪谈至月落参横的讲故事的场景，便只能永远地成为"我"辈神往的对象，并且行将消失。在这个意义上，小说的确蕴含着一种深沉的怀旧意味。

二

《怀旧》的具体写作时间其实并不能完全确定。据周作人回忆，这篇小说作于辛亥年冬天，两三年后由他加了题目寄给《小说月报》，以"周逴"的名义刊出。②《鲁迅全集》将《怀旧》的写作定为1912年，根据的应该是周作人的说法。不过鲁迅自己却有另一番回忆：

> 我的最初排了活字的东西，是一篇文言的短篇小说，登在《小说林》上。那时恐怕还是革命之前，题目和笔名，都忘记了，内容是讲私塾里的事情的，后有恽铁樵的批语，还得了几本小说，算是奖品。③

鲁迅自身对其作品的"记忆"，也许在细节上有诸多纰漏（如忘记题目和笔名，记错登载刊物），但其中流露出的不同基调与"气息"却值得关注。他提到《怀旧》的写作，"那时恐怕还是革命之前"，与周作人的说法并不一致；况且他对小说内容的记忆着重在"讲私塾里的事情"上，而只字未提辛亥革命。这至少为我们从影射时事的角度之外来理解这篇小说的深层意蕴，提供了一个有效的出口。

实际上，在周作人对《怀旧》的相关回忆中，除了写于辛亥年冬天之说，还有另外一处叙述，也值得注意：

> 我自己在同时（即鲁迅写作《怀旧》之时——引者注）也学写了一篇小说，题目却还记得是《黄昏》……但是大约当时自己看了也不满意，所以也同样的修改抄好了，却是没有寄去。④

这篇《黄昏》是否就是周作人后来发表于《中华小说界》的《江村夜话》⑤，还有待进一步

---

① 鲁迅. 怀旧 [N]. 小说月报, 1913-04-25, 4（1）：5.

① 鲁迅. 怀旧 [N]. 小说月报, 1913-04-25, 4（1）：5.
② 周作人. 关于鲁迅 [N]. 宇宙风, 1936-11-16（29）.
③ 鲁迅. 致杨霁云 [M]// 鲁迅. 鲁迅全集：第十三卷. 书信. 北京：人民文学出版社, 2005：93. 以下《鲁迅全集》版本, 未经说明, 均为2005年新版.
④ 周作人. 知堂回想录：上 [M]. 石家庄：河北教育出版社, 2002：317.
⑤ 启明. 江村夜话 [J]. 中华小说界, 1914（07）.

考察；不过，周作人这番追叙，却在围绕着《怀旧》诞生的"革命"背景之外，为我们提供了一个更为真实可感的"文学"语境，也就是说，在周作人与鲁迅合作翻译出《域外小说集》之后不久，他们在故乡绍兴还有一段以短篇小说为体裁的短暂的文学练笔时期。这段短暂的文学练笔，即发生在从1911年夏天鲁迅辞去绍兴府中学堂的职务并敦促周作人从日本回国，到1912年2月鲁迅赴南京临时政府教育部任职之间；在这半年多的时间里，鲁迅两次赋闲在家，而周作人也处于闲居状态，这正是《怀旧》诞生的最直接的背景。

鲁迅回国之后，先后在杭州与绍兴的中学里担任教员与监学等职，但这两年多的任职经历并不愉快。1909年9月，经许寿裳推荐，鲁迅就任杭州两级师范学堂的化学与生理学教员，12月即参加了反对顽固派夏震武的斗争（即著名的"木瓜之役"），与众教员一起辞职离校；次年1月复职，又因对该校改聘的学堂监督不满，在7月学期结束后即辞职回到绍兴。1910年8月起，鲁迅开始在绍兴府中学堂里担任博物教员，9月起兼任监学（即教务长），然而很快便经历了两次学潮，又与校长陈子英相处不悦，次年暑假遂复辞去此学堂一切职务。[①] 在这反复的辞职复职的过程中，我们可以体会到鲁迅对地方教育界的失望与无奈。从杭州回到故乡绍兴之后，鲁迅更是对越中学堂琐屑的人事纠纷以及小地方的闭塞空气感到厌烦。他在1910年11月15日致许寿裳的信中称，"仆荒落殆尽……又翻类书，荟集古逸书数种，此非求学，以代醇酒妇人"[②]，明显处于"蛰居"状态。此后他又在信中不断感叹"越中棘地不可居"，"越校甚不易治，人人心中存一界或"，"闭居越中，与新颖气久不相接，未二载遂成村人"，并屡次托许寿裳帮他在别处谋职。[③] 后来在《头发的故事》中，鲁迅用略显夸张的笔触写到他这段教员生涯中的寥落心境：

> 宣统初年，我在本地的中学校做监学，同事是避之惟恐不远，官僚是防之惟恐不严，我终日如坐在冰窖子里，如站在刑场旁边，其实并非别的，只因为缺少了一条辫子！[④]

"辫子"后来成为鲁迅作品中辛亥革命的象征，如果过滤掉这个因素[⑤]，这里所描摹出的如"冰窖""刑场"一般阴冷的人际感受，与他致许寿裳信中的情绪倒是颇为贴合，由此亦可窥见鲁迅当时心境之一斑。鲁迅自1911年暑假辞去绍兴府中学堂的职务之后，直到绍兴光复（1911年11月4日），基本处于无职状态。

绍兴光复后，鲁迅接受王金发的任命，出任浙江山会初级师范学堂的校长。与越中相比，山会原是鲁迅印象不错，觉得"颇坦然"的地方[⑥]，而辛亥革命的到来也的确让鲁迅感到振奋，

---

① 鲁迅博物馆，鲁迅研究室.鲁迅年谱：第一卷 [M].北京：人民文学出版社，1981：215-239.
② 鲁迅.致许寿裳 [M]// 鲁迅.鲁迅全集：第十一卷，书信.北京：人民文学出版社.2005：335.
③ 鲁迅.致许寿裳 [M]// 鲁迅.鲁迅全集：第十一卷，书信.北京：人民文学出版社.2005：345-348.
④ 鲁迅.呐喊·头发的故事 [M]// 鲁迅.鲁迅全集：第一卷.北京：人民文学出版社.2005：487.
⑤ 丸山升在《辛亥革命与其挫折》一文中，令人信服地分析了"辫子"对于当时的鲁迅所造成的伤害并不像他后来叙述得那么严重。可参阅丸山升.鲁迅·革命·历史：丸山升现代中国文学论集 [M].王俊文，译.北京大学出版社，2005.
⑥ 鲁迅.致许寿裳 [M]// 鲁迅.鲁迅全集：第十一卷，书信.北京：人民文学出版社.2005：345-348.

从当时发表在《越铎日报》上的文献如《〈越铎〉出世辞》[①]及《维持小学之意见》[②]中，均可读出鲁迅在民元时候的高昂情绪。然而，绍兴光复后的政局变化却让鲁迅感到痛心，再加上《越铎日报》事件及筹建校款的艰难，1912年2月13日，鲁迅即交卸了校长一职，并于2月中旬离开绍兴到南京临时政府教育部任职了。[③]鲁迅在收入《朝花夕拾》的《范爱农》一文中，对这一时期的情形包括《越铎日报》案有详细描述。范爱农原是鲁迅在山会初级师范学堂中的同事，鲁迅去职后不久，他也被排挤了出来，之后一直不得志，于1912年7月落水身亡。鲁迅在《朝花夕拾》中对范爱农的回忆，确实如丸山升所分析的那样，"范爱农之死"，几乎有着预示"中华民国"之前途的意义；然而，这种回忆性的文章中，难免笼罩了鲁迅后来不断经历的袁世凯帝制、张勋复辟而带来的"寂寞"的影子，因此他所表露出来的对辛亥革命的失望之感很可能被夸大了。[④]不过，鲁迅的确在当时就对范爱农之死感到深切的悲哀，并投注了异乎寻常的情感，从他所写的《哀范君》[⑤]的诗篇中，我们可以读出深切的悲愤以及对范爱农的深沉的理解。鲁迅的悲哀以及对范爱农的惺惺相惜，除了对范爱农的狷介人格的认同，或许还因为他对范爱农所处的那个故乡教育界的阴冷的人际环境实在是太熟悉了，所谓"狐狸方去穴，桃偶尽登场。故里彤云恶，炎天凛夜长"[⑥]，这是无论革命前后鲁迅都曾亲身经历并有深切体会的地方。

从这个背景再回到《怀旧》的核心主题上来，我们不难体会到鲁迅在写出儿时家塾之外青桐树下"讲故事的传统"的失落时心底里微微的苦涩与孤独。家塾内外世界的对立，似乎已有了日后"百草园"与"三味书屋"的雏形；不过，正如周作人所指出的，鲁迅回忆三味书屋的寿先生时，是怀着相当敬意的，与对待《怀旧》中的秃先生的极尽讽刺的态度，显然大不相同。[⑦]周作人说："秃先生的名称或者从王广思堂坐馆的矮癞胡先生出来也未可知，其举动言语别无依据，只是描写那么一个庸俗恶劣的塾师，集合而成的罢了。"[⑧]或许这位"庸俗恶劣的塾师"的身上，也集合了鲁迅在绍兴学堂任职期间所遭遇的"狐狸"与"桃偶"们的影子吧。而《怀旧》的写作，便成为鲁迅对他在这段晦暗时期生出的寥落与孤独感所进行的最早的文学处理。小说中，作为主人公的"我"，始终与秃先生处于漠然的无法交流的状态。小说开头便是先生教"我"属对的情形，"予……不识平仄为何物。而秃先生亦不言"[⑨]。此外，如作为常态来描写的先生讲疏《论语》的情形：

---

① 鲁迅.鲁迅全集：第八卷[M].北京：人民文学出版社.2005：41-43.

② 鲁迅.鲁迅全集：第十一卷[M].北京：人民文学出版社.2005：350-335.

③ 鲁迅博物馆，鲁迅研究室.鲁迅年谱：第一卷[M].人民文学出版社，2000：244-257.

④ 鲁迅的谈到辛亥革命的文章中，其实多少都受到辛亥革命之后的"寂寞"心态的"污染"，这些是应该在分析时予以小心剔除的成分。

⑤ 鲁迅《哀范君三章》，最初发表于1912年8月21日绍兴《民兴日报》，署名黄棘，后收入《集外集拾遗》。

⑥ 鲁迅.哀范君三章·其二[M]//鲁迅.鲁迅全集：第七卷.北京：人民文学出版社.2005：449.

⑦ 周作人.两种书房 秃先生是谁[M]//周作人.鲁迅的故家.河北教育出版社，2002：213，215.

⑧ 周作人.两种书房[M]//周作人.鲁迅的故家.河北教育出版社.2002：215.

⑨ 鲁迅.怀旧[N].小说月报，1913-04-25，4（1）：1.

明日。秃先生果又按吾论语。头摇摇然释字义矣。……秃先生曰。孔夫子说。我到六十便耳顺。耳是耳朵。到七十便从心所欲。不逾这个矩了。……余都不之解。字为鼻影所遮。余亦不之见。但见论语之上。载先生秃头。烂然有光。可照我面目。特颇模糊臃肿。远不如后圃古池之明晰耳。①

尽管是"白话"的注疏，"我"却"都不之解"。"但见论语之上。载先生秃头。烂然有光"，而"我"却从这个光头中照出自己模糊的"面目"，这个奇异的意象，不仅表达出"我"的难以言传的厌恶，同时也是"我"与秃先生之间无法交流同时也拒绝交流的绝妙象征。与十多年后所写的同样闪现着辛亥革命前后生平与心绪之影子的《孤独者》（1925年）相比，鲁迅的孤独在《怀旧》中似乎还没有来得及经过细细咀嚼，因此便是以这样一种略显夸张同时又让人略感晦涩的方式表现出来。小说中备受讥讽的人物耀宗是不聪慧的，作者借李媪之口道出了他愚蠢的缘由：

> 彼人自幼至长。但居父母膝下如囚人。不出而交际。故识语殊聊聊。如及米。则竟曰米。不可别粳糯。语及鱼。则竟曰鱼。不可分鲂鲤。否则不解。须加注几百句。而注中又多不解。须更用疏。疏又有难词。则终不解而止。②

正是这位"不辨类属"的耀宗，将得自"何墟三大人"的消息转述成了不折不扣的谣言，因其"固不论山贼海盗白帽赤巾。皆谓之长毛"③；最终，也是由这位有交际困难的耀宗来消除谣言，并将"真消息"解释给众人听，——"'所谓难民。盖犹常来我家乞食者。'耀宗虑人不解难民二字。因尽其所知。为作界说。而界说只一句。"④如此看来，引起"风波"的谣言及其消解，其实都不过是在"不辨类属"的耀宗那儿进行一场他自己也似解非解的名词转化而已。"不辨类属"代表了最低层次（也是最根本层次）的交流障碍，无论《怀旧》是否对辛亥革命有所影射，鲁迅都将一种陷入交流困境的"隔膜"的主题——人与人的隔膜，或中国社会与"辛亥革命"之间的隔膜，表现得入木三分。⑤从这个角度来看，《怀旧》可以说是在最彻底的意义上对人类经验的可交流性提出了质询。

《怀旧》临近结尾的情境是众人星散，秃先生也随即离开，"桐下仅留王翁辈四五人"，接着便是王翁、李媪与包括"我"在内的闲谈，似乎一切又回复了小说开头所描绘的青桐树下

---

① 鲁迅. 怀旧 [N]. 小说月报，1913-04-25，4（1）：1.
② 鲁迅. 怀旧 [N]. 小说月报，1913-04-25，4（1）：2.
③ 鲁迅. 怀旧 [N]. 小说月报，1913-04-25，4（1）：3.
④ 鲁迅. 怀旧 [N]. 小说月报，1913-04-25，4（1）：5.
⑤ 这一"隔膜"的主题，后来在鲁迅小说与文章中不断得到重现。在1927年的《小杂感》一文中，鲁迅描述了这样一幅"人类的悲欢并不相通"的场景："楼下一个男人病得要死，那间壁的一家唱着留声机；对面是弄孩子。楼上有两人狂笑；还有打牌声。河中的船上有女人哭着她死去的母亲。"（鲁迅. 而已集·小杂感 [M]// 鲁迅. 鲁迅全集：第三卷. 北京：人民文学出版社. 2005：555）对于这种人类经验或情感之间的"隔膜"，鲁迅在他的不少短篇小说（如《药》《明天》《故乡》）中，都有敏锐而精妙的捕捉和表现。

的"王叟……与李妪谈故事。每月落参横。……而谈犹弗止"的宁静场景。然而，如果仔细考察，却可以发现作者其实采用了"偷梁换柱"之法。"我"虽然保持着听故事的兴趣，但显然无法像李妪一样充当王翁故事的入戏听众，"我"的提问表明自己的经验世界与王翁的根本不能通约，王翁的故事注定只能是片段的，不断从"我"的问题中生发出去。最后，小说结束于"我"与李妪所做的基于各自生活经验的梦："我"梦见了秃先生的训斥，而李妪则梦见了长毛——梦的不同，亦显示了各自经验的不可通约。在此，《怀旧》的确深刻地揭示了人与人之间几乎不可交流的孤独境遇；然而，也正是在这里，在经过"偷梁换柱"的片段式的生活经验的呈现以及小说的戛然而止的结尾中，《怀旧》作为一种全新的文类——现代中国短篇小说而诞生了。

三

小说中的王翁将他的"长毛"故事讲得令人血脉偾张，惊心动魄；《怀旧》则恰恰相反，它所记叙的"长毛"来袭，乃虚惊一场，根本上不过是"不辨类属"的耀宗在头脑中所进行的一场名词转化。在这个意义上，《怀旧》典型地呈现了现代短篇小说与传统"故事"的异质之处。爱尔兰作家兼评论家奥康纳（Frank O'Connor）在讨论西方现代短篇小说的形式特征时，将本雅明在《讲故事的人》中所讨论的列斯克夫（Leskov）的"故事"，与契诃夫所代表的摒弃了传统的故事情节、呈现日常生活片段的短篇小说做了一个有趣的对比。在他看来，口耳相传的故事因为无法像小说一样可以重复阅读，为了吸引听众，它只有一个办法，就是不断地制造意外和惊奇。奥康纳认为，在仍然保留着"故事"传统的列斯克夫的小说里，有一种对于夸张的通俗趣味，他说："如果没有两件荒唐的意外事件、两位凶手和至少一个鬼，列斯克夫可能就无法开始他的故事。"而这种附着在"故事"之上的"物理外形"（physical body），却是以契诃夫为代表的现代短篇小说所持续失去的形式。[1]奥康纳对于列斯克夫之"故事"特征的略显夸张的描述，竟然意外地和《怀旧》中王翁所讲的"长毛"故事相契合。在短短的片段式的故事呈现中，王翁已经讲述了至少两桩杀人事件——赵五叔被砍头，牛四及吾两族兄被"牵出太平桥上。——以刀斫其颈"[2]；而最后空山深夜之中的"吱吱咤咤"声，以及猫头鹰的惨厉叫声，再加上"孤木立黑暗中。乃大类人耶"[3]的场景，则很容易让人联想到令人毛骨悚然的鬼故事的开场。

然而，王翁的"故事"终究是以碎片的方式出现在作为短篇小说的《怀旧》的文本之中的——他的讲述常常被打断，最终那个扣人心弦的"鬼故事"也没有登场，他又转向了"打宝"的叙述，最后则因为下雨而中断了故事讲述，小说中的人物各自归家休息。说到底，"故事"只是嵌入小说中的一个结构性的要素，这一夏夜纳凉时候青桐树下的讲故事的场景，才是小说《怀旧》要表现的对象。事实上，夏夜纳凉之时所讲的故事，在根本上便不可能是完整的，因

---

① O'CONNOR F. The lonely voice: A study of the short story [M]. London: Macmillan & Co Ltd, 1963: 29-30.
② 鲁迅. 怀旧 [N]. 小说月报，1913-04-25，4（1）：6.
③ 同上。

此，《怀旧》以片段的方式叙述出来的王翁的"长毛"故事，又未必不是一种更真实的对于讲故事的场景的再现。在这个意义上，《怀旧》无疑已经开启了一种与"讲故事的传统"完全不同的想象（或呈现）现实的方式：不追求首尾自足的完整，而是力求"如其所是"地呈现人生的片段——而这正是以契诃夫为代表的、不具备"物理外形"的现代短篇小说的重要特质。

这里不妨稍稍引入周作人在同一时期所创作的小说《江村夜话》来略做对比。这篇小说很有意思，它其实也构筑了一个与《怀旧》类似的在书塾之外、渔父与二三农人在村头树下讲谈故事的场景，整篇作品以渔父和农人的散漫谈话组成；然而，这些谈话除了一些无厘头的打趣，主要包含着的还是一个首尾完足的关于一位农家姑娘希望嫁给城中富豪却最终落得悲惨收场的故事。尽管故事的开头也有"一起之突兀"的效果：一位从市集上归来的村农带来了"且媪死矣"的悲惨消息，然而，小说马上以渔父的口吻补足了这个故事的来龙去脉，最终则是大家各自唏嘘评论一番，慢慢散去。《江村夜话》的意境和写法，与周作人在《域外小说集》里翻译过的契诃夫的小说《塞外》颇有几分相似。《塞外》（今译《在流放中》）以一位绰号"智者"的渡船老人与一位刚流放到西伯利亚的鞑靼人在伏尔加河畔的谈话为线索，通过谈话插叙出另一位流放者试图与命运抗争却最终失败的故事，呈现出"智者"的看破红尘与流放者的与命运抗争之间两种人生观的对立，但作者并不加以选择，而是让读者自己做出评价。周作人的《江村夜话》明显借鉴了契诃夫小说中"将故事核心镶在对话中"[①]的手法，同时他对绍兴水乡景物的描绘，也与他所翻译出来的《塞外》的伏尔加河畔的"冥色复合"的景象在描写笔法上颇有相似之处；更为重要的是，针对插叙进来的那位农家姑娘的悲惨故事，周作人在《江村夜话》中也试图以人物谈话的方式呈现出渔父、农人与私塾先生的或司空见惯、或愤激不平的不同态度。

然而，《江村夜话》中插叙进来的故事首尾完足的"物理外形"，对小说以人物对话为主干的整体叙事构成了极大的破坏力量：最终，这个插进来的故事本身似乎自成一体，成为小说的主要表现对象，而渔父农人的谈话则变成了引出这一故事的辅助成分，这便使得《江村夜话》呈现出一种分裂的局面：一方面，它试图借鉴契诃夫的摒弃传统故事情节的现代短篇小说的表现手法；另一方面，却又受制于首尾完足的故事本身的延展力量。最后，小说中散漫的人物对话并没有构成叙事动力，因此，《江村夜话》读起来，似乎仍然只是一幅"秋晚村居景物、皆历历可记"[②]的静态素描，这无疑是一个属于传统文人笔记或散文叙述中的世界；而另一方面，经由渔父之口所道出的那个完整的故事，其故事内容及表现手法，则又明显与清末民初小说杂志中大量出现的表现女性婚姻不幸的"短篇小说"的主题与形式颇为相近，如包天笑的《一缕麻》、叶圣陶的《贫女泪》[③]等——《江村夜话》正是从这个角度被当时的杂志和读者所接受的，它在《中华小说界》中刊出时被标名为"社会小说"，后来又被选入胡寄尘所编的

---

① 普实克认为，契诃夫小说中的这一特点对鲁迅和叶圣陶影响甚大。参阅雅罗斯拉夫·普实克. 叶绍钧和安东·契诃夫 [M]// 雅罗斯拉夫·普实克. 普实克中国现代文学论文集. 长沙：湖南文艺出版社，1987：203.
② 启明. 江村夜话 [J]. 中华小说界，1914（07）。
③ 包天笑. 一缕麻 [N]. 小说时报，1909-10（2）；叶圣陶. 贫女泪 [N]. 小说丛报，1914-1（3）.

民初大型"短篇小说"文集《小说名画大观》^①之中。

如此看来，将"故事"消融在夏日纳凉的情境之中的《怀旧》，其近乎无事的情节构成和对日常生活片段的自然呈现，无疑更加接近并契合以契诃夫为代表的现代欧洲短篇小说的表现手法。上文所引的爱尔兰批评家奥康纳，在比较了列斯克夫的"故事"与契诃夫的短篇小说对同样的乡村题材的不同处理方式之后，得出了与本雅明相似的结论，即列斯克夫的略显夸张的"故事"表明他是理解农民并属于这个乡村世界的，而作为医生的契诃夫则只能从外部的视角来讲述，他只是列斯克夫所归属的那个世界之外的一个疏离的观察者。^②奥康纳在他的这部讨论短篇小说的专著中，将本雅明的论断加以发挥，在"小说"（novel）和"短篇小说"（short story）之间进一步做出区分，并将传达"孤独的声音"的专利归于后者：

> 小说仍然可以与古典的文明社会的概念相连，在此人们就像动物一样生活在一个共同体之内……而短篇小说却保留着它的几乎是对共同体进行疏离的本性。^③

因此，短篇小说便成为一种表达个体的孤独境遇以及个人对社会的疏离感的最合适的文学形式。相对于周作人的《江村夜话》对契诃夫小说的表面上的模仿，鲁迅的《怀旧》显然更加精准地抓住了短篇小说这一域外文学形式的"神髓"。

《怀旧》最后以下雨来结束了王翁的故事讲述，对此《小说月报》的主编恽铁樵插入评论说："不肯一笔平钝。故借雨作结。解得此法，行文直游戏耳。"^④尽管恽铁樵从文章作法的角度来对《怀旧》做出评论和解释，难免有隔靴搔痒的地方^⑤，但"行文直游戏耳"这句评论所表达出来的《怀旧》的结尾给他（也是给读者）带来的"解脱"之感，却值得重视。王风在最近发表的一篇讨论周氏兄弟早期著译的论文中指出，鲁迅的《怀旧》在中途转换了写作手法，从开始的不需要现代标点符号参与的叙述策略，到以耀宗的出场为界，则突然跳到一种由直接引语构成的戏剧化场景的呈现方式，由此开启了新文学的书写"章法"^⑥。如果从这个写作节奏来看，那么《怀旧》的这个结尾，不妨将其视为鲁迅终于为他的这篇作品找到了新的表现方式和手法之后的"解脱"。美国学者安敏成（Marston Anderson）曾注意到鲁迅后来的小说常常在结尾出现一种"净化"时刻，也就是"叙述者突然感到一种与小说中的苦难相悖逆的解脱感"，如《祝福》中的"我"最后对祥林嫂的遭遇的释然，《在酒楼上》的叙述者听到朋友的坦白之后的"爽快"之感，以及《孤独者》最后在听到朋友的长嚎之后、"我"的心亦"轻

---

① 此书共 24 册，收录民初翻译、创作的短篇小说 300 篇，按题材分类编排. 胡寄尘. 小说名画大观 [M]. 上海：文明书局，1916.

② O'CONNOR F. The lonely voice: A study of the short story [M]. London: Macmillan & Co Ltd, 1963:32-33.

③ O'CONNOR F. The lonely voice: A study of the short story [M]. London: Macmillan & Co Ltd, 1963:21.

④《怀旧》文中夹评. 鲁迅. 怀旧 [N]. 小说月报，1913-04-25，4（1）：7.

⑤ 王瑶在《〈怀旧〉略说》中指出，恽铁樵从词章的观点对《怀旧》所进行的讲评有点"不得要领".（王瑶. 鲁迅作品论集 [M]. 人民文学出版社，1984：251）

⑥ 王风. 周氏兄弟早期著译与汉语现代书写语言：下 [J]. 鲁迅研究月刊，2010（02）：12.

松""坦然"起来,等等。① 安敏成把这些顿悟式的"净化"时刻视为鲁迅小说中的一种叙述者道德上的失败,认为是鲁迅"在小说中对自己的写作以及现实主义的整体方案"所进行的"激烈的批判"。② 这种"解脱"式的结尾,可以说在《怀旧》中已初露端倪。不过在《怀旧》这里,这个结尾所蕴含的自反性的文类指涉,乃是正面地指向现代短篇小说对传统章回小说之"故事"传统的断裂。在借雨作结之后,叙述者还顺便插入了一段对章回小说的"调侃",而他的这篇作品则以一种完全与之异质的文学样式而诞生了。如果把《怀旧》的写作过程比喻成雕刻,那么鲁迅似乎是从一个普通的地方入手,在中间突然出现了新的灵感,而最后则停顿在一个意想不到的地方,伴随着这个"解脱"式的结尾,《怀旧》作为现代中国的短篇小说也就被形塑了出来。

1926 年,同样在一段生命的孤寂时期,鲁迅在《阿长与〈山海经〉》一文中,将《怀旧》里王翁讲述过的"长毛"故事,通过保姆阿长之口再次讲述了一遍:

> 她常常对我讲"长毛"。……她说得长毛非常可怕,他们的话就听不懂。她说先前长毛进城的时候,我家全都逃到海边去了,只留一个门房和年老的煮饭老妈子看家。后来长毛果然进门来了,那老妈子便叫他们"大王",——据说对长毛就应该这样叫,——诉说自己的饥饿。长毛笑道:"那么,这东西就给你吃了罢!"将一个圆圆的东西掷了过来,还带着一条小辫子,正是那门房的头。煮饭老妈子从此就骇破了胆,后来一提起,还是立刻面如土色,自己轻轻地拍着胸脯道:"阿呀,骇死我了,骇死我了……。"
> 我那时似乎倒并不怕,因为我觉得这些事和我毫不相干的,我不是一个门房。③

经过再次的回忆的浸透,王翁的血淋淋的"长毛"故事被最大程度地净化了;而"我"也通过阿长,最终与那位在《怀旧》的最后打断了故事讲述的"李媪"之间获得了"和解"。从这个角度再来反观《怀旧》,其实,小说最后两段以"我"为听众的场景描述,已经构成了这里"我"与阿长之间愉快的故事交流的某种"前兆":尽管"我"的经验世界无法与故事讲述人相通约,作为孩童的"我"却仍然能在这种不断生发开来的故事讲述中感到乐此不疲的趣味,并且成为记忆中永远值得怀念的场面。《怀旧》的写作,因此亦可以被视为鲁迅辛亥革命前后在孤寂的生命历程中的一种文学救赎。在这个意义上,短篇小说这一文类,在鲁迅这里,首先是作为一种纯文学的形式被接受的,它尚未带上"听将令"的启蒙意味,而主要是个人内心情绪的表达。

如果考虑到鲁迅和周作人在两三年前的《域外小说集》中刚刚将域外短篇小说理解为"性

---

① ANDERSON M. The limits of realism: Chinese fiction in the revolutionary period [M]. Berkeley: University of California Press, 1990: 89-90. 中译本参阅安敏成. 现实主义的限制: 革命时代的中国小说 [M]. 姜涛, 译. 南京: 江苏人民出版社, 2001: 93.

② 安敏成. 现实主义的限制: 革命时代的中国小说 [M]. 姜涛, 译. 南京: 江苏人民出版社, 2001: 95.

③ 鲁迅. 朝花夕拾·阿长与《山海经》[M]// 鲁迅. 鲁迅全集: 第二卷. 北京: 人民文学出版社. 2005: 252.

解思维、实寓于此"的"文术新宗"①，并如其所是地翻译了出来，那么鲁迅《怀旧》的诞生便不是偶然的事情；而或许是出于一位天才式作家的敏感，鲁迅在他这篇初试身手的短篇小说中，即将个人的孤独感化为一种对于人类经验的可交流性的质疑，《怀旧》所缅怀的"讲故事的传统"的消散，也成为它自身作为一种现代文类——短篇小说在中国文学语境中诞生的寓言，同时亦可以读作这一文类嬗变的社会史的最直截的自我阐释。

（本文作者　张丽华）

---

① 鲁迅.《域外小说集》序言 [M]// 鲁迅. 鲁迅全集：第十卷. 北京：人民文学出版社. 2005：168.

第五章 作为行动者的摄影机：
影视人类学的后现代转向的反思与实践

摄影术与人类学几乎同时诞生。人类学家是摄影术的最早使用者之一。人类学家将摄影术与人类学原理进行有效结合，于 20 世纪 70 年代发展出人类学的重要分支学科影视人类学。长期以来，人类学家对摄影术的青睐在于其技术产品——影像，因为具有客观性的影像资料可以有效地服务于科学研究。在此种意义上，影视人类学的发展史在某种程度上体现为作为论据的影像辅助人类学理论发展的过程，这或多或少造成了影视人类学从诞生至今的边缘地位。

目前来看，尤其是在国内学界，越来越多的人类学学者携带摄影机深入田野，开始关注摄影技术在田野调查与研究中的特殊作用和意义，但未能洞见作为技术本体、彰显影像独立性的摄影机，未能对摄影机在影视人类学中的本体作用和地位进行系统论述。[①] 从摄影机本体梳理影视人类学发展史，对以往有关影像内容、影片类型等的主流论述有一定的反思意义，对影视人类学知识论的发展以及影视人类学多元化的未来走向亦有重要助益。

著名影视人类学家保罗·亨利（Paul Henley）认为，对摄影机产生兴趣，对其进行探究，需要人类学主导范式的转变。[②] 笔者对此深有同感。在系统研究影视人类学学科发展史的基础上，结合自己长期的拍摄实践，笔者在本文中提出"作为行动者的摄影机"这一概念[③]，在人类学后现代转向的视域中对其进行论述。

后现代人类学讲求"复调"，在文体、叙事和权力关系中，均对"单调"的权威的科学民族志进行了质疑。与诗、小说等文体一样，影像也获得了文化表述的自由；叙事主体并不仅仅规定为人，非人的"物"也可以自由发声；影像民族志文本生产所形成的作者与自身、作者与他者、作者与读者，以及作者与摄影机之间的多重关系，使多声道的协商和合作成为可能，拓展出更为开放的对话空间。

---

① 本文中的摄影机是统称，既包含摄取静态图像的照相机，也包含摄取动态图像的电影摄影机、摄像机等技术机器。
② 保罗·休利. 民族志电影：技术、实践和人类学理论 [M]// 庄孔韶. 人类学经典导读. 吕卓红，译. 北京：中国人民大学出版社，2008：578. 书中将作者的姓 Henley（亨利）误写作 Hewly（休利），特此订正。
③ 布鲁诺·拉图尔（Bruno Latour）在其著名的行动者网络理论（Actor Network Theory）中，将观念、技术、生物等非人之"物"纳入无限扩大的行动者行列，从建构主义视角提供了一种重新看待社会组成的框架。拉图尔注重行动者之间的组合和合作关系，以及由此带来的流动、过程和变化，就此看待社会的重新组成。笔者参加了布鲁诺·拉图尔 2008 年在清华大学主持的"科学技术研究工作坊硕士班"，上述见解即来自他的演讲实录。这种重构世界的认识论对本文提出的"作为行动者的摄影机"具有重要的启示意义。在按照这一新主题重新梳理影像发展脉络时，笔者发现，事实上早在 20 世纪前半叶就有纪录片界的天才大师提出类似的看法，并已进行先锋性的摄影机实验。

本文以摄影机为切入点，重新梳理影视人类学的发展脉络，力图刻画出"作为行动者的摄影机"的发展轨迹。首先论述在现代人类学诸范式下，作为科学工具的摄影机如何"被动地"被人类学家使用；之后转向主体间性的、反思的、协商性的影像"实验民族志"，探讨摄影机的行动性和主体性如何被发现和认同。论述过程中，笔者还注意将纪录片（纪实性电影）的发展脉络和影视人类学的发展脉络并置讨论，这是因为具有影像和人类学双重理论积淀的影视人类学需要厘清影像以其特有的概念和价值体系渗入和改变人类学研究场域的过程。给予摄影机和影像以独立性，有助于从知识论角度解答作为交叉学科的影视人类学的根本问题。

一　科学范式中的摄影机：复制现实

自 1839 年达盖尔银版法问世后，人类学家很早就将摄影机纳入科学研究中，摄影机成为田野调研中的重要工具。摄影机的地位、属性，以及与作为研究对象的他者的关系等，在 20 世纪上半叶的人类学发展中发生着微妙的变化。

（一）地位不断提升的实验工具（1860—1930 年）

摄影机很早就被应用到欧洲殖民扩张的相关调研过程之中。英国皇家人类学学会收集了大量摄于 1860—1920 年的人类学照片，这些照片无论从"智识"（intellectual）还是"政治"上都带有人类学发轫期的印记。异文化他者的种族特征被人类学家用照相机记录下来，带回实验室进行分析，为以西方精英为中心的进化论观点服务。[①] 早期的人类学影像虽然"说出"了服饰、礼仪等活生生的多元文化信息，但由于当时盛行文化由生物特性决定的观点，这些照片成为比较视野下社会分阶论强有力的生物事实证据。

与早期进化论视角相比，摄影机在现代人类学范式的创立者博厄斯和马林诺夫斯基等人手中被赋予新的意义，有了更为积极的应用。

与进化论学者不同，博厄斯是从文化多样性角度来使用摄影机的。1883—1930 年，博厄斯一直在从事摄影实践。将摄影机交给报道人，让研究主体发声这种 20 世纪 60 年代以后才开始流行于影视人类学界的做法，博厄斯早在对夸扣特尔（Kwakiutl）印第安人的研究中就已采用。他把照相机交给印第安人，留下了很多物质文化、庆典、空间模式，以及人体和人像照片。[②] 博厄斯还使用当时最先进的 16 毫米电影机对夸扣特尔印第安人的手工、游戏和舞蹈进行拍摄。博厄斯认识到影像展示文化魅力的独特功能，但他并不信任影像，认为影像手段只能显示事物表象，影像只能作为原始数据来源，结合其他材料对文化进行三角测量。尽管著名影视人类学家杰伊·鲁比（Jay Ruby）将博厄斯视为"影视人类学之父"[③]，但博厄斯并未从方法论层面对摄影机及影像进行总结，遑论在那个年代认识到研究对象"反客为主"，自持摄影

---

① EDWARDS E. Anthropology and photography: 1860-1920 [M]. New Haven and London: Yale University Press in Association with The Royal Anthropological Institute, 1992; BANKS M, MORPHY H. Rethinking visual anthropology [M]. New Haven: Yale University Press, 1999: 5-6.

② PINK S. The future of visual anthropology: Engaging the senses [M]. London and New York: Routledge, 2006: 7.

③ 同上。

机反映自身的本土话语意义。博厄斯所代表的历史特殊论认为，深度地理解文化需要借助历史的维度，理解文化和人类思想的载体是语言[1]，影像并不具备分析和理解文化的独立性。马林诺夫斯基则从功能论视角使用摄影机。在《西太平洋上的航海者》（1922年）和《野蛮人的性生活》（1929年）中，他采用大量精美照片描述土著部落的生产、仪式、艺术、家庭、园艺、技术、游戏等，以影像的形式展示土著社会的文化全貌。他是一个活跃的田野摄影家，约有1100个摄影作品保存在伦敦经济学院。[2] 马林诺夫斯基喜好摄影，但不认为这种记录技术可以达到人类学需要的分析深度。[3] 在现代科学民族志生产过程中，摄影机作为人类学实验室的工具之一，可以再现文化某一方面的特性，但如果人类学家要客观地观察和分析作为整体的文化，还需要依靠文本才能达到。

综合历史特殊论和功能论的摄影实践，可以清晰地看到影像在文本背后的辅助作用。摄影机可以记录文化，但无非就是拍摄影像的工具，其地位比影像更为弱势。也就是说，当时的人类学家着重讨论的是影像和文本之间的关系，他们并不关注摄影机，影像的意义覆盖了摄影机本体。

摄影机的这种被动状态，在文化与人格学派米德和贝特森的革命性方法论中并未得到根本性改善。1936—1939年，米德和贝特森在印尼巴厘开启了一种非语言倾向的、利用影像记录人际关系和人物姿态的田野工作模式。在两年多的田野中，他们共拍摄了25000张照片和6700多米的电影胶片，并且发展出一套流动的田野笔记（running field note）系统[4]，影像的选取、编辑和叙述紧紧围绕着文化与人格学派的理论阐释。

这种超前于那个时代的做法对于影视人类学的发展产生了基础性影响。但是，这种"革命性"提升所体现的仅仅是影像的意义，对于摄影机本身的认知，米德、贝特森与博厄斯、马林诺夫斯基等前辈大同小异：

> 我们视摄影机为田野中的记录工具，而非说明我们自身的装置……挑选照片的原则很重要，必须是科学的记录和呈现……每张照片都是纯客观的，不同或对比的照片并置已经涉及科学的归纳。[5]

相较于前辈，米德和贝特森更为主动地使用摄影机，将摄影机从辅助工具提升为田野工作

① PINK S. The future of visual anthropology: Engaging the senses [M]. London and New York: Routledge, 2006: 7.

② JACKNIS I. Margaret Mead and Gregory Bateson in Bali: Their use of photography and film [J]. Cultural anthropology, 1988, 3(2).

③ EDWARDS E. Anthropology and photography: 1860-1920 [M]. New Haven and London: Yale University Press in Association with The Royal Anthropological Institute, 1992: 4.

④ 贝特森负责照相和录像，米德负责文本和田野指导。他们按照拍摄的时间顺序进行地点、活动和机位等的描述。这种笔记模式类似剧本，因此也被米德团队称为"田野脚本"。参见 JACKNIS I. Margaret Mead and Gregory Bateson in Bali: Their use of photography and film [J]. Cultural anthropology, 1988, 3(2)。

⑤ BATESON G, MEAD M. Balinese character: A photographic analysis [M]. New York: New York Academy of Sciences, 1942.

的主要工具，将摄影机视为分析材料的客观记录工具。[①]为了保证材料的客观性，他们一是通过大量拍摄，消除摄影机对于摄影师和报道人造成的不适；二是借助米德所倡导使用的中长焦镜头。在如何具体使用摄影机上，米德和贝特森也存在一些分歧：米德主张将摄影机固定在三脚架上进行远景和全景拍摄，讲究长时段地客观观察拍摄对象的行为序列，贝特森更在乎如何控制摄影机，如何捕捉正在发生的行为细节。[②]贝特森想直接用电影进行调研，而米德想先拍摄电影，然后进行分析。[③]

远远架着摄影机不为人注意地进行拍摄等策略，帮助消除摄影机这个"外来者"的侵扰，以寻求作为常态的当地文化。摄影机"在场"的终极目的，是达到其"不在场"的客观效果。对摄影机的这种"视而不见"，与米德和贝特森在心理上与拍摄对象严格保持距离是一致的。他们让摄影机"在场"的唯一例外，体现在拍摄雕工（报道人）观看自身影像并给予反馈等画面上。通过观看自身影像，报道人引发了反身性（self reflection）思考。[④]面对摄影机可能带来的复调的丰富信息，米德和贝特森并未向前跨越一步，仅仅将摄影机记录的讲述作为视觉田野方法的辅助和补充。

（二）复制现实的权威机器（1940—1960 年）

越来越多的人类学家追随米德和贝特森，手持摄影机进入田野。他们以拍摄独立成片的民族志电影为己任，与米德和贝特森将摄影机作为收集资料的手段有所不同。在著名影视人类学家麦克杜格尔（David MacDougall，也有人译作马杜格）看来，人类学家的"记录性素材"（record footage），如果以收集资料为目标的话，压根就不需要制作影片。[⑤]这样的发展趋势离不开摄影术的革新，且与纪实性电影即纪录片的发展息息相关。

20 世纪中叶，技术的革新带来纪录片发展的转折点，16 毫米摄影机和同期录音技术的发明促成了纪录片发展史中"直接电影"（direct cinema）的出现。手持新的轻便设备，摄影师可自如地穿梭在各种空间和人群中，也提供了多样化的拍摄契机和选择。摄影机与拍摄对象的无限接近，并未宣告拍摄对象和机器的亲密性，而是追求机器隐身于拍摄对象的现实生活中，从而达到客观还原现场的视听效果。不可否认的是，"直接电影"力图加重摄影机的科学性砝码。在"直接电影"的拍摄者手中，摄影机可以提供"真实"的生活。在"直接电影"代表人物的有关论述中，无论是理查德·利科克（Richard Leacock）倡导的"传递现场感"和"无控制"，还是弗雷德里克·怀斯曼（Frederick Wiseman）的"等和看"和"非叙事性"，抑或梅索斯（Maysles）兄弟的"无剪辑"，都在追求绝对真实的拍摄和叙事策略。在"直接电影"范式中，总有一个纯粹的"电影真实"，这一真实是基于绝对意义上的"客观事实"而被摄影机

---

① BANKS M, MORPHY H. Rethinking visual anthropology [M]. New Haven: Yale University Press, 1997: 10-13.

② 斯图尔特. 米德和贝特森的最后一次争吵 [J/OL]. 梁君健，译. https://mp.weixin.qq.com/s/Y0PrslxI07NUPXKENPhg3ga.

③ 保罗·休利. 民族志电影：技术、实践和人类学理论 [M]// 庄孔韶. 人类学经典导读. 吕卓红，译. 北京：中国人民大学出版社，2008：578-579.

④ JACKNIS I. Margaret Mead and Gregory Bateson in Bali: Their use of photography and film [J]. Cultural anthropology, 1988, 3(2).

⑤ 大卫·马杜格. 迈向跨文化电影：大卫·马杜格的影像实践 [M]. 李惠芳，黄燕祺，译. 台湾：麦田出版社，2006：174.

刻录下来的。

面对摄影机的拍摄要求，米德尽可能地要求摄影机独立于田野场域存在——"直接电影"的创作人承认摄影机在场，却要求拍摄对象（哪怕是佯装）对其视而不见，否定摄影机的介入，进而拒绝因摄影机出现可能带来的场域的改变。"直接电影"的观念沿袭至 20 世纪 70 年代发展起来的人类学"观察式电影"（observational cinema）之中。

"观察式电影"在拍摄原则上秉承"直接电影"的风格，即让观众扮演观察者的角色，充当事件的目击者。这些影片基本上都是呈现生活事实而不加以说明，相信观众有自行判断的能力。[①] 在制作策略和视觉语言上，"观察式电影"和"直接电影"大体一致，只是前者更为强调人类学的洞见。这种洞见，承认在拍摄过程中摄影机具有探知社会的亲密性（intimacy）。[②]亨利认为，本质的观察产生于主动参与拍摄对象生活的过程，而不是像米德设想的那样进行远距离观察。[③] 这种洞见还表明，在某些成片中，观众可通过人类学家对他者生产、生活、仪式等场景的画外音叙述获得他者文化的要义。约翰·马歇尔（John Marshall）在拍摄西非的主瓦西人，以及阿施（Timothy Asch）在拍摄南美的亚诺玛米人时均采用了这种手法，生产出一种传统演说影片与戏剧化纪录片的混合体。[④]

"观察式电影"的创作人给予摄影机更为重要的地位，他们更为关注拍摄这一行为和过程，而不像前辈那样仅仅关注拍摄结果影像的田野资料性质。"观察式电影"拥有独立的摄制团队，主持拍摄者均受过专业的人类学训练，并且吸纳纪录片的拍摄技巧，在影像的视听语言上更为讲究。在长期田野调研的基础上，他们以产出独立的民族志电影为己任。从 20 世纪 70 年代开始，"观察式电影"成为影视人类学发展的主流范式。

20 世纪中叶新技术的发展使得摄影机更为轻便和完善，也为记录社会生活各个角落提供了可能。但是，摄影机探知社会的亲密性被其更为强调的属性科学性所覆盖。摄影机复制现实世界的权威性成为纪录片合法性的基础，影像资料成为现代人类学的有效论据。

（三）多重关系运作的"装置"[⑤]（1960—1980 年）

在"观察式电影"的创作人手中，摄影机虽然被前所未有地积极使用，但围绕摄影机形成的多重关系却呈现出压抑状态。这首先体现在"参与"与"观察"这一田野工作的矛盾修辞法中。"观察式电影"的创作者们，既觉得摄影机是刻写他者惯常生活从而据此"原始素材"开展科学研究的最佳工具，又觉得"佯装自己不在场"的拍摄降低了民族志的精确性——既要追

---

① 大卫·马杜格. 迈向跨文化电影：大卫·马杜格的影像实践 [M]. 李惠芳，黄燕祺，译. 台湾：麦田出版社，2006：166-167；布莱恩·温斯顿. 纪录片：历史与理论 [M]. 王迟，李莉，项冶，译. 北京：中国广播影视出版社，2015：135-136.

② GRIMSHAW A，RAVATZ A. Rethinking obervational cinema [J]. The journal of the royal anthropological institute，2009，15(3).

③ 保罗·休利. 民族志电影：技术、实践和人类学理论 [M]// 庄孔韶. 人类学经典导读. 吕卓红，译. 北京：中国人民大学出版社，2008：578-579.

④ 大卫·马杜格. 迈向跨文化电影：大卫·马杜格的影像实践 [M]. 李惠芳，黄燕祺，译. 台湾：麦田出版社，2006：144-155.

⑤ 这里的"装置"（dispositif），系福柯所言的"装置"，意指力量关系、主体化模式、话语等的综合配置，它坐落在某种权力关系中，支持某种知识型。笔者使用这个词，意指围绕摄影机形成了运作中的多重关系。

求影像事实的客观性，追求观察的非个人标准，又要承认摄影机和拍摄者在场，认为叙事具有主观倾向。

在"观察式电影"中，拍摄者和摄影机的在场，并不影响影片的结构和走向。拍摄者的在场与发声仅仅是一种语调，或者说是对事实的润色。① 极端点说，拍摄者在场仅仅是"观察式电影"的一个注脚，在与不在并不会影响影片的客观符指，也不会对影片造成根本性改变。

在"观察式电影"中，拍摄者和拍摄对象间的互动并不能充分地剖析人性。"观察式电影"和"直接电影"在形式上的最大不同之处在于，"直接电影"严格遵循"墙壁上的苍蝇"的拍摄手法（即不为人注意的拍摄手法）②，避免拍摄者和拍摄对象有言语、眼神等互动和交流，从而在影片中排除了社会分析和阐释的可能性。比较而言，"观察式电影"因存在社会文化分析的诉求则会宽容得多，拍摄者和拍摄对象可以在摄影机前直接发声，二者也可有表情、言语方面的交流。这种互动是一种自觉的人类学拍摄方式，但它并未走向深层的多主体协商，并未由此开启不断重构自我和他者的过程，而是遗憾地停留在浅层回答问题或访谈的层次。"观察式电影"的代表人物麦克杜格尔对"观察式电影"的这种自我否定倾向进行了批判。拍摄者犹豫不前的态度，阻断他们进入拍摄对象惯常的生活世界，否定了拍摄者的人性，也否定了被拍主体的部分人性。拍摄者将自己排除在被拍主体的世界之外，同时将被拍主体排除在影片的世界之外。这是一种"方法论禁欲主义"（methodological asceticism）。③

尽管"观察式电影"一再强调其文化持有者的内部视角这一重要的人类学属性，但无论是马歇尔的《猎人》（1958 年），还是罗伯特·加德纳（Robert Gardener）的《死鸟》（1961 年），都以西方观众视角来架构影片叙事。④ 后现代人类学批判的拍摄对象和拍摄者权力关系的不平等，即使在"观察式电影"中有所反思，也没有得到足够的重视，话语权仍旧掌握在人类学家（拍摄者）手中。在"观察式电影"中，人类学家往往以"第二人称"的画外叙述切入，这是一种旁观的视角，客观且权威的语调促使观众悬置怀疑，从而造成了拍摄者拍摄对象观众之间的封闭关系，缺乏多元且开放的讨论。

"观察式电影"虽然在不断进行自我反思实践，但并不彻底，"观察式电影"对科学范式的笃信依然占据核心地位。这种笃信决定了摄影机在"观察式电影"中的角色。摄影机有探求社会事实的主动性，围绕着它形成了多重关系运作的"装置"；麦克杜格尔意义上的"方法论禁欲主义"，使得拍摄者对摄影机的行动性关注不够，其核心母题仍在于拍摄者对拍摄对象主观经验的客观描述和阐释，这种基于主观经验的客观真实的基调挥之不去。

纵观 20 世纪上半叶的人类学史，无论是辅助的实验工具，还是权威的复制机器，摄影机

① 詹姆斯·克利福德，乔治·E. 马库斯. 写文化：民族志的诗学与政治学 [M]. 高丙中，吴晓黎，李霞，等译. 北京：商务印书馆，2006：42.

② GRIMSHAW A, RAVATZ A. Rethinking obervational cinema [J]. The journal of the royal anthropological institute, 2009, 15(3).

③ 大卫·马杜格. 迈向跨文化电影：大卫·马杜格的影像实践 [M]. 李惠芳，黄燕祺，译. 台湾：麦田出版社，2006：176.

④ 大卫·马杜格. 迈向跨文化电影：大卫·马杜格的影像实践 [M]. 李惠芳，黄燕祺，译. 台湾：麦田出版社，2006：144-146.

始终被视为用于观察的科学仪器，被动地操纵在各类范式的人类学家手里。摄影机的存在，直觉性地让人联想到它反映的真实世界。摄影机已然成为"事实"的代名词，围绕着它形成了多重关系运作的"装置"，"事实"转变成意识形态的负担，压抑着情感，禁锢着想象，束缚着行动，举步维艰，解放摄影机的新范式呼之欲出。

二 后现代视域中的摄影机：改造被科学遮蔽的现实

如上文所述，在人类学的现代性视野中，摄影机作为权威的科学工具，有力地再现了社会和文化的科学特性。在影视人类学的发展脉络中，还有被称为"参与式电影"（participatory cinema）的一类电影。在"参与式电影"这一理论范式中，摄影机是制造差别而改变事物状态的行动者。提出这一重要转向的是著名影视人类学家让·鲁什（Jean Rouch）。他以诗一般的电影实践，提前开启了影视民族志表述的后现代浪潮。但是，鲁什的学术思想和价值长期被低估，以至于他对影视人类学理论方法的贡献近年来才得到学界，尤其是国内学界的重视。[1]

（一）有行动力的摄影机

在鲁什的视野里，摄影机已然不是前述内容中静态的调研工具，而是发出力量的动态主体，这种认识恰恰来自未来派纪录电影先驱维尔托夫（Dziga Vertov）的启发。在维尔托夫最负盛名的"电影眼睛"（cine eye）理论中，涵盖着摄影机的认识论思考。

1. 20世纪20年代的"电影眼睛"：反叛现实

维尔托夫称摄影机为"电影眼睛"，认为摄影机具有生命力，不再是附属于人的机器。

> 我是电影眼睛，我是机械眼睛。作为机器，我把只有我才能看到的世界展现在你的眼前。今后，我将摆脱人类的静止性。我在知觉的运动中，趋近事物，远离事物，滑入事物底下，进入事物的内部；我能与奔马并驰，高速穿过拥挤的人群，率领战士进入沙场，与飞机一道起飞，仰面而卧，与躯体一道卧倒起立。是我，这部机器，在混乱的运动中运筹帷幄，以最复杂的组合记录一个又一个动作。……我超脱了时间与空间的束缚，调整宇宙间的任何一点，随心所欲地决定它们的位置。我的做法创造了一种对于世界的新感知。于是我用一种新的方法向你解释这个未知的世界。[2]

在这段生产于1924年的经典论述中，维尔托夫明确指出，使用比人眼更加完美的，作为"电影眼睛"的摄影机来认识世界。[3]人眼所见的世界是混沌的，经常处于无意识状态，而摄影机却能以机械的手段对时空进行无微不至的分析。

摄影机可上天入地，也可使时光倒流，这些是人眼做不到的。机器由此也获得了自身的解

---

① 鲁什的学术思想在英语和法语两个学术系统中的挖掘和转换，需要进一步的研究，笔者将另文详述这一问题。
② 埃里克·巴尔诺. 世界纪录电影史 [M]. 张德魁，冷铁铮，译. 北京：中国电影出版社，1992：55.
③ 埃里克·巴尔诺. 世界纪录电影史 [M]. 张德魁，冷铁铮，译. 北京：中国电影出版社，1992：56.

放。维尔托夫把对机器的赞美与对新生的苏维埃政权的赞美交织在一起，拍摄了他的旷世杰作《持摄影机的人》（1929 年）。在这部纪录片中，摄影机无处不在地出现于铁路、工厂、大坝等各处；特效摄影、显微摄影、重复曝光等如今看来都不失前卫的技术，摄影机无所不能将形式主义美学推到了"眩晕顶点"。当 20 世纪 20 年代的社会和人文科学者初识摄影机复制现实的功能时，维尔托夫已将摄影机的机械性发挥到极致，并赋予摄影机超现实的行动意义：反叛、解构、自由、无拘无束，充满创造精神，一切后现代主义的特征用来形容它都不为过。作为 20 世纪 20 年代电影先锋派的奠基人和代表人物，维尔托夫深刻地影响了几代影像人，包括影视人类学家鲁什和加德纳等。

鲁什继承了维尔托夫"电影眼睛"的认识论，并融合在自己的拍摄实践中。鲁什把维尔托夫强调的"物"性转化成"物"向"人"的拓展，据此发展出"摄影机作为一种触媒"的人类学方法论。这种方法论又可以从"电影通灵"和"电影触媒"（cinetrance）① 两个方面来理解。

2. 20 世纪 40—70 年代的"电影通灵"：连接神灵的介质

所谓"电影通灵"，即通过摄影机这个催化剂，拍摄者达到神灵附体的恍惚状态。在非洲尼日尔河谷的巫术实践（贯穿鲁什一生的影片主题）中，鲁什找到了这种通灵状态。据鲁什描述，一次他和录音师拍摄完仪式放下机器后，浑身颤抖，意识到有一种强力贯穿全身。他认为自己被一种不可界定的诗性创造力（poetic creativity）激情上身。鲁什通过使用维尔托夫"电影眼睛"的相关词汇来描述这种"电影通灵"状态，比如"电影听"（cinelistens）、"电影看"（cinelooks）、"电影剪切"（cinecuts）等。② 在鲁什看来，摄影机是可以拍摄到超现实世界的，可以被神奇的力量支配：

> 一只眼看瞄准器，另一只眼像狮子一样搜寻，看外面发生了什么事情，看看里面和外面发生什么不同的事件。你整个人被分成了两半，这样能够全面地看到事件发生的过程。这样就像你躲在大衣里面透过小洞看外面的世界。非常随意地靠近那些被鬼魂附身的人，那个时候我借用维尔托夫电影眼睛的说法，我不再是让·鲁什，而是变成了电影鲁什，我已经变成鲁什（摄影机）正在拍摄的另外一个人，那个在仪式当中到处走，拿着摄影机拍摄的人。这绝对是正常的，也是一种病态。这不是社会关系的问题，甚至是在一场仪式当中我所做的一切。跟踪跳舞的人，拍摄这场仪式，也许这个鬼魂是受到控制的。这个鬼魂正在被鲁什拍摄着。③

---

① *cinetrance*（英文为 cinematrance）有两方面含义：一方面指鲁什电影方法论，一般译为"电影通灵""电影灵媒""电影触媒"。笔者认为，"电影通灵"（"电影灵媒"）与"电影触媒"的含义不同。在鲁什电影的不同发展阶段，cinetrance 的内涵不尽相同。本文用"电影通灵"（"电影灵媒"）指代鲁什 20 世纪 40—70 年代的电影，用"电影触媒"指代鲁什 20 世纪 50 年代中后期开始的电影。另一方面指鲁什电影类型，一般译为"通灵电影""鬼魂电影"。

② HENLEY P. Of the real: Jean Rouch and the craft of ethnographic cinema [M]. Chicago: The Univercity. of Chicago Press, 2009: 274-276.

③ 法国的出版机构 Editions Montparnasse 2005 年出版了鲁什电影的系列光盘，这些内容源自光盘中的鲁什访谈。

鲁什用他的拍摄实践证实了维尔托夫意义上"电影眼睛"的存在,将他自己的概念"电影通灵"与维尔托夫的概念"电影眼睛"建立起语义上的联系。鲁什认为,摄影机具有超现实性,摄影机的超现实性和鬼魂/神/灵的超现实性是能够联系在一起的。

在维尔托夫的理念中,摄影机即使获得生命,也是作为工业化机器获得了生命,它彰显了技术无比的优越性;鲁什则巧妙地将这种优越性在异文化情境中进行转义,摄影机已经从一个工业物转换为一个灵媒,能与神灵连接,并在自身被附体的同时,作为一种介质使摄影师附体。这种见解,在影视人类学视野中意义非凡,这是摄影机脱离被动的科学仪器角色、充满行动力的具体展现。

3. 20世纪50年代中后期的"电影触媒":激发新力量

鲁什并不仅仅满足于摄影机超现实的通灵力量,在他看来,那只是如维尔托夫一样对世界的深刻洞察,他更希望通过摄影机激发一种新的力量,这也是"电影触媒"的内涵所在。

20世纪50年代中后期,除了"通灵电影",鲁什又进行了多种电影类型的尝试,如"即兴电影"(cineplaisir)和"交会电影"(cinerencontre)等。这些种类的电影不再仅仅聚焦于古老的部族仪式,而是将视角转向后殖民语境下的非洲城市社会。鲁什将电影通灵加以扩展,将手中摄影机的功能发挥到极致。鲁什不是米德式地拿着三脚架架着摄影机,远观拍摄,也不是"观察式电影"中欲说还休、瞻前顾后地与拍摄对象发生互动,而是拍摄者直接跳到摄影机前,大方告诉拍摄对象:"我就在拍你,而且要拍出一个你自己都不曾识别出的自我。"鲁什发明出了一种即兴表演的方式,请演员(大部分是拍摄对象自身)在真实的环境下扮演他们自己,从而"虚构"出一个真实的故事,用鲁什自己的话说是"电影虚构"(cinefiction)[①]。在鲁什"即兴电影"的代表作《我是一个黑人》(1957年)中,我们可以看到主人公移民劳工乌玛冈达在摄影机前的"扮演",他个人经历充满苦难,但他在摄影机前想象自己是个成功的拳击手,是来自美利坚的黑人公民,生活中充满各种艳遇,最后发现却是一场梦。这样的一种想象和憧憬,也是一种真实。

同样,在鲁什"交会电影"的代表作《人类金字塔》(1961年)中,更为极致的"实验心理剧"(psycho drama)模式在摄影机前上演。鲁什将阿比让中学彼此不交流的黑人和白人学生聚集在一起,演绎关于学校种族冲突的故事片。鲁什请他们即兴创作,他想看到艺术的合作能否使警惕的同龄人之间产生真正对话。在摄影机面前,鲁什通过"没有设定的'设定'",静观人物的融入和继之发展的剧情。影片的发展证明,种族的界限可以跨越,不仅有友情,还有爱情。正如鲁什在片中的解说:

> 每个在荧幕上出现的人,都认不出自己了。这个故事是如此真实,电影成了这些朋友的纪录片,采用特别的手法拍摄下来。现在一切变得都有可能了。为什么这次经历使他们不能跨越界限呢?为什么这部电影不能成为年轻人的友谊的证据呢?这个故事理所当然是

[①] 鲁什依旧沿用维尔托夫式的造词法称其创作为"电影虚构",而学界通常将《我是一个黑人》和《美洲豹》(又译为《非洲虎》)这类影片称为"民族志式虚构"(ethnofiction)。

虚构的，却会成为非常真实的一部电影。他们解放了，尽情地玩耍。

由此，摄影机的在场，不仅是呈现肉眼无法企及的奇观和神力，而且向日常生活中的人进行拓展，激发了人物的启示性表演，刺激出和拍摄对象日常行为不同的一面。摄影机的这种使用，与"观察式电影"截然不同。"观察式电影"希望通过摄影机反映出日常生活的常态，越细致越深刻越好，摄影机仍旧是探知社会文化的工具，基本上没有对社会及个人造成改变。鲁什的系列电影，则希望摄影机能刺激出日常生活的异态，这是生活的另类真实，借此剖析人性的另一面。这样陌生的一面，在鲁什看来，是一种"在镜头中总是呈现比镜头外更真诚的反应"[①]。这种真诚以一种吊诡的反讽，揭示出遮蔽在日常生活中的隐性知识，引导出一种不确定性。摄影机是有行动力的，它引发了社会和个人的未知走向，也使自我和他者的重构成为可能。

（二）作为反身之镜的摄影机

摄影机刺激自我和他者的重构，体现在拍摄对象拥有主动发声和反身观看自己的机会，这在以往的人类学影片中不曾出现。如前文所述，博厄斯和米德有过类似经历，但由于二者将摄影机视为田野中有效的研究工具，并未挖掘摄影机的主体性，从而错失人机合作的独特经验及相应的认识论提升。

在鲁什的"即兴电影""交会电影"和"真实电影"（cinema verite）[②]中，摄影机记录下拍摄对象的主观声音，拍摄对象通过独白或对话直接在镜头前反映个人际遇。这使拍摄对象获得了话语权，从观看的角度也是真实动人的，迥异于传统的人类学家单声道地、客观权威地替报道人叙述。有趣的是，由于鲁什经常使用带噪音的摄影机拍摄[③]，因此在后期制作中，不得不请拍摄对象在录音棚里重新对着画面进行配音，这使电影更具创造性，如《美洲豹》（1967年）和《我是一个黑人》。[④]后现代人类学讲求"多声道"，如果说"多声道"的含义之一是寻求多主体间的对话，将报道人提升为认识论以及人类学概念的生产伙伴，那么在鲁什这里，一是呈现拍摄对象的主观声音使其地位提升，二是拍摄对象通过发声、配音等与机器的多次对话进行自我审视，构成具有自我意识和充满情感的表述，成为后现代话语实践的另类尝试。

尤值一提的是，摄影机还拍摄了角色在片中观看自己被摄片段的场景，这些场景成为影片的重要组成部分，帮助形成影片的套层结构。这种反身性的尝试，目的在于摄影机帮助角色在拍摄过程中建设自身。正如笔者在"电影触媒"部分提到的，摄影机刺激出一个未曾识别的自我，而这种自我需通过拍摄对象的反身观看（包括后期配音时的反身观看）来建设完成。因此

---

① 大卫·马杜格. 迈向跨文化电影：大卫·马杜格的影像实践 [M]. 李惠芳，黄燕祺，译. 台湾：麦田出版社，2006：148.

② 真实电影是纪录片中的一个流派，指摄制者现身在影片中，试图促成非常事件的发生，从而考察新的情境设置对于事态发展的影响。

③ 另一说法是当时还没普及同步录音技术，参见保罗·史托勒. 搞电影的歌俚讴：尚胡许的民族志 [M]. 杨德睿，译. 台湾：麦田出版社，2003：237。

④ 这些内容源自 Editions Montparnasse 2005 年版鲁什电影的系列光盘中伯纳德·叙吕格（Bernard Surugue）的访谈《鲁什如何创作即兴电影》。

在"交会电影"《人类金字塔》和"真实电影"《夏日纪事》（1961年）中，拍摄对象都有"每个在荧幕上出现的人，都认不出自己了"的感慨。摄影机如同反身之镜，激荡出只有在拍摄对象对拍摄素材有所回馈时才会产生的修正、补充以及启发。透过这种交流，影片可反映出拍摄对象眼中的世界，也逐层映照出新的自我。拍摄对象在不断变化的情境中确定自我的位置是后现代意义上建构真实、表述真实的过程。

（三）推动权力对等的摄影机

摄影机除了使拍摄对象反身观看成为可能，还有效地推进研究者和研究对象的关系建构。20世纪60年代后的人类学已经把注意力集中在人类学家和报道人之间的对话上，并将此作为揭示民族志知识如何生产的一种方法。[①] "观察式电影"在进行反思时，显然注意到了这一点。比如，他们部分抛弃了拍摄者独白式的科学认识论，强调拍摄者与拍摄对象建立相互尊重与平等的关系，并且承认拍摄对象的故事比自己的故事更为重要等。[②] 然而，"观察式电影"的旗帜人物麦克杜格尔显然并不满足于这个层次的对话，麦克杜格尔夫妇一直试图将两种对立的模式（"直接电影"/"观察式电影"和鲁什的"真实电影"/"参与式电影"）加以综合，但他们的这些努力鲜有仿效者。[③] 无论如何，站在"观察式电影"的立场上，鲁什的电影范式更吸引他们的是"参与性"，或者说"真实电影"/"参与式电影"解决了参与式观察的问题。它不是仅仅停留在拍摄者在摄影机前的现身，更多的在于透过摄影机，研究者与研究对象的关系建构发生了变化，从而打破"观察式电影"模式，创造出新的理论洞察力。

摄影机成为很好的合作者，它帮助解决了人类学家和报道人的权力关系问题。摄影机便捷、直观、轻松的优越性，可有效促进双方的对话，这是其他载体难以比拟的。围绕它，鲁什发展出了"分享人类学"（sharing anthropology）理念。笔者将其概括为三个方面。

其一，从拍摄者和拍摄对象的关系来看，他们同属一个时空，彼此合作，摄影机可以反映拍摄者或研究者和拍摄对象的互动，也可捕捉到拍摄者或研究者的情感。摄影机使追求影像个人化的表达成为可能。在鲁什手里，摄影机抛弃了一贯清醒和节制的纪录片话语。[④] 鲁什借助摄影机来捕捉他喜欢的不期而遇，从尼日尔移民身上学到了温和的嘲笑。事实上，在后现代视野里，有关自我、个人和情感的文化表述对于研究者和报道人都很重要。[⑤] 这也标志人类学从模式、规律的辨识重新回到其更为根本的文化和人性的探析。

其二，从拍摄者的团队构成来看，所有参与者都是平等的，每个人都有机会在摄影机前发声，在拍摄过程中和结束后积极参与，表达自己对于电影的真实想法。鲁什将此归纳为分享作者（sharing authorship）或集体作者（collective authorship）的概念。以拍摄对象达莫尔为例来说，达莫尔在片中看到自己的影像后，建议鲁什在《疯狂的灵媒》（1955年）片尾加上对照

---

① 马尔库斯，费彻尔. 作为文化批评的人类学：一个人文学科的实验时代 [M]. 王铭铭，蓝达居，译. 北京：生活·读书·新知三联书店，1998：104.

② 徐茵. 人类学"观察电影"的发展及理论建构 [J]. 世界民族，2016（2）.

③ 布莱恩·温斯顿. 纪录片：历史与理论 [M]. 王迟，李莉，项冶，译. 北京：中国广播影视出版社，2015：174-175.

④ Colleyn J P. Jean Rouch: An Anthropologist Ahead of His Time [J]. American Anthropologist, 2005, 107(1).

⑤ 马尔库斯，费彻尔. 作为文化批评的人类学：一个人文学科的实验时代 [M]. 王铭铭，蓝达居，译. 北京：生活·读书·新知三联书店，1998：87.

性情景（在加纳的豪卡仪式中，威武将军在现实生活中只是贫苦的移民劳工）。①拍摄对象将自身在后殖民语境下生存现状的深刻体会，灵活自如地转换成影像语言进行反讽表达。可以说，这早于 20 世纪 80 年代的反思人类学热潮，解决了人类学家和报道人地位不平等的问题。人类学家和报道人不再是先知和后觉的关系，而是犹如《摩洛哥田野作业反思》（1977 年）中的拉比诺（Paul Rabinow）和摩洛哥伙伴，每个人都是从各自历史出发，在深层意义上互为他者。②摄影机提供给他们互相观看、互相激发、互相呈现，从而互为主体的契机。

其三，从摄制产出来看，电影是另一种分享方式，透过摄影机可以创造一个持续发展的公共场域。在鲁什看来，像弗莱厄蒂（Robert Flaherty）那样，将所摄素材放给拍摄对象看，从而进行修正，这仅仅是"分享人类学"最为基本的问题③——挖掘拍摄对象的主体性，唤起文化自觉，延续社会发展在成果获得过程中更为重要。在学界的评价中，鲁什和他的摄影机成为桑海人传统信仰和仪式的捍卫者，利用新宗教来回应英国殖民主义的抵抗者，以及多贡人锡圭（Sigui）祭典 60 年轮回的记录者。④由前述的分析也不难看出，鲁什十分注重拍摄对象在拍摄过程中对于一个未曾识别出的自我的探寻。更为重要的是，他教会很多当地人使用摄影机，摄影机俨然具有自组织意义，它可以创造一个公共场域，对社会和群体的发展进行自我干预。

人类学界 20 世纪 80 年代才开启的民族志表述危机及反思浪潮，鲁什早在 20 世纪 50 年代就已经系统且充满激情地实践过了，并在人类学认识论和方法论上取得了卓越的成果。摄影机在鲁什手中早已不是单调刻板的记录者，而是一个田野过程中的积极参与者，它反叛、煽动、戏谑、解构，以一种非常规的行动姿态，揭开并改造科学视野中的既定事实，活化摄影机参与的多重关系，反思性地呈现日常生活的另一种真实，并延展到公共领域的未来发展。

三　结论和余论

作为一种按照光学原理组装的器具，摄影机从发明伊始就致力于客观地呈现所拍摄的人、物、空间等。摄影机可携带的特点使其成为田野工作的重要实验工具。摄影机刻录现实为诠释世界提供影像证据。作为自然科学的产物，摄影机的这些属性符合 20 世纪上半叶人类学科学范式的发展，为强调行为和社会结构的"社会的自然科学"服务。

在科学作为关键词的现代人类学视野中，摄影机的工具性大于其他属性，这种情况在后现代人类学中得到了改变。正如后现代人类学碎片化处理宏大的科学叙事一样，被遮蔽的摄影机本体也被唤起。摄影机不再是被动使用的科学器具，它探求社会事实的主动性被识别出来，成

---

① 保罗·史托勒.搞电影的歌倡讴：尚胡许的民族志 [M].杨德睿，译.台湾：麦田出版社，2003：355.
② 保罗·拉比诺.摩洛哥田野作业反思 [M].高丙中，康敏，译.商务印书馆，2008：152-153.
③ 学界通常认为，鲁什"分享人类学"的理念可溯源至弗莱厄蒂。弗莱厄蒂在拍摄《北方的纳努克》（1922 年）的过程中，及时冲洗胶片，尽快放给拍摄对象观看，让因纽特人一边观看一边检验其中是否有误，从而得到他们的看法和建议。实际情况是，鲁什和弗莱厄蒂在不同年代、不同国家、不同话语体系中分别发展出此类实践。
④ 保罗·史托勒.搞电影的歌倡讴：尚胡许的民族志 [M].杨德睿，译.台湾：麦田出版社，2003：26.

为改变事物状态的行动者。行动者的意义主要体现在：摄影机敢于扰乱民族志电影追寻的常规事实，改变原有的场域结构，引导出有关摄影机与拍摄者、拍摄者与拍摄对象，以及拍摄对象之间的多重关系，使得拍摄呈现出一种不确定性。这种拍摄的不确定性，与米德和贝特森创立的影视人类学主导范式观察科学模型（observational science model）相悖。在这一模型中，摄影机和拍摄者是单纯的"组合"关系，二者力图反映科学视野下的绝对真实的世界。而作为行动者的摄影机和拍摄者、拍摄对象，乃至观看者是发生相互影响的"结合"关系，他们改造被科学遮蔽的现实，使未经察觉的、隐藏的生活纹理（unconscious patterning of behavior）显性化，并通过自我反思、讲求对话式的合作和发展、拍摄者拍摄对象观看者的互动尝试，建构新的真实世界。

作为行动者的摄影机这一范式，在影视人类学中有两个理论来源：其一来自20世纪20年代维尔托夫的"电影眼睛"；其二基于20世纪50—60年代鲁什对"通灵电影""即兴电影"和"交会电影"等的递进认识。摄影机在维尔托夫及鲁什手里显示出了行动性。他们对摄影机的挖掘和阐释超前于时代发展，从影像角度进入后现代人类学认识论、方法论和表述方式的反思。作为影视人类学的先驱，鲁什解放了摄影机，完成了影视人类学的后现代转向。鲁什敢于进行个性十足的反叛实验，基于他长期田野调研形成的对于西非社会和文化原理的整体性把握。鲁什熟稔影像理论，可通过非常规方法将琐碎的日常生活刺激出戏剧张力[①]。这种反实证主义认识论和反传统方法，在当下影视人类学视域中可否扩展为多元发展田野的讨论？笔者在摄制《生活的咖啡线》（2015年）时，发现摄影机的在场引发了一些路人对拍摄行为的关注。笔者（A）和咖啡师（B）及咖啡店店长（F）的访谈，吸引了"插嘴"的北京男孩晓宇（C）与喝下午茶的北京女孩月哺（D）。看见笔者举着摄影机、录音杆站在咖啡店门口、故意去买咖啡的郑伟（E）也被吸引过来。若按照前述"观察式电影"的视角，这些都被视为对"未被干预的情境"的破坏性行为，应予以摒弃。但笔者发现，恰恰由于他们的介入，原来素不相识的路人和拍摄者围绕着摄影机形成一种新的关系：从路人到片子的参与者，到后来提供意见，变成最后影响影片产出的共同作者（如图1所示）。《生活的咖啡线》通过多元发展田野，发展出北漂生活主线之外的一条副线。基于鲁什电影的认识论和方法论，结合《生活的咖啡线》的拍摄实践，本文提出如下延伸性思考。

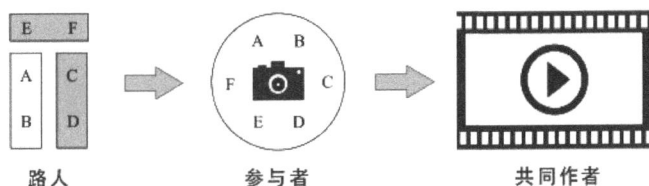

图1 《生活的咖啡线》中的共同作者

鲁什在摄影机前现身，更注重的是自己"导演者"的角色，他喜欢通过摄影机刺激下的

---

① 庞涛. 影像志方法进入日常生活的路径：兼谈"喜马拉雅山地"与"都柳江流域"影像民族志项目 [C]. 2017年中国民族学学会影视人类学分会年会, 2017.

不断反转的场景，促进拍摄对象在影片的进程中建设自身，那么，"导演者"自身是否得到建设？角色有无变化？对影片走向又会有何种影响？鲁什热衷于拍摄对象通过摄影机反身观看自己的拍摄场景，使熟悉的自我陌生化，那么，将独立于"拍摄者拍摄对象"关系的"观看"纳入影像制作，这种开放关系又会带来何种认识论上的启示？这些问题在鲁什"电影触媒"的实践中未曾得知，期待"作为行动者的摄影机"这一后现代影像认识论能够对此进行解答，以进一步促进影视人类学的发展。

（本文作者　富晓星）

第三编　历史经验

第六章　晚清上海日常生活中的爆竹

一　引言

　　爆竹的历史最早可以追述到先秦。古人在过年时，加热大竹节使其裂开，发出响亮的爆裂声，以此来驱走传说中的怪物"山魈"，这就是"爆竹"得名的缘起。到了宋代，随着黄火药的发明和普遍使用，燃竹而爆的"爆竹"逐渐被填充火药的纸卷所替代，成为我们今天爆竹的雏形。[①] 到了晚清，有近两千年历史的爆竹被普遍地用于节庆婚丧等各种仪式场合，其最初驱邪、敬神的作用，也逐渐被赋予祈福、招财的俗世意义。

　　晚清上海华洋杂处，处于传统城市到近代都市的转型期，在这一背景下，爆竹在中西文化语境中不同意义之间的冲突就表现得尤为明显。对中国人而言，爆竹往往与节日庆典和各种美好之事联系在一起，其刺耳的声响是未来好运红火的预兆。而对初到中国的外国人而言，爆竹的"噼啪"巨响则是毫无意义的噪音。虽然在西方庆典时也用礼花，但礼花带来视觉上的美感，而非听觉上的愉悦，因此，旅居沪上的外国人很难接受爆竹声对听觉的刺激，大多认为爆竹声打扰其安静生活，使爆竹成为租界当局需要管控的"公共妨害"（public nuisance）之一。[②] 而租界当局对燃放爆竹的限制，反过来又影响了生活在租界的华人的风俗习惯，让华人反思其燃放爆竹风俗的合理性。

　　爆竹问题把"听觉"的维度引入对日常生活的研究，将爆竹声视作具有不同文化内涵的表象。[③] 上海租界中华洋居民对爆竹声的不同理解，正反映了他们各自的"文化编码"，而他们在日常生活中燃放爆竹和反对燃放爆竹的实践，也让我们更深入细致地观察到中西文化冲突背后的权力机制、市政当局在城市近代化转型中遭遇的挑战以及升斗小民对权力者所制定规则的灵活应对。本文的目的不止于研究晚清上海人燃放爆竹的习俗，以及租界和华界当局如何管控

---

① 李锡正，邓树德. 花爆源流述略 [M]// 江西省政协文史资料研究委员会，萍乡市政协文史资料委员会编印. 萍乡鞭爆烟花史料. 萍乡：萍乡文史资料，1988（第一辑）：72-77。
② 这里的租界主要指最初的英租界和后来的公共租界。由于笔者不谙法语，无法阅读法文档案，因此本文中法租界对爆竹的管控涉及得较少。
③ 对日常生活的研究，已经是社会学一个新兴的研究领域，积累了大量的理论和实践，详见本·海默尔. 日常生活与文化理论导论 [M]. 王志宏，译，北京：商务印书馆，2008。将各种感觉的维度加入对社会史的研究，则是受文化理论影响后社会史研究一个比较新的研究取向，参见 SMITH M M. Making sense of social history [J]. Journal of social history, 2003, 37(1)。在这里，"日常"不仅仅指每天都发生的事，而是有"平淡无奇"和"常规惯习"的意思。对日常生活中诸实践和表象的研究，其实是在研究人们如何获得和去除生活中各种"熟悉感"和"正当性"，从而解读深层的社会和文化机理。

爆竹，更希望从生活在上海的华洋居民的角度，展示华洋长期混居在同一城市空间中，原本各不相同的"文化编码"如何相互理解、误解、妥协、混杂、各自发生改变的互动过程。

二　爆竹的噪音"妨害"和工部局对燃放爆竹的管控

1853 年，小刀会起义使大量上海县城的居民逃往租界，并在租界居住下来，以寻求外国军队的庇护。原本"华洋分居"的格局被打破。在这一情况下，英法美三国领事于 1854 年商议起草了第二次《土地章程》，从法理上认可当时"华洋混居"的既成事实，由租界的纳税西人选举组建工部局（Municipal Council，直译为"市政委员会"），并决定组织一支独立的警察队伍（即巡捕房），维护租界安全和秩序。从此，生活在租界的华人也需遵守租界的法律和规章，华洋之间由于文化、习俗的差异而造成的冲突时有发生。围绕噪音"妨害"而生的争议因此而生。

根据英国普通法的传统，噪音会影响到他人的舒适，损害他人享受其产业的权利，所以被视为应消除的"妨害"（nuisance）。[①] 1845 年的《土地章程》中就禁止"无故吵闹喧嚷"，1854 年和 1869 年修订《土地章程》时，也都有禁止"肆意喧嚷滋闹"的内容。[②] 上海初开埠时，租界仍是一派田园风光，居民不多，乡间之静谧颇为当时的外国居民所称道。1853 年小刀会起义、1861—1862 年太平天国运动，大批华人涌入租界，使其快速城市化，租界内华人生活带来的噪音也随即成为外籍居民抱怨的"妨害"。不过，华人与洋人对何为"噪音"的理解存在很大差异。洋人不仅抱怨华人在街上乱喊乱叫、苦力在工作时喊号子，还抱怨华人常用的木制独轮车没有轴承，轮子在转动时发出刺耳的声音。他们把这些华人日常生活中经常发出的声音都视为噪音。为保障西人居民的生活舒适，工部局努力采取措施减少此类噪音，如命令巡捕制止街头喊叫，限制独轮车行驶的区域和时间。[③]

工部局限制燃放爆竹，主要也是为了控制噪音。外国人不理解为何中国人喜欢放爆竹，将其视为纯粹的噪音。《北华捷报》曾刊登一篇对中国人娱乐的评论，其中就谈到爆竹：

> 与欧洲人的娱乐相比，难怪中国人的娱乐对我们而言如此奇怪。……中国人如何可能在新年里的娱乐活动中获得满足，对我们而言简直太难理解了。……燃放烟花的乐趣很容

① BLACKSTONE W. Commentaries on the laws of England [J]. Oxford, 1765-69; reprint, Chicago: University of Chicago Press, 1979(3): 216-22.

② 1845 年第一次《土地章程》中文原文版被放在英国国家档案馆，转引自王尔敏. 外国势力影响下之上海开关及其港埠都市之形成 [M]// 梁庚尧，刘淑芬. 城市与乡村. 北京：中国大百科全书出版社，2005：436-437。1854 年的第二次《土地章程》，又称《上海英法美租界租地章程》，原文为英文，中译见王铁崖. 中外旧约章汇编 [M]. 生活·读书·新知三联书店，1957：80-83。1869 年修订的第三次《土地章程》，又称《上海洋泾浜北首租界章程》，原文也是英文，其中这项规定没有变。

③ 上海市档案馆. 工部局董事会会议录 [M]. 上海：上海古籍出版社，2001. 关于对街头喊叫和苦力喊号子的抱怨和工部局的相关应对措施，见上海市档案馆. 工部局董事会会议录 [M]. 1864-8-6，2：485。另见 1870-6-6，4：711；1880-7-30，7：713。对独轮车声音的抱怨和相关措施，见上海市档案馆. 工部局董事会会议录 [M]. 1869-6-8、1869-8-3、1869-11-4、1869-12-12，3：707、719、739、743。

易理解，烟花有美丽的形状，色彩斑斓，无数火花如雨点般洒下；我们很容易理解一个相当于西方孩子之开化程度的民族能从中获得持久、强烈的愉悦感。但是中国人的爆竹毫不悦目，它们不闪光，也不变色，不在空中绽放红红绿绿的烟花，或将金色的花雨洒下地面；它们只是发出冗长乏味、折磨人的、让人厌恶的噪音。除了最微弱的火光，中国的爆竹毫无视觉享受可言，只有噪音。持续不断、可怕的、讨厌的噪音；无休止的、单调的、刺耳的噪音；这噪音几乎让我们希望其震得我们耳聋，以使我们免于此妨害之苦，不再受噪音困扰。[1]

这位作者继而抱怨中国的音乐也充满了不和谐的噪音，而且中国人在"无论在葬礼、婚礼、游行、戏院等各个场合，似乎都以制造噪音为目的"。最后，这位作者表示："他们（中国人）当然有权在自己家里或者在庙里发出这种让人发火的震耳欲聋的声响，但是我们也有权希望燃放爆竹和敲锣打鼓都被控制在合理的范围内。"[2]

这篇评论生动地展现了西方人囿于自身的文化"编码系统"，在遭遇中国文化时，因为无法"解码"，而只能将其理解为"乱码"，由此而生困惑和排斥。这种心态在租界的西方人中普遍存在。工部局不时收到西人居民的投诉，抱怨华人的爆竹声扰民。例如，1879 年 2 月 10 日，亚丁达先生来信，抱怨本月 3、4 日夜间，有人在四川路上燃放爆竹，使他深感烦躁。[3] 而西方人在租界习惯用马车作为交通工具，爆竹声容易使马受惊，这使爆竹声又增加了一重罪状。在一次工部局董事会的例会上，有董事明确表示："燃放爆竹不仅妨碍了附近居民的安宁，而且还会对驾车骑马的人引起危险的事故，因此必须尽可能加以控制。"[4]

对于租界内的爆竹噪音，工部局的确一直有意控制。早在 1854 年 12 月的《捕房督察员章程》中，就规定了"除非先征得董事会的同意，在租界内的公共通道燃放爆竹炫耀场面，敲锣打鼓大声喧闹，或者异教徒的列队行进都是不允许的"。[5] 随着太平天国运动后涌入上海租界的华人越来越多，燃放爆竹的现象也越来越常见，于是 1861 年 6 月 5 日工部局董事会通过决议："无论是在公共街道还是在私人圈地内，禁止点放妨害公众的一切爆竹、烟火，并以中文文告盖上官印公布于众。"[6] 该年 9 月，工部局还颁布了一项命令，"禁止在太阳落山至次日日出期间燃放爆竹"，此命令经外国领事与华界当局批准后，也以布告形式告知本地居民。[7]

1869 年 10 月，工部局又制定了一批法规，以控制那些影响租界居民生活质量的行为，其中包括对燃放爆竹、华人随地便溺、马夫在大街上遛马、中国人使用发出吱吱嘎嘎声音的手推车等问题的限制，还有对市场销售的食品和屠宰场的监督，以及对妓院的管理。在与领事团和

---

① Chinese Amusement [N]. North China Herald (NCH), 1873-2-20: 156.

② Chinese Amusement [N]. North China Herald (NCH), 1873-2-20: 156-157.

③ 上海市档案馆. 工部局董事会会议录 [M]. 1879-2-10，7：664.

④ 上海市档案馆. 工部局董事会会议录 [M]. 1873-7-7，5：645.

⑤ 上海市档案馆. 工部局董事会会议录 [M]. 1854-12-6，1：576.

⑥ 上海市档案馆. 工部局董事会会议录 [M]. 1861-6-5，1：618. 此规定英语原文为："All fireworks whether in the public streets or in private enclosures territory to cause a nuisance be prohibited."

⑦ 上海市档案馆. 工部局董事会会议录 [M]. 1864-7-27，2：482.

中国地方当局沟通后，这些法规都付诸实施了。[①]

1873 年 2 月 20 日，在租界西人居民的强烈要求下，对爆竹的禁令进一步严格，从原来早 6 点到晚 11 点之间可以在获得捕房许可情况下燃放，改为早 7 点到晚 10 点之间才能燃放爆竹。[②]

租界当局对燃放爆竹的限制由巡捕来实施。巡捕每天巡视租界各处，若遇到不合规定燃放爆竹的情况，就把放爆竹者带到会审公堂（Mixed Court）接受华人谳员判罚，一般按规定罚款二角（后罚款增至四角）即可获释。那些在夜间燃放爆竹的人，若被巡捕遇到，就会被带到捕房羁押一夜，等次日到会审公堂判罚之后才能离开。若不巧遇到节假日，会审公堂关门，他们在捕房待的时间就更长了。因此，后来发展出折中的办法，巡捕抓到违规燃放爆竹者时，许其付一元罚款保释，即可不去捕房。[③]

有时也会有华人无视租界的规定，不肯乖乖认罚以示反抗，但租界当局有足够的权力迫其就范。法租界当局允许从腊月二十日到正月初十燃放爆竹，但按照中国人的习惯，元宵节之前都是过年，于是某茶叶铺在正月十三日放爆竹了，法租界巡捕照例罚其三百文，但该店伙计不服，不仅不付罚款，还辱骂了来收钱的巡捕，于是巡捕将其押送到会审公堂聆讯。在公堂上，该伙计自陈来自安徽，承认一时糊涂，请求宽恕；最后谳员判罚，除违例放爆竹罚三百文外，还需再罚两元，惩罚其辱骂巡捕行为。[④]

然而，工部局的禁令也是有局限的，只能阻止在公共道路上燃放爆竹。由于公共租界遵循英国的法律传统，尊重地产主在其产业上的私人权利，因此，只要在私人地产里燃放爆竹，巡捕便无权干涉。1876 年春节期间，《北华捷报》无奈地报道了爆竹禁令的徒劳："尽管捕房此前已经每天都拘捕几个〔违规燃放爆竹者〕，并把他们送到会审公堂接受判罚，但他们的努力似乎只是把燃放爆竹的现象控制在了天井和弄堂里，有鉴于他们对待此类易燃物是如此漫不经心，在这些狭窄的空间里没发生火灾真是奇迹。"[⑤]1882 年春节期间，又有西人抱怨附近燃放爆竹使他烦躁，要求工部局干涉制止，而捕房督察长"已指示他的下属拘捕任何在街上燃放爆竹的人，但是他们无法制止在天井或院子内燃放爆竹，因为他们不能进入该处"[⑥]。地产是有边界的，但声音的传播却无边界，这就导致巡捕无法完全执行爆竹禁令，西人也免不了受爆竹噪音之苦，尤其是在春节期间。

当然，公共租界禁燃爆竹的用意也不完全是为了控制噪音，也有防火安全的考虑。1879 年会审公堂审理了一个案件，一名华人居民在马路上燃放爆竹取乐，而且很靠近隔壁堆栈打开的窗户，堆栈里满是外国公司的货物，因此这名华人因其鲁莽被判罚款一元，金额高于一般违反燃放爆竹规定的四角。额外的罚款可以理解为此行为对防火安全的威胁，而非单纯的噪音妨害。[⑦]

在租界的执法和司法体系的支持下，禁燃爆竹的规定即使不能说是令行禁止，但至少还是

① 上海市档案馆. 工部局董事会会议录 [M]. 1869-10-7，3：734.

② Municipal Council minutes [N]. North China Herald (NCH), 1873-2-20: 162.

③ 缉捕琐闻 [N]. 申报，1882-2-23（3）.

④ 骂捕科罚 [N]. 申报，1882-2-13（2）.

⑤ Summary of News [N]. NCH, 1876-1-28: 68.

⑥ 上海市档案馆. 工部局董事会会议录 [M]. 1882-2-17，7：770.

⑦ Mixed Court [N]. NCH, 1879-6-3: 554.

在一定范围内有效执行的，对生活在其中的华人居民有一定的威慑力，使其不得不改变由来已久的风俗习惯。

三　华人对租界禁燃爆竹的理解与不理解

说租界是"国中之国"，既是一个比喻，又是对现实的准确概括。中国人移居到租界，其原先的风俗习惯有些与租界的规章相左，不得不有所改变。他们因此而感受到的"文化冲击"（cultural shock），不啻移居外国。租界禁止在夜间燃放爆竹的规定，对身处其中的华人居民而言，是一种意料之外的限制，其难以理解的程度，恐怕不亚于外国人难以理解中国人对爆竹声的喜好。

《申报》里记录了不少租界的华人居民依其旧俗燃放爆竹却被巡捕羁押的案例。1873 年的七夕之夜，有三家寓居租界的广东人按照以往的习俗放爆竹乞巧，恰被经过的巡捕发现，被带到巡捕房羁押一夜，次日一早经会审公堂审理后方获释。《申报》特地报道此事，并告诫读者："寓租界者当遵租界之规。"[1]农历腊月二十三是送灶神的日子，按风俗也应放爆竹来庆祝，但此时还未到租界当局允许燃放爆竹的春节期间，于是往往有人因放爆竹而被巡捕带至会审公堂判罚。[2]饮食糕饼业的祖师是雷公菩萨，所以酱园、糖坊、粮行、茶食等行业会在农历六月二十四聚会议事，又称"雷祖会"。1874 年有人在租界的新新楼开雷祖会，会后在大门前燃放爆竹以送神，不巧某副领事经过此地，因其违反租界规定而饬巡捕将他们带去捕房。[3]

燃放爆竹为敬神祈福，本是中国人习以为常的民俗。七夕、送灶神、雷祖会，都是中国人的节日，有其特定的文化意义，爆竹声在这些节日里是传统礼俗不可或缺的一部分，但是在租界里却成了坐牢房、上公堂的原因。两种不同的文化编码系统在这里相遇，产生冲突，由于华人居民没有订立规则的权力，只能成为这一文化冲突中弱势的一方。

华人虽然被迫接受夜间不得燃放爆竹的规定，却似乎并不理解西方人因为反感噪音而禁燃爆竹的理由，于是他们按照自己的逻辑去接受这一规定。《申报》的言论表明，华人精英一般认为租界禁放爆竹是出于防火的考虑。如 1874 年元宵节后，夜间禁燃爆竹的规定重新生效，《申报》专门刊登了一则报道向华人居民宣传租界这一规定：

> 租界严其禁，所以防患于未然。自除夕至元宵则不在禁内，外此则不能施放自如。而租界居民每以巡捕房为多事，不知燎原之火未尝不始于星星。即我国漕仓储积之区，与及火药局邻居，亦莫不厉申禁令。租界墉崇栉比，不戢将自焚焉。现元宵已过，禁令极严，以放爆竹而解公堂者，不一而足。住租界者当循租界之规，倘有冠婚祭祀不能免此者，宜先告知捕房。[4]

---

① 乞巧被押 [N]. 申报，1873-8-30（2）.

② 送灶受辱 [N]. 申报，1876-1-21（2）.

③ 误放爆竹 [N]. 申报，1874-7-10（2）.

④ 禁放爆竹 [N]. 申报，1874-3-7（2）.

《申报》在报道租界里华人居民送灶神燃放爆竹被捕的新闻时，评论道："本埠租界内因华洋杂处，情性不同，西人于火患最为谨慎，故不准于更深施放。"①

防火无论在古今中外的城市管理中，都是非常重要的环节。出于防火的目的禁燃爆竹，正是中西文化的交集所在，也因此成为华人心目中西人制定此禁令的理由。中国其他城市虽然鲜有因为防火而禁燃爆竹的规定，但的确有因防火而要求爆竹商铺迁出城区、限制容易引起火灾的花炮等举措。如1880年冬天，安庆府同知下令将城内和城外房屋稠密处的爆竹商铺一律迁至城外空旷处，以避免不慎失火延及周边。②1883年的春节前夕，鄞县县令命令："除爆竹为敬神之具不禁外，其余一切花炮不准制造买放，倘敢故违或遗火延烧房屋，一经察出定即提案究处，绝不宽贷。"③若与这些命令相比，租界禁燃爆竹不过是程度不同，其动机也便不难理解了。

租界禁燃爆竹多年之后，以爆竹声敬神的风俗本身也开始受到一些开明华人的质疑。1881年8月23日《申报》上报道了近期租界里发生的数起因为爆竹、灯火不慎造成的火灾，并趁机刊登了一封主张不放爆竹的读者来信：

> 爆竹一物，古人用以殴疫疠，近人误会，用以敬神明。要知牲醴不虔尚难致神飨，区区爆竹能邀神福乎？其最易致祸者，莫如流星、雪炮、双响之属，放余纸壳火星未灭，一着茅屋，无不立致焚如。余目击已非一次，大则贻害数百家，小则数椽付之一烬，罪有所归，不在设放之人乎？谨劝同人岁时祭祀，应买花炮敬神者将其钱或捐于牲礼中，或捐于香烛上，则不致贻害于人，必能获福于神也。④

1886年春节前夕，《申报》头版又刊登了一篇《劝勿放爆竹说》的来稿，指出爆竹本为驱鬼之用，后来以讹传讹才用以敬神，本就不应用在祀神的仪式中，更何况燃放爆竹还有害处，如会引起火灾、违反租界规定会被拘捕罚款、浪费钱财等，因此作者规劝读者："明明是为有损无益而犹泥于积习相沿之例，不肯幡然改图，此何故耶？"⑤这说明，租界当局的禁令已经潜移默化地影响到了华人的"文化编码"，爆竹与敬神之间的联系开始松动，民俗本身也不再是不可改变的习惯了。

四　春节期间的爆竹管控

中西之间关于爆竹的矛盾最激化的时候是在春节期间，因为正是在这时华人才会持续不断、此起彼伏、通宵达旦地燃放爆竹，以至于影响到西人居民的休息，成为一种"公共妨害"。然而，由于租界当局将春节视为对中国人有宗教意义的特殊节日，而燃放爆竹在春节

---

① 送灶受辱 [N]. 申报，1876-1-21（2）.
② 防灾远虑 [N]. 申报，1880-12-16（2）.
③ 禁买花炮示 [N]. 申报，1883-1-29（2）.
④ 失慎未成 [N]. 申报，1881-8-23（2）.
⑤ 劝勿放爆竹说 [N]. 申报，1886-1-26（1）.

的仪式中至关重要，工部局也允许华人在春节期间燃放爆竹。根据《工部局董事会会议录》，1870年春节，工部局颁布了在三星期内取消限制燃放爆竹的规定^①，1871年春节，弛禁的期限缩短到17天^②。1873年春节，弛禁时间进一步缩短到10—12天，燃放时间也从早6点到晚11点缩短为早7点到晚10点。^③1879年春节，由于租界内外国居民的抱怨，允许燃放爆竹的时间缩短为7天。^④但是，中国人庆祝春节往往从腊月二十三、二十四的小年祭灶神开始，一直延续到正月十五元宵节，工部局允许燃放爆竹的时间显然是不够的，因此在非解禁时间燃放爆竹，往往会被巡捕罚款，甚至被带到捕房羁押，等待会审，公堂判罚。

在租界居住的洋人对春节这几天的爆竹喧天非常不满。《北华捷报》记载，每到中国新年，华人就不再做生意，而租界的外国人也利用这个机会离开上海，去周边的郊区打猎游玩，同时也为了躲避震耳欲聋的爆竹锣鼓声。^⑤大量西人居民对爆竹的投诉也发生在春节期间。1874年春节期间，《北华捷报》转载《中国邮报》（The China Mail）的报道，这则报道表达了租界西人居民对春节期间日夜不停的爆竹声的极大反感。该报道称，尽管警察已经在短短一上午时间里就因为违规燃放爆竹将135人带到会审公堂接受聆讯，但是仍无法阻止华人燃放爆竹的行为，甚至从凌晨1点到早上8点爆竹声都没有停息过。这位作者希望工部局能采取更有效的措施限制爆竹燃放，并提议模仿香港的成规，加强春节期间对爆竹的管制。他还提到香港华洋居民生活区域的界分比较明确，不像上海公共租界这样混居在一起，使香港的爆竹噪音问题不那么严重。^⑥

对于春节燃放爆竹之扰民，有工部局董事提出："租界之放爆竹向有例禁，今中国人沿路施放，即有拘入捕房送至会审公堂处治者，乃极重不过罚洋二角五分，似不足以儆其后。"他主张此后应从严惩处。在《申报》报道此事的执笔者评论道：

> 岁时伏腊施放爆竹固华人风俗之恒，无足深究，虽马车过此，或有惊逸之虞，然西人既居中华，岂昧入国问俗之义，而必以是律华人，其无乃太不近情乎？况香港一隅已经英辖，港督且命宽新岁三日之限，以后有犯禁令者，亦不过罚洋半员（圆）而止，然则何论乎上海！何论乎上海之租界！^⑦

在这位评论者看来，上海租界仍然是属于中国的，因此旅居于此的西人应该尊重本地风俗，即使有不便也应忍受，而非强行改变中国人的习俗。将上海租界与香港类比，也说明他已经清楚地意识到爆竹禁令背后的权力机制，并开始质疑工部局限制放爆竹规则的合法性基础——中国既然尚未失去上海租界的主权，那么中国风俗应当在此地有更强的优势，放爆竹也应该是合情合理的。事实上，工部局的确从未听从个别居民和董事的建议严厉惩处春节期间违规燃放爆竹的华人居民。

---

① 上海市档案馆. 工部局董事会会议录 [M]. 1870-2-11，4：685.
② 上海市档案馆. 工部局董事会会议录 [M]. 1871-2-13，4：776.
③ 上海市档案馆. 工部局董事会会议录 [M]. 1873-1-27，5：604.
④ 上海市档案馆. 工部局董事会会议录 [M]. 1879-1-20，7：662.
⑤ Shanghai [N]. NCH, 1868-2-15: 65; Summary of News [N]. NCH, 1873-1-30: 91.
⑥ Summary of News [N]. NCH, 1874-2-26, 1874: 172.
⑦ 议严爆禁 [N]. 申报，1879-2-19（2）.

1881 年，公共租界的租地人大会在修改租界《土地章程》附律时，曾有人提出将违规燃放爆竹的罚款增至一百五十元或三个月以下拘留，也被会议以不合各国法律为理由否决了。[①]

然而，也不能将工部局在春节期间对燃放爆竹的弛禁视为他们对华人文化习俗的尊重。某次工部局董事会，讨论是否应援引允许中国人在春节燃放爆竹的先例，也允许美国人在国庆时燃放爆竹。反对的一方指出："华人把燃放爆竹看作是一种宗教仪式，如果阻止他们这样做，结果很可能是把他们赶出租界。而对于外国人来说，不妨设想他们是比较通情达理，在这方面他们并不希望和华人享受同等的待遇。"[②]这段评论充分说明了工部局对待华人放爆竹的态度与其是说处于对文化多元的宽容，不如说是对"低等民族"的放任。这又与第二节所引《北华捷报》上西人对华人燃放爆竹的评论相呼应。若燃放爆竹仅为娱乐，他们鄙视华人的趣味；若为了宗教信仰，他们鄙视华人的迷信愚昧。

租界平常禁放爆竹，只有春节那几天弛禁，而华界则正相反，平日并不禁放爆竹，反而有时在春节期间为了防止火灾骚乱而限制燃放爆竹。比如，1874 年的元宵本应热闹喧嚷，从华界中心的名园豫园"远望各亭台灯烛多于繁星"，然而"爆竹之声往年累累如贯珠者，今则或断或续，九点钟许，声已寂然"。那是因为道台下令不得在城隍庙附近放爆竹，以免因人多拥挤而造成骚乱。[③]1875 年的春节正逢同治皇帝殡天而禁止民间娱乐。1877 年的元宵节，华埠城隍庙附近又恢复了往年的热闹，"但恐人多生事，故八点钟时东南西北四局巡防委员及总局右营城，讯皆齐集于牛痘局门首，兼派勋勇在各店铺门前弹压，不准敲锣鼓，放爆竹，只可清曲静玩而已。各人皆遵谕无哗，但各委员散去后，仍锣鼓喧天爆竹震耳，固未滋事，然亦可见掩耳盗铃矣"[④]。

由此可见，华洋当局对限制燃放爆竹实出于不同逻辑。租界当局禁爆竹是为了保障居民个人的居住环境，消除噪音妨害；而华埠当局则是为了维持公共秩序，免除火灾闹事等群体事故。两者对禁令的执行方式也很不同。巡捕巡视租界内各大街道，遇有违规者逐个罚款羁押，这是针对个人行为的规训；而华埠限制爆竹燃放只是在一定核心区域内，派官兵弹压威慑，这是针对群体的规训。两者都不能说是完备的禁令，想要燃放鞭炮，民众总有办法绕开，若在租界可以避入私人地产，若在华埠则可以等待官兵离开后。两者都未能完全禁止爆竹的燃放，租界当局甚至特意在春节期间弛禁以尊重华人居民的风俗，但这些禁令已足够有效地表达了规则制定者的权威，确立了权力关系，因此在一定程度上实现了其社会治理的目的。

五　入境随俗：外国人燃放爆竹

租界限制华人燃放爆竹，但并非完全禁止。如逢婚丧开业等重要场合，在白天燃放爆竹，且事先获得捕房许可，还是允许的。久而久之，在上海的外国人也逐渐习惯了爆竹声，开始接受爆竹与喜庆相联系的"文化编码"，并发展出了自己独特的理解和习俗。根据现有史料来看，至少从

---

① The proposed new municipal regulations and by-laws: Adjourned special meeting of ratepayers [N]. NCH, 1881-4-5: 331.
② 上海市档案馆. 工部局董事会会议录 [M]. 1873-7-21, 5：646.
③ 豫园元宵 [N]. 申报, 1874-3-7 (1).
④ 灯节纪盛 [N]. 申报, 1877-3-1 (2).

19 世纪 60 年代开始，租界西人居民中逐渐流行起燃放爆竹送别离沪回国友人的习俗。这一新习俗的产生对租界执行限制燃放爆竹的规则产生了不小的冲击，因为执法的对象从处于弱势的华人居民转为处于强势地位的西人居民。

1867 年 1 月 15 日深夜 12 点，巡捕安德鲁·坎贝尔在南京路巡逻时，听到有人在外滩附近放鞭炮，于是跑过去制止他们。放鞭炮的是五个美国人，都是美国公司同孚洋行的职员，其中一位即将回美国，于是他们在一起放鞭炮为他送别。由于这几个美国人不听劝阻，继续放鞭炮，坎贝尔巡警试图将他们带去捕房，却遭到抵抗。于是，坎贝尔用警棍将其中一个美国人打得人事不省，而他自己也被其余几个美国人群起而攻之，打倒在地。①

事后，这些美国人将坎贝尔巡捕告上了当时在公共租界实施治外法权、负责英籍居民司法的英国在华在日最高法院（British Supreme Court for China and Japan，当时又被译为 "大英按察使司衙门"），认为他违规执法，殴打无辜居民。据其中一位美国人称，他来上海已经有三年了，"曾经放过好几次鞭炮，从来没有认为是一个过错"②。在法庭上，作为证人的捕房代理巡官布莱恩特也表示，根据 1865 年颁发的《巡捕须知》，"凡是在大街上燃放鞭炮者，巡捕将其拘捕是其职责之一，倘若肇事者是捕房已知道的，我们一般采取传唤的办法"；而且，他在上海的一年时间里，发现在街上放鞭炮是常事，巡捕 "一般干预一下，一些小事就不追究了"。③大英按察使司衙门认为这些美国人在凌晨燃放爆竹的确违规，而且该巡捕也的确是在履行职责，他是在受到激烈反抗之后才殴打其中一位美国人的，因此驳回此案。

然而，同孚洋行仍为其职员向工部局抗议，认为此事的争议焦点已非是否可以在凌晨的大街上燃放爆竹，而是巡捕应该以何种方式执法的问题。捕房督查员称："这是近三年来头一次巡捕对一位有相当身份的外国居民使用警棍。"④工部局董事会一致认为坎贝尔巡捕是 "一个愚昧无知的且未受教育的人"，因为他没有注意到《上海工部局巡捕职务须知》上的斜体注解，也即对于已经知道身份的西方人，不该当场拘捕，而应该先获得该人的领事签发的拘捕证后才能缉拿，因为理论上这些外国人受其所在国领事管辖，不在工部局的管辖范围内。⑤为此，工部局还特地修订了《巡捕须知》，将以上巡捕对西人居民执法应遵循的步骤明确写入条文。⑥这说明，在对西人居民执法时，巡捕的权威并不充分，也很难有效制止他们燃放爆竹。

数年后，1872 年 11 月 25 日，针对租界内燃放爆竹问题，警备委员会决定如下："自晚上10 点至次日上午 7 点禁止燃放爆竹。会议指示捕房督察：在外国人离开租界时，禁止燃放爆竹，在这些场合下燃放爆竹不予批准。"这条禁令在获得领事团认可后生效。⑦此规定从侧面证明，外国人离开租界时燃放爆竹已经成为当时的常见现象，否则不会特别强调。然而，这一纸禁令也无法改变已经形成风气的惯习，而且此风气已经从美国人蔓延到了英国人中。1876

---

① 上海市档案馆. 工部局董事会会议录 [M]. 1867-1-31, 3：552-556.

② 上海市档案馆. 工部局董事会会议录 [M]. 1867-1-31, 3：554.

③ 上海市档案馆. 工部局董事会会议录 [M]. 1867-1-31, 3：555.

④ 上海市档案馆. 工部局董事会会议录 [M]. 1867-1-31, 3：553.

⑤ 上海市档案馆. 工部局董事会会议录 [M]. 1867-1-31, 3：556.

⑥ 上海市档案馆. 工部局董事会会议录 [M]. 1867-2-11, 3：559.

⑦ 上海市档案馆. 工部局董事会会议录 [M]. 1872-11-25, 5:589. Summary of News [N]. NCH, 1872-12-5:483.

年 2 月，驻宁波的英国领事调赴海南，临行前，英国官商纷纷到码头送别，"船将启航，忽闻炮声轰然，爆竹亦声不绝耳，……可谓极一时之盛"[①]。这甚至不是在上海，可见此风波及之广。1884 年《申报》刊登的一则评论也愤愤然提到："日前本埠汇丰银行之经理西人启行，送之者济济颇众，各以放爆送行，计燃放者以数十万计，初不闻有一巡捕出而阻之。岂放爆之禁独严于华人而宽于西人乎？"[②]租界在执法时对华洋居民的区别对待，尤其对洋人中有权有势者的宽容，说明爆竹声作为噪音妨害的"文化编码"对西人而言也不是绝对的，而是处于权力—文化关系网中，随着上海华洋杂居的情势而发生了变化，因而产生了独特的本地文化。除了在离开租界时燃放爆竹送别外，每年 7 月 4 日的美国国庆，有些美国人还会燃放爆竹花炮庆祝。1873 年的 7 月 4 日晚上，同孚洋行的美国雇员又燃放了大量爆竹，巡捕虽然没有当场将他们逮捕，但次日就将此事汇报了工部局，工部局董事会随即开会讨论了是否应该根据《土地章程》附律（by-laws）中对燃放爆竹的禁令而传讯他们，并最后决定对这几个违反者加以警告，不许他们再犯，但不予起诉。[③]然而，这几个同孚洋行的美国人并不买账，来信表示既然华人能在春节燃放爆竹，那么为了公平起见，美国人也应享受在美国国庆燃放爆竹的特权。为此，工部局董事会再次进行了长时间讨论，并产生了很大分歧，一派认为应传讯他们以制止其日后再犯，另一派则认为应听其自然。最后，为了避免与租界中占相当大部分的美国人引起不必要的纠纷，董事会决定搁置此事，不予追究。[④]

1877 年的美国国庆，上海的美国领事馆组织燃放焰火和爆竹庆祝。那天有个客居上海的广东青年去观看，不巧有枚"流星"爆竹横飞击中其太阳穴，使其不治身亡。次日，其叔父赴会审公堂哭诉，称该青年自己不慎丧命，但因家中贫困无钱收殓，希望能判给他一些抚恤金办丧事。会审公堂的华人谳员拒绝受理此案，请其直接去美国领事馆申诉要求抚恤金；不过当时在场的美国副领事颇为同情其遭遇，答应代其向领事馆呈送申诉。[⑤]此事最后的处理方式史料中没有记载。但从工部局当局和会审公堂没有直接介入可见，这算是华人平民与美国领事馆之间的民事纠纷，意外死亡的青年人之家属仅仅请求资助抚恤金而非要求赔偿，甚至还认为这是死者自己不慎导致的悲剧。这样的结果固然暗示了租界华人居民在面对美国领事馆时的弱势，同时也表明爆竹在这一语境下已没有被禁止之物的负面含义，而是中性的日常消费品——悲剧是因为个人的倒霉，而非燃放爆竹的错误。在这一点上，中国人与美国人对爆竹的理解达成一致，中西文化间的差异在日常生活的共处中逐渐消弭。

六 结语

周作人曾经在散文《爆竹》中写道，他小时候喜欢爆竹，"因为它表示热闹的新年就要来

---

① 佛领事赴海南 [N]. 申报，1876-2-25（2）.

② 论租界禁放爆竹 [N]. 申报，1884-2-18（1）.

③ 上海市档案馆. 工部局董事会会议录 [M]. 1873-7-7，5：645.

④ 上海市档案馆. 工部局董事会会议录 [M]. 1873-7-21，5：646.

⑤ 流星入太阳 [N]. 申报，1877-7-6（3）.

了";中年则"感觉它吵得讨厌",而且与迷信相联系;老了又觉得喜欢炮仗了,"不但因为这声音很是阳气,有明朗的感觉,也觉得驱邪降福的思想并不坏"。[①]周作人在其一生中就体验到对爆竹声的不同感受和联想:童年是懵懂的欢喜,中年是理性的批判,老年则是经历人生起伏后的包容。在不同情境和文化中,对不同人而言,爆竹声更是有着多元的意义,会带来不同的联想,也会有不同的治理方式。

晚清的上海是一个华洋杂处的新兴城市,在这里中西文化交汇碰撞,城市管理的职权关系复杂。在这一大背景下,爆竹不再是中国人日常生活中单纯用来驱鬼、敬神、喜庆的道具,而有了其他含义。对旅居上海租界的西方人而言,爆竹原本具有的文化和宗教意义都被抽空了,成为制造噪音的妨害,引发火灾的隐患。因此,工部局制定规章限制爆竹的燃放,确保从晚上到凌晨的休息时间里租界居民不受爆竹噪音的困扰。然而,租界当局并未将他们限制爆竹燃放的理由有效地传递给华人居民。或者说,由于华洋间的文化分歧,双方都难以解读对方的"文化编码":西人不理解爆竹的文化意义,华人不理解噪音影响生活质量的严重性。不过,双方至少找到了一点交集,即爆竹会引起火灾的威胁,这成为华人理解租界当局有关爆竹禁令的契机。这可以说是建立在误解基础上的相互谅解。

在日常生活中,与风俗习惯相违背的成文法往往不能有效地贯彻实施。租界当局对燃放爆竹的规定也是如此。首先是因为违法成本过低,对违规燃放爆竹的罚款不多,而少量罚款根本无法阻止华人继续放爆竹。其次是因为工部局的权力也有界限,只能管理公共空间而不能进入私人地产,只要在自家天井院子里放爆竹就无人可制止。最后则是因为法不责众。春节期间燃放爆竹迎新祈福,是华人根深蒂固的传统习俗,工部局面对华人已占租界人口绝大多数的现实,也只能妥协,在春节期间弛禁,即使春节期间此起彼伏、昼夜不息的爆竹声让很多租界里的洋人不堪其扰。

然而,华洋之间的差别也不是绝对的,更不是一成不变的。在中国居住多年后,洋人开始在送别亲友时放鞭炮,美国人也在国庆节时燃放爆竹花炮。爆竹既然已经进入上海华洋居民的日常生活,它在外国人中获得新的意义、成为新的习俗只是时间问题。而另一方面,一些受西方影响的中国人也开始反思燃放爆竹的合理性,评估其造成火灾的风险,试图顺应租界对燃放爆竹的禁令,改造这一历史悠久的风俗。

通过晚清上海租界内外燃放爆竹这一小事,我们观察到日常生活的实践一方面受制于既有的权力关系和文化象征,另一方面也在潜移默化地改变着人的观念。在日常生活充满互动和博弈的场域里,爆竹声的意义并不是固定的,无论是华人还是洋人,都无法垄断对爆竹定性的权力,也都无法绝对管控燃放爆竹的行为,因此只能努力去相互理解和妥协。正是在这一互动和博弈的过程中,上海展现了其独特的魅力,这是一种混杂(hybrid)而变动不居的日常文化所具有的魅力,难以定义,无法归类。

(本文作者　刘文楠)

---

① 周作人.爆竹[M]//周作人.关于命运:周作人散文.广州:花城出版社,2013:210.

第七章　北平沦陷的瞬间
——从"水平轴"的视野

从瞬间而非长时段的刻度来看，1937年7月7日卢沟桥发生的战事，并未被即刻确认为全面抗战的开端。无论南京国民政府，还是以宋哲元为首的冀察当局，都徘徊在战与和的岔路口上，即便在最后一分钟亦不放弃和平解决的希望。当地方视野中的卢沟桥事件被赋予全局性的意义，反而遮蔽了它与近在咫尺的北平城的关系。被历史记忆的是"七七"这个大写的日期，而北平何时沦陷，已经不是关注的焦点。

作为一种叙事策略的"瞬间"，意在抽取尽可能小的时间单位，展示出"共时空间中铺展开的'历史'"，或说"事件的诸种空间形象"[①]。关于北平沦陷的时间大致有两种说法，或以1937年7月29日二十九军的撤退为标志，或从8月8日日军入城驻兵算起。由于北平作为地方的特殊性，从二十九军失守到日军完全占领之间还有近十天的空当，因此，北平沦陷是一个被延宕的历史瞬间，其中包含的弹性与歧义，值得顺着城市的肌理逐层梳理。

从瞬间的刻度观察战争，易于发现被"事变"掩盖的战时日常性（Wartime Everydayness）[②]。引入日常的维度，意在与已有的战争叙事构成某种对话关系，丰富我们对战争尤其是战场之外（Beyond the Battlefield）的认识；同时，战争语境也拓展了日常性的边界。所谓战时日常性，一方面是物质生活的日常性，即战时的衣食住行如何维系；更值得关注的是战时精神生活的日常性，如何用日常的阅读、写作、思考来抵抗战争的压迫。从后一种意义上说，所谓战时日常性不只是讲述生存层面的挣扎，更要呈现在极端窘迫的生存条件下，无论是知识阶层还是普通民众都试图以自己的方式维持日常生活的基本尊严，甚至在颠簸流离中创造一点生活的诗意。这种日常生活的尊严与诗意，如同地狱边上开出的惨白的曼陀罗花[③]，彰显出中国人的思想韧性，是未被战火摧毁的日常风景。

一　谣言的解析

如果将1937年7月28日到29日视为卢沟桥事变后的又一个转折点，无异于承认二十九

---

① 赵园. 那一个历史瞬间 [M]// 赵园. 想象与叙述. 北京：人民文学出版社，2009：9.
② 对"战时日常性"的概念建构，参见 VAN DE VEN H. Wartime everydayness: Beyond the battlefield in China's second world war [J]. Journal of modern Chinese history, 2019, 13(1)。
③ 鲁迅. 失掉的好地狱 [J]. 语丝, 1925 (32).

军的撤退之于北平沦陷的象征意义。据傅仲涛对北平沦陷之回忆，"二十九军虽然和我们平日没有什么私的关系，可是这回的撤退，却不是往日奉张的撤退，其他军阀的撤退，乃是代表中国主权的撤退，即是敌人势力的扩张"。二十九军撤出北平，致使"我们在此地失落了一切的依恃"，这才意识到"国家主权既然达不到此地，我们便是无主之民"。①

从7月28日捷报频传，到29日二十九军的撤退，本是中央政府与地方当局角力下不得已的军事决策，其引发的社会动荡，用冯沅君的纪事诗来形容，便是"两日悲欢浑一梦，河山梦里属他人"。

冯沅君的《丁戌纪事诗并注》，前三首记述北平沦陷前后的个人经历。②卢沟桥事变发生时，冯沅君正在北平西郊的燕京大学寓所养病，27日美国大使馆传出消息，谓日机将于次日轰炸西苑驻军。燕京大学与西苑东西相望，中间仅隔一条马路。当时燕大的美籍教职员已大半离校，入东交民巷使馆界避难，住校师生皆惶惑不知所措。28日晨6时许，"果闻飞机轧轧，自寓所屋顶掠过西飞，继以轰隆之声，墙壁似皆震动"，冯沅君急忙偕家人赴燕大男生体育部，入地窖中暂避。

28日虽有西苑之变，但前线捷报频传，谓保定新到的中央军已北开，并有空军助战，廊房、丰台、通州等地相继收复，日军司令因败自裁。燕大本有情报会的临时组织，每日聚会一次，彼此交换消息。28日晚7时，留校师生又在适楼小礼堂开会，"到会者皆狂喜，高呼中华民国万岁"③。但好景不长，当晚11点左右，忽然从城内传来宋哲元赴保定、二十九军退出北平的消息，闻者都信疑参半。29日上午，城郊间有人来往，乃知胜利消息半不可信，二十九军之撤退则属实情，北平战事到此可告一段落。"总观两日内，始则惊惧，继则喜，疑，终则愤慨，其奇幻固无殊于噩梦。"④

冯沅君《丁戌纪事诗》之三是写北平七月末、八月初的事态，南北隔绝，谣言繁兴，"不谓平津将由国际共管，即言溥仪行将入关，建后清帝国，以故人心惶惑，唯恐华北沦为伪'满'第二，望我军北上反攻，不啻大旱之望云霓"⑤。谣言作为人心向背的表征，在信息不透明的环境下，亦可视为一种变相的社会舆论，被喻为公共舆论的侦察兵。沦陷前后产生的谣言，是自卢沟桥事变，甚至是"九一八"事变以来，民众长期积蓄的情绪的反弹。

口耳相传的谣言，也许是最原始的大众传播媒介。作为信息载体，"谣言"本身是一个中性的概念，承载着未经核实的消息，却不等于虚假信息。⑥这些消息无论多么荒诞，也在意料之中，因为滋生谣言的环境，如战争，已经将这种荒诞合理化了。二十九军在捷报的烟幕弹下突然撤退，令顿失依傍的北平人觉得"两日悲欢浑一梦"，战争、谣言、民众心理之间的连锁反应，尤其是谣言这一中介，既是现实的产物，又是梦的解析工具。

---

① 傅仲涛.北平沦陷之回忆 [J].文艺与生活，1946，3 (2).
② 冯沅君.丁戌纪事诗并注 [J].宇宙风（乙刊），1939 (1).
③ 冯沅君.丁戌纪事诗并注 [J].宇宙风（乙刊），1939 (1).
④ 沅君《丁戌纪事诗》其二自注.
⑤ 沅君《丁戌纪事诗》其三自注.
⑥ 让-诺埃尔·卡普费雷.谣言：世界最古老的传媒 [M].郑若麟，译.上海：上海人民出版社，2008.

战争期间关注谣言，是为了窥探谣言背后的民众心理。陈雪屏搜集战争前后的种种谣言，加以归纳分析，试图寻求出谣言演变的原则。^①采用归纳法的前提，是相信谣言的内部机制是可以拆解的，它必严格地遵照某些规律运行。然而，谣言本身是难以界定的对象，能否以科学的方法来刻画？对于这种近乎捕风捉影的工作，分析工具是首要问题。陈雪屏从社会心理学的角度来解析谣言，有意思的倒不在于方法论上的出新或他归纳出的那几条演变原则，反而是在事变现场搜集的诸多例证。

从 7 月 28 日到 29 日，伴随北平局势陡转而生的种种谣言，被陈雪屏纳入"主观的好恶与愿望的补充"这一类型。据他提供的例证描述，7 月 28 日北平近郊中日军队展开大规模的战事，城内终日听到清晰的枪炮声与飞机轰炸声，究竟谁胜谁负，没有可靠的情报。下午一时纷传我军已占优势，随即听说廊坊克复，丰台克复，日军在清河的一联队全被歼灭。一时人心极为兴奋，但还不能十分确信。三点左右各通信社也传出同样的消息，并且把各路将领也都说得有鼻子有眼。直到黄昏时分，听见炮声渐渐逼近，才知道空欢喜一场。^②

陈雪屏对这段谣言的时势分析是，当时我方战事始终未占优势，而且事前根本没有全盘打算，刚表决心，便张皇应战，一开始即注定节节败退的局面，直至二十九军连夜撤退。那接连不断的胜利消息从何而来？有人推测是地方当局为军事转移而散布的烟幕弹，甚至有人说亲眼看到官方的宣传人员聚集在六国饭店，捏造捷报，向各处拍发。从群众心理学的角度解释，则"最初由于一般人共同的愿望，企盼战争胜利，由想象而变成某时某地确已获胜的传说"，又加之地方与中央在和战问题上态度暧昧，官方与民间信息的不对称、不透明，而产生故意制造胜利的一幕活剧。^③

官民合演的这出乐极生悲的"活剧"，揭开北平沦陷的序幕。7 月 28 日，"微阴，疏雨"。朱自清在枕上便听见隆隆的声音，27 日下午他刚从西郊的清华园搬进城，借住在西单牌楼左近的胡同里。被炮声唤醒后，朱自清赶紧起身到胡同口买报。胡同口正冲着西长安街，这儿有西城到东城的电车道，可是此刻：

> 两头都不见电车的影子。只剩两条电车轨在闪闪发光。街上洋车也少，行人也少。那么长一条街，显得空空的，静静的。胡同口，街两边走道儿上却站着不少闲人，东望望，西望望，都不做声，像等着什么消息似的。街中间站着一个警察，沉着脸不说话。有一个骑车的警察扶着车和他咬了几句耳朵，又匆匆上车走了。^④

凡是"老北平"都晓得故都从前最热闹的街市，要算"东单西四鼓楼前"，即东单牌楼、西四牌楼、鼓楼大街、前门大街的简称。但事变前些年，西四、东单的市面并无起色，鼓楼也沦为古迹，只有新兴的西单牌楼，像十里洋场似的，日益繁盛起来。尤其是西单商场落成后，

---

① 陈雪屏. 谣言的心理 [M]. 长沙：商务印书馆，1939.
② 陈雪屏. 谣言的心理 [M]. 长沙：商务印书馆，1939：36.
③ 陈雪屏. 谣言的心理 [M]. 长沙：商务印书馆，1939：36-37.
④ 朱自清. 北平沦陷那一天 [J]. 中学生（战时半月刊），1939（5）.

俨然有同东城王府井大街对抗的神气。从西长安街口，一直到甘石桥，白天车水马龙，乡下人进城，若转到这里，简直要头昏目眩，手足无措。即便是西单商场遭火灾后，残余的部分仍令人低徊留恋，丝毫无损那条街市的繁华景象。① 然而 28 日清晨的西长安街"只剩下两条电车轨在闪闪发光"。

朱自清从报上看出当局终于决心"背城一战"，午饭后门口接二连三地叫："号外！号外！"买进来抢着看，起先说我军抢回丰台，抢回天津老站，后来说抢回廊坊，最后说打进了通州。28 日下午，朱自清屋里的电话响个不停，有的朋友报告消息，有的朋友打听消息。报告的消息，或从地方政府得来，或从外交界得来，无不印证了号外上的捷报。② 不光是号外、电话这两种传播媒介，参演了这出"制造胜利"的悲喜剧，甚至更有公信力的广播电台也以郑重的语调报告："本台确信：丰台及廊坊已经克复。"③

给胜利的白日梦蒙上一丝阴影的，是 28 日晚传出日机放毒气的谣言。前几日，面向市民阶层、销路最广的小报《实报》上就接连登出如何预防毒瓦斯的土办法，教人用菜子油涂抹眼耳鼻口等处。④ 朱自清亦称 28 日晚警察挨家通知，叫塞严门窗，还得准备些土，拌上尿跟葱，以防夜里敌机来放毒气。他虽不相信日军敢在北平城里下毒，但家里的仆人还是照着警察吩咐的办了。⑤

不论是白日梦式的谣言，还是放毒气这类恐惧性的谣言，其产生的原因，除了地方当局与中央政府在战与和之间摇摆不定及信息不透明，更重要的是敌我双方军事力量极不对等。时任驻美大使的胡适在一次演讲中坦言，中国在这次战争中的问题很简单：一个在科学技术上没有准备好的国家，却必须和一个第一流的军事工业强国进行一场现代战争。⑥

1937 年《伦敦新闻画报》对卢沟桥事变的现场报道，用图像更直观地记录下一个"喜剧性"的小插曲，足以说明两国军事实力的不对等性。照片展示的是在北平郊区与日军激战的二十九军的日常装备。⑦ 一提起二十九军，就会联想起"大刀向鬼子们的头上砍去"，然而在日机的高空优势与频繁轰炸下，比用于肉搏的大刀更有效的装备，竟然是雨伞。雨伞在军事中的妙用，在华北平原的开阔地带，加之七月的酷暑，既可以遮阳，又可作伪装，避开日机的空中侦察。中国士兵，除了由德国军事顾问训练出来的中央正规军，像二十九军这样背负大刀，藏在雨伞下，缺乏严密的组织调配，注重读经与道德训练的地方部队，在西方人看来，简直是现代战争中一个"谜一般"的不可控因素。飞机与大刀、雨伞，毒瓦斯与黄泥、蒜葱的对比，正是谣言产生的根源。

28 日还凌乱地做着胜利的美梦，29 日天刚亮，朱自清便接到朋友的来电，用确定的口气

① 蹇先艾. 古城儿女 [M]. 上海：万叶书店，1946：1-2.
② 朱自清. 北平沦陷那一天 [J]. 中学生（战时半月刊），1939（5）.
③ 鲁悦明. 古城最后的一瞥 [J]. 国闻周报，1937（33-35）.
④ 可怕的毒瓦斯 [N]. 实报，1937-7-24；紧急时期简单防毒法 [N]. 实报，1937-7-27.
⑤ 朱自清. 北平沦陷那一天 [J]. 中学生（战时半月刊），1939（5）.
⑥ 胡适. 胡适日记全集：第八册 [M]. 台北：联经出版公司，2004：203.
⑦ 藏在雨伞下的一支中国军队 [M]// 沈弘. 抗战现场：《伦敦新闻画报》1937—1938 年抗日战争图片报道选. 北京：中国社会科学出版社，2005：12-15.

说："宋哲元、秦德纯昨儿夜里都走了！北平的局面变了！就算归了敌人了！"[①]由国都而文化城，再沦为边城的北平，就断送在"制造胜利"的白日梦里。29日北平沦陷的一刹那，在傅仲涛的回忆中，定格在西四北大街。一夜之间，街上的行人少得可怕，光天化日之下，他孤零零地立在街中间，疑心这偌大的北平城莫非只剩下自己一个人：

> 朝南一望，无数的电杆好像墓标似的立着，一直的矮下去，矮到眼睛瞧不见的尽头；朝北一望，也是无数的电杆，一直的往北排列下去。[②]

这样的场景，这样的句式，仿佛张爱玲目睹香港沦陷的瞬间："一辆空电车停在街心，电车外面，淡淡的太阳，电车里面，也是太阳——单只这车便有一种原始的荒凉。"[③]荒凉背面是都市的繁华，电车作为都市现代性的标志物，被遗弃在舞台的中心，演员仓皇离场后，弥漫着暖色调的、亘古不变的阳光。无论是傅仲涛眼里墓标似的、南北延伸瞧不见尽头的电杆，还是朱自清记忆中西长安街上那两条闪闪发光的电车轨，都与张爱玲情有独钟的"空电车"一样，象征着时间的凝滞，甚至是都市文明的停摆。

二　从易帜到进城

从7月29日二十九军撤退，到8月8日日军进城，这十天的空当，北平城内虽暂且无事，位于西郊的海淀却因为西苑驻军提前上演了"易帜"的闹剧。《九月烽火悼边城》中29日主仆间的一番对话，可以看作这出闹剧的引子。

> 第二天，她（女仆赵妈）端菜送饭，往来咚咚几次以后，可就开了口啦。
> "天津——听说没拿回来，今早晨又听说连北京也着把上了！"
> 她的脸色又恢复了昨夜以前的样子，恐惧、忧愁。接着说："听说迟早鬼子要进城！"
> 她看了看我，我也看了看她，无言可答。不禁问她一句："那又能怎的？"
> "不是"，她说："我先问先生一声，先生有个预备没有？"
> "预备甚么？"我问。
> "鬼子国的旗呵！"她好像对我的不晓事而表示极度的惊异说。
> 这一下可见出她的本领确比我来得高，我只得垂下头，加紧忙着用饭，假装没有听得十分清楚。[④]

鬼子迟早要进城，挂不挂旗，挂哪国旗，女仆赵妈与在她看来"不晓事"的先生各怀心

---

① 朱自清.北平沦陷那一天 [J].中学生（战时半月刊），1939（5）.
② 傅仲涛.北平沦陷之回忆 [J].文艺与生活，1946，3（2）.
③ 张爱玲.烬余录 [M]// 张爱玲.流言.汉口：大楚报社，1945：46.
④ 春风.九月烽火悼边城 [J].宇宙风，1937（49）.

事。这不是赵妈一个人的忧惧，凡是见识过庚子之乱的北平人都有此经验。

《四世同堂》中，北平陷落后，小羊圈胡同内主事的李四爷立在槐树下，声音凄惨地对大家说："预备下一块白布吧！万一非挂旗不可，到时候用胭脂涂个红球就行！庚子年，我们可是挂过！"①

据仲芳氏《洋兵进京逐日见闻记略》，庚子年八国联军入城后，各树旗号，分界管辖，"凡在界内之铺户住户，不拘贫富，各于门前插白布旗一面。居住某国地界，旗上即use洋文书写'大某国顺民'；又有用汉文写'不晓语言，平心恭敬'贴于门前者；又有按某国旗号样式，仿做小旗，插于门前者"。仲芳氏家为美国所管，门前即插"大美国顺民"白旗，并请精通洋文者写"此户系安善良民，乞勿骚扰"等字粘于门上。②

7月29日以后北平城内的局势，虽然还没有到家家非挂太阳旗的地步，但外城一带，尤其是西郊西苑、海淀附近的居民，已被迫挂出用半只面粉口袋画一个红圈的旗子，甚至到了不得不头顶"太阳旗"出门的境地。③7月30日，住在西郊燕园左近的邓之诚在日记中写道："阴，气象愁惨。"这里的"愁惨"，与其指阴沉的天气，不如说是由"易帜"而感到的亡国气象："各商皆悬日本国旗，一家如此，各家效之，往来皆手执一小旗，后知首先悬日旗者巡警也。"④

二十九军退出北平后的第十日，本来"遵约"不入城的日军从广安门、永定门、朝阳门进城。城门及其毗连的城墙，可视为北平的"界标"，这意味着必须穿过实体的城门洞才能算"进城"。正是一重重颓败的墙垣，构成了北平这座古城的骨架。⑤在飞机加坦克的现代战争中，故都的城门与城墙早已沦为装饰性的防御工事，但不能忽视它的心理作用，仍以看得见的空间结构区分着：谁在城内，谁在城外；谁属于这座城市，谁不属于这种城市⑥。如《四世同堂》里一辈子蜷缩在北平城内的冠晓荷，被比作"都市的虫子"，对城门的依恋与畏惧："从城内看城楼，他感到安全；反之，从城外看它，他便微微有些惧意，生怕那巨大的城门把他关在外边。"⑦

进城出城，早晚城门的开闭，从空间与时间上框定了北平人的生活秩序。外城、内城、皇城的框架结构，养成了北平人对城门连带城墙根深蒂固的心理依赖。甚至可以说城门与城墙已然内化为北平人最基本的秩序感与边界意识，其在战时的象征意义远胜于军事防御功能。在战争的非常态下，城门的开闭加固了一城民众同生共死的连带感。

8月8日俞平伯日记称："立秋，阴，时有微雨"，"是日午间日军自广安、永定、朝阳三

① 老舍. 惶惑 [M]// 老舍. 四世同堂. 上海：上海晨光出版公司，1947：41.
② 仲芳氏. 庚子记事 [M]// 中国科学院历史研究所第三所. 庚子记事. 北京：科学出版社，1959：34-35.
③ 春风. 九月烽火悼边城 [J]. 宇宙风，1937（49）.
④ 邓之诚. 1937年7月30日五石斋日记 [M]// 邓之诚. 邓之诚日记：外五种. 第一册. 北京：北京图书馆出版社，2007：582.
⑤ 奥斯伍尔德·喜仁龙. 北京的城墙和城门 [M]. 许永全，译. 北京：北京燕山出版社，1985.
⑥ 芦原义信. 城郭 [M]// 芦原义信. 街道的美学. 尹培桐，译. 武汉：华中理工大学出版社，1989：18-19.
⑦ 老舍. 偷生 [M]// 老舍. 四世同堂. 上海：上海晨光出版公司，1946：664.

门人，遂驻焉"。①《京都风俗志》曰："立秋日，人家亦有丰食者，谓之贴秋膘。"②"贴秋膘"似乎是北平人的一个专有名词，"立秋"必得吃白肉，或联合三五友好，吃烤羊肉尝新，谓之"贴秋膘"。夏仁虎《旧京秋词》注称"旧都大立秋日食羊，名曰添膘。馆肆应时之品，曰爆、涮、烤。烤者自立炉侧以箸夹肉于铁丝笼上燔炙之，其香始开，可知其美"③。据《实报》对1937年立秋日之特写，"秋节烤肉，各样炒菜"，有的饭馆已把新写的市招竖在门前，不过宣武门内的"烤肉宛"还没有把铁支放出来，只有菜市口的"烤肉陈"先行开市。④

与北平立秋"贴秋膘"的习俗，不应景的是日军之进城。8月8日《实报》声称"日军前方部队今日进城，稍作休息即将离平"。在北平地方维持会中担任要职的李景铭，与友人谈及日军入城的缘由，谓日兵司令部本设香山，借口通州保安队之反正，要求入城，故当局亦无法拒绝。当日李景铭自东城回，"沿途已见日兵，而我国警察手持钓竿以代指挥棒，吁可悯也"⑤。

1937年立秋日的天气，按俞平伯日记所载，"阴，时有微雨"，邓之诚日记亦称有阴雨，傍晚转晴，"凉飔乍起，金风动矣"⑥。而老舍的《四世同堂》却想象成一派"亡国的晴寂"："天是那么晴，阳光是那么亮，可是整个的大城像是晴光下的古墓！"⑦沦陷时老舍早已不在北平，仅凭借家人的口述与往昔的生活经验，试图还原北平沦陷的瞬间，在细节的精确度上，肯定不如当事者的回忆。据记者的现场报道，街上贴满"大日本军入城司令"的布告，宣称为"维持治安"而来，并没有"小住即去"的意思。8月8日进城的日军是河边旅团，约三千人及机械化战队，分驻在天坛、旃檀寺、铁狮子胡同的绥靖公署等处。十二点正开始入城，在天安门前集合，一共戒严约四小时，动用全市警力，有意让群众围观。⑧

老舍的《四世同堂》没有正面描写日军进城的场景，却屡次提及坦克车的响动，最初"像从山上往下轱辘石头"，声音逼近了，空中、地上都在颤抖，"像几座铁矿崩炸了似的"，最后又化作"远处的轻雷"。⑨时隔半个世纪，台静农追述起北平陷落的瞬间，记忆难免有些模糊，甚至记错了日军入城的日期，但有一个细节仍极鲜活："坦克车巡回驰驶着，地都是动的。"⑩

如果将8月8日日军进城视作北平这座"死城"的出殡，这场葬礼的主角，并非三千人的河边旅团及以坦克车为主体的送葬队伍，而是无名的看客，是还要在这座"死城"中挣扎着活下去的北平人。一座城市的沦陷竟然是通过"观礼"的仪式完成的。群众的围观诚然有被迫的成分，有清醒的痛楚，但也有无意识的，甚至"观赏"的意味。

① 俞平伯. 1937年8月8日俞平伯日记 [M]// 俞平伯. 俞平伯全集：第十卷. 张家口：花山文艺出版社，1997：277.
② 转引自邓云乡. 燕京乡土记 [M]. 上海：上海文化出版社，1985：447。
③ 夏仁虎. 旧京秋词 [M]// 张次溪. 燕都风土丛书. 北京：松筠阁书店，1939（铅印本无页码）.
④ 昨日立秋 [N]. 实报，1937-8-9.
⑤ 李景铭. 卢沟桥事变后北平闻见录 [J]. 近代史资料，2000（65）：114-115.
⑥ 邓之诚. 1937年8月8日五石斋日记 [M]// 邓之诚. 邓之诚日记：外五种. 第一册. 北京：北京图书馆出版社，2007：599.
⑦ 老舍. 惶惑 [M]// 老舍. 四世同堂. 上海：上海晨光出版公司，1947：47.
⑧ 鲁悦明. 笼城落日记 [M]// 长江，小方，等. 沦亡的平津. 上海：生活·读书·新知三联书店，2014：56.
⑨ 老舍. 惶惑 [M]// 老舍. 四世同堂. 上海：上海晨光出版公司，1947：47-49.
⑩ 台静农. 始经丧乱 [M]// 龙坡杂文（增补本）. 北京：生活·读书·新知三联书店，2002：112.

当日军集合通过时，北平中心区戒严四小时之久，柏油路上只见市政府供给的载重汽车和城外来的大车来往，偶尔也有拖着西洋人的人力车夫在广场上的"独步"。在众人艳羡的目光中，"似乎连车夫都感到了骄傲，他们的脚步把地打得很响"①。每条路口都是不透风的人墙，有人处小贩子便来了，敲着酸梅汤的铜碗，拍打着满是青蝇的烂桃，西瓜贩吆喝着"斗大的块来"。警察、小贩、观众，彼此推搡、起哄、斗嘴，在如此嘈杂的人墙间，入城的日军及其携带的道具反倒沦为无声的布景。

当送葬的队伍走过，另有撮"颓废派"——雇来摇小旗的丑角——尾随其后。东交民巷美国兵营的高墙上，还有白皮肤的看客在摄影。交通恢复后，天安门前留下的是马粪、烂旗和坦克车的齿印。地方维持会的代表及新贵们，沿着坦克车的轮印赶去叩谒日军司令。

日军此次进城，令四十岁以上的北平人回想起"庚子之变"。《四世同堂》中的祁老太爷，壮年时眼见八国联军怎样攻进北京，由此得出"抵抗"乱世的办法，只消备足三个月的粮食与咸菜即可。事变后，祁老太爷又援引老例向主事的长孙媳妇解释日本人为什么看上卢沟桥的那些狮子："庚子年的时候，日本兵进城，挨着家儿搜东西，先是要首饰，要表；后来，连铜钮扣都拿走。"②在温顺的长孙媳妇面前，祁老太爷可以不断复述他的庚子经验，一旦碰到不配合的听众，老掉牙的故事立马被打断："日本人要卢沟桥的狮子？笑话！他们要北平，要天津，要华北，要整个的中国！"家中最不听话的老三瑞全，样子很像祖父，可在思想上两人"相隔了有几百年"。③作为祁老太爷及其同辈人的口头禅，庚子经验纵然在卢沟桥事变后的语境中几乎完全失效，但从易帜到进城的仪式，可看出庚子早已积淀成北平人，而且是不同世代的集体记忆。

三 "水平轴"的视野

沦陷或许是一瞬间的事，但其造成的心理阴影，甚至作为一种生存状态却是长时段的，而且时段的长短，谁也无法预计。无论将北平沦陷的瞬间，定格在7月29日二十九军之撤退，还是8月8日日军进城，都是从领土主权的得失上定义"沦陷"。然而这只不过是城的沦陷、看得见的沦陷，真正可怕的是看不见的沦陷，或者说人心的沦陷。沦陷的瞬间，对一座城来说，不难考证出具体的年月日；对生活在这座城中的每个人、每个家庭而言，则未必发生在同一时刻。如若从日常生活的层面理解"沦陷"，这些小写的日期反而更值得留意。在战争中引入日常性的维度，另一层意义在于从个体而非国家、党派的视角进入战争现场。从大写的历史中拯救出的个体经验，或能局部改写战争中面目模糊的受难者形象。

"国家""主权""异族""占领"等概念，在得过且过的日常生活中，跟老婆、孩子、热炕头相比，并不是触手可及的实物。只有当最最基本的生活秩序无以维系，自己或家人受到切

---

① 鲁悦明.笼城落日记[M]// 长江，小方，等.沦亡的平津.北京：生活·读书·新知三联书店，2014：56.

② 老舍.惶惑[M]// 老舍.四世同堂.上海：上海晨光出版公司，1947：27.

③ 老舍.惶惑[M]// 老舍.四世同堂.上海：上海晨光出版公司，1947：28-29.

身的威胁，产生强烈的被排斥感时，才会摆脱看客的位置，意识到沦陷与个人的关系，进而锁定个人与国家主权的关系。

对《四世同堂》中的祁老太爷而言，日本兵虽说进了城，只要还能操办自己的八十大寿，不妨碍他一家人过日子，不扰乱小羊圈胡同的平静，就不会产生"亡国"的意识。唯有无法守住自家的生活底线，发现三个月的粮食与咸菜竟不顶用，中秋节的北平城竟然没有"兔儿爷"，才觉得"绝了根"，一切的人与事都十分不对。[①] 这种日常生活的异质感，不单作为个人或家族的危机，而被放大成共同体的危机强加于个人身上时，"沦陷"的概念才得到生活实感的支持。

以日常生活为基准，从"水平轴"的视野来捕捉沦陷的瞬间，关注的是北平人的共同体意识——并非民族国家框架内的"想象的共同体"，而着眼于吃饭穿衣、婚丧嫁娶，这种日常生活意义上的共同体，试图从地方性中发掘填充民族主义的要素。[②] 相对于自上而下的国族观念，"水平轴"的视角更注重横向地把握城与人的关系、人与人的亲疏远近。

沦陷作为日常生活的危机，不是以军事力量的进退为标准，取决于个人上下四旁的参照系。民众作为差异性的个体，当其养成对某一共同体的归属感时，是以自己及周边成员，即亲友邻里的关系是否得到相应的保证或受到阻碍为依据。一般社会的是非判断，出于朴素的道义感，更受制于其关切的对象、场所与个人关系的稳定性，并随着对象、场所的变化而变化。[③]

沦陷时期北平民众的共同体意识，与其说以国族意识为基础，毋宁说立足于不同个体、不同阶层的生活实感，靠"水平轴"上的生活秩序取得心理平衡，并从具体而微的生活实例当中，生发出彼此的连带感及一同活下去的意愿。这种生活秩序的自我修复能力，日常的挣扎与零碎的反抗，才是潜藏在民众懵懂的情感领域，未被概念化的共同体的生存基础。

（本文作者　袁一丹）

---

① 老舍.惶惑[M]//老舍.四世同堂.上海：上海晨光出版公司，1947：193.
② 冈本惠德.水平轴思想——关于冲绳的"共同体意识"[J].胡冬竹，译.开放时代，2009（05）.
③ 孙歌.我们为什么要谈东亚——状况中的政治与历史[M].北京：生活·读书·新知三联书店，2011：163-165.

第四编

当代实践

第八章　家务劳动社会化：
市场改革初期的再生产转型

一　引言

社会再生产，即人类物质生活的日常维系、代际更替，以及社会人之间的情感联结和彼此照料是女性主义长期关注的问题。早期的女性主义者指出，女性无偿的家务劳动构成了资本积累的核心环节，同时也是性别不平等的根源之一。近年来，"社会再生产"理论进一步发展，将社会再生产领域特定的劳动分工视为资本主义社会中性别不平等的物质基础，指出资本积累与劳动社会再生产之间以及社会再生产领域内部的结构性矛盾，剖析生产和再生产领域之间边界斗争以及社会再生产体制的历史性变迁。[1][2][3][4][5] 这些研究大多关注西方社会，尤其是福利国家体制的解体和育儿、养老、医疗等社会再生产领域的市场化，将分析场域从家庭领域扩展到建构劳动力再生产和维系社会秩序的制度和一系列过程中。[6][7][8][9]

我国的发展历史与西方资本主义社会不同。在集体化时代，社会主义国家重构了社会再生产体制，从意识形态和组织方式等各方面进行了新的安排。不同于西方社会的生产和再生产之间边界清晰的结构性张力，集体主义的生产体制需要统筹兼顾生产和再生产，并且承认家务劳动的公共价值。[10][11][12] 宋少鹏用"公私相嵌"来描述集体主义单位制：在公私相嵌型结构中，企业需要承担起生产和再生产两个领域的职责，安排好职工生活是生产组织者的责任，而再生产领域中的职责既可以在社区这个公共空间中完成，也可以在家庭这个"私领域"中完成。家务

---

① 董一格. 当代马克思主义—女权主义理论视野下的共和国性别史研究 [J]. 清华社会学评论，2017（01）.

② 李洁. 重新发现再生产：从"劳动"到"社会理论" [J]. 社会学研究，2021（01）.

③ Dong Y. The dilemma of foxconn moms: Social reproduction and the rise of 'Gig Manufacturing' in China[J]. Critical Sociology, 2023, 49(7-8).

④ Fraser N. Fortunes of feminism: From state-managed capitalism to neoliberal crisis[M]. Verso Press, 2013.

⑤ Fraser N. Behind Marx's hidden abode: For an expanded conception of capitalism[J]. New Left Review, 2014(86).

⑥ Bakker I. Social reproduction and the constitution of a gendered political economy[J]. New political economy, 2007, 12(4).

⑦ Bhattacharya T. Social reproduction theory: Remapping class, recentering oppression[M]. Pluto Press, 2017.

⑧ Ferguson S. Intersectionality and social-reproduction feminisms: Toward an integrative ontology[J]. Historical Materialism, 2016, 24(2).

⑨ Fraser N. Contradictions of capital and care[J]. New Left Review, 2016(100).

⑩ 宋少鹏. 集体主义时期工矿企业里的家属工作和家属劳动 [J]. 学海，2013（02）.

⑪ 佟新. 照料劳动与性别化的劳动政体 [J]. 江苏社会科学，2017（03）.

⑫ 左际平、蒋永萍. 社会转型中城镇妇女的工作和家庭 [M]. 北京：当代中国出版社，2009.

劳动因其对生产的贡献，具有"公"的价值，并被国家承认为社会主义劳动的一部分。因此，尽管再生产领域的劳动在很大程度上仍由女性承担，但劳动的性质不再是"私"事，而是具有"公"的价值和意义，劳动实现的空间也从个体家庭拓展到社区。[①②]

20世纪80年代以来，我国再生产体制的变迁及其对于妇女发展和性别平等的影响，引起了许多性别研究学者的关注。一些研究指出，市场化不仅是一场生产领域的转型，也是对"生产－再生产"关系的重新界定和对再生产体制的重构。随着单位制的解体，企业在集体主义时期所承担的"产前产后服务和职工生活、福利、社会保障等社会职能"，以及一切与企业生产没有直接关系的组织机构和设施都被视为企业额外负担而被逐渐剥离。20世纪90年代中期以来急剧的全面市场化，将这部分职能进一步推向了私人家庭。[③④⑤]在这样的背景下，家庭内部通过"女人回家"、代际互助以及市场外包等方式来应对家务、儿童抚育、老人照护等社会再生产的责任。[⑥⑦⑧]换言之，对市场转型期再生产体制的总体性论述强调分割生产和再生产两个领域，在国家和企业撤出的背景下，再生产责任转向"私人化"，再生产活动的承担则经历了"家庭化"和"市场化"。

然而，一些学者指出，国家在市场改革初期没有完全否定这部分职能应该由"社会"来承担[⑨]。比如，一些研究注意到了托育服务在改革初期的"短暂复兴"。尽管在市场化改革进程中，计划经济时代发育良好的托儿所体系逐渐退出了历史舞台，但国家对托育服务的重视并未随着改革开放政策的实施戛然而止。相反，在20世纪80年代至90年代中期，在科教兴国等发展战略的引领下，政府重视婴幼儿早期教育，加大了对托育服务的政策支持，托幼机构得到快速发展，包括单位自设、政府部门设立、街道办事处和村委会等开办的各类托儿所及幼儿园。直到20世纪90年代国企改制，国家提出要求将托幼等福利机构从企业剥离，将再生产职能全部推向市场。[⑩⑪⑫]

这些发现表明，我国在市场改革过程中的再生产体制以及国家角色的转变是一个更为复杂且充满变动的过程，需要进一步考察其具体实践以深化认知，尤其是20世纪80年代到90年

---

① 宋少鹏. 集体主义时期工矿企业里的家属工作和家属劳动 [J]. 学海，2013（02）.

② 宋少鹏. 从彰显到消失：集体主义时期的家庭劳动（1949—1966）[J]. 江西社会科学，2012（01）.

③ 宋少鹏. 集体主义时期工矿企业里的家属工作和家属劳动 [J]. 学海，2013（02）.

④ 杨菊华. 为了生产与妇女解放：中国托育服务的百年历程 [J]. 开放时代，2022（06）.

⑤ 佟新，陈玉佩. 中国城镇学龄前儿童抚育政策的嵌入性变迁——兼论中国城镇女性社会角色的变化 [J]. 山东社会科学，2019（10）.

⑥ 佟新. 照料劳动与性别化的劳动政体 [J]. 江苏社会科学，2017（03）.

⑦ 马春华、石金群、李银河、王震宇、唐灿. 中国城市家庭变迁的趋势和最新发现 [J]. 社会学研究，2011（02）.

⑧ 宋少鹏. "回家"还是"被回家"？——市场化过程中"妇女回家"讨论与中国社会意识形态转型 [J]. 妇女研究论丛，2011（04）.

⑨ 宋少鹏. 集体主义时期工矿企业里的家属工作和家属劳动 [J]. 学海，2013（02）.

⑩ 杨菊华. 市场改革、社会转型与城镇地区托儿所体系的消失——基于供给－需求的理论分析 [J]. 社会学评论，2022（04）.

⑪ 向小丹. 中国家庭 ¦ 托儿所的"生"与"死" [EB/OL]. https://www.thepaper.cn/newsDetail_forward_2652249.

⑫ 和建花. 回顾与前瞻：改革开放以来中国3岁以下托幼政策变迁与事业发展 [J]. 中华女子学院学报，2019（02）.

代中期市场改革初期（或过渡期）的再生产组织方式、国家角色和社会实践。本文通过对市场改革后北京市家政服务发展变迁的研究，聚焦 20 世纪 80 年代初期到 20 世纪 90 年代中期"家务劳动社会化"的实践，讲述其背后的国家立场、组织行为和文化建构，进而尝试概括在市场转型期社会再生产体制的特点，推进对市场改革与生产－再生产关系调整的认识。文章将家政服务的兴起当作再生产体制转型的一个分析案例，主要出于两点考虑。首先，家务或家政服务的兴起和发展构成了从集体化时代到市场改革初期再生产体制转型的重要面向，深受政策的影响，体现了时代变迁的大趋势，尤其是国家在处理生产－再生产关系上的某种矛盾性立场。其次，改革初期托育服务的"复兴"在很大程度上是对集体化时代再生产组织模式的继承、过渡和演变，而大规模进入普通私人家庭的家务或家政服务则是一个新兴的再生产组织形式。在集体化时代，"保姆"是面向高级干部和知识分子的一种特殊福利，若普通家庭使用则被视为带有阶级剥削倾向，因此家务服务兴起的背后还涉及对再生产劳动关系的重新建构，值得深入探究。

本文的分析是研究团队对于北京市家政服务近 40 年变迁的研究的一部分。1983 年，北京市妇联成立北京首家家务服务公司——三八家务服务公司，其在之后的近 20 年间一直占据行业的主导位置。1995 年，劳动部将"家政服务员"列为新技术工种，并将其纳入国家职业技能鉴定序列，并在 21 世纪初制定颁布了家政服务员、育婴员、养老护理员的国家职业技能标准，推动家政职业化的发展，逐步确立"坚持市场运作和政府引导相结合"的原则[①]，以私营企业为主体和抓手推动家政市场发展。21 世纪 10 年代中期以来，国家在拉动内需、解决民生的大方针下，推动家政服务业"提质扩容"，扩大供给，提升质量，促进消费结构升级。[②③④]从家政业的发展可以看出国家对于社会再生产中"就业"和"民生"的双重考量，即组织方式从"家务劳动社会化"逐渐转向"市场化"。这些变迁嵌入在人口流动、国企职工下岗、城市家庭变迁、人口结构变化等社会背景中，并且与民众、社会组织和私营机构的活动交织互动，形塑着北京家政服务的样貌及意涵。

文章的分析资料主要分为几个部分。首先，作者翻阅检索了 1980—2019 年共 40 年间的《北京晚报》，以"家务／家政／保姆／家庭服务"为关键词手动检索了包括家政服务行业的从业者、雇主、公司、政府政策等相关内容，共收集整理"家政服务"相关的新闻报道 1076 篇（已剔除家政公司广告条目）。报道数量整体呈增长趋势，1980—1989 年报道共计 88 篇，1990—1999 年共计 261 篇，2000—2009 年共计 389 篇，2010—2019 年共计 338 篇。《北京晚报》是一份面向北京全体市民的、以生活性报道为主的报纸，在北京地区发行量大、覆盖面最广。跟以时政大事为主的《人民日报》《北京日报》等机关报相比，《北京晚报》的办报主旨为"关注百姓民生，立足市民本位，站在读者当中，为市民提供全方位的服务"。《北京晚报》

---

① 国务院办公厅. 关于发展家庭服务业的指导意见 [Z]. 2010.

② 佟新. 照料劳动与性别化的劳动政体 [J]. 江苏社会科学, 2017（03）.

③ 梁萌、吕游、刘万丽. 嵌入与消弭：中国家政业职业化实践研究 [J]. 妇女研究论丛, 2020（05）.

④ 钱俊月. 非正规的"正规化"：劳动力市场分割与家政服务企业——基于 2019 年四个城市的家政工人调查 [J]. 妇女研究论丛, 2022（01）.

的内容贴近北京市民的生活，因此关于家政服务的报道数量多、内容丰富。与此同时，《北京晚报》在反映主流的基本立场上，也在一定程度上融入了北京民众的看法和态度。

除《北京晚报》外，作者和研究团队收集了 20 世纪 80 年代以来涉及家政服务的国家政策、北京市政府的政策、全国妇联编印的《妇女儿童的工作文选》以及其他相关媒体报道和公开出版的资料。此外，我们还对 8 家家政公司的 12 位负责人或高层管理人员进行了访谈或小型座谈，其中包括三八家务服务公司。我们还访谈了 3 位北京相关政府和家政协会工作人员、50 位家政工（其中部分从业超过 20 年）和 46 位家政雇主（其中部分是 20 世纪 80 年代至 21 世纪初的雇主），进而了解北京家政服务行业的变迁。

本文聚焦于 20 世纪 80 年代初至 90 年代中期"家务劳动社会化"，展开分析，认为当时形成了一种新的再生产组织模式，既不同于之前的"集体化／公共化"，又不同于之后的"市场化"，我们称之为"社会化"模式。表 1 简要概括了三种模式的主要特点。

表 1   不同时期再生产模式的比较

	集体化／公共化	社会化（以家政为例）	市场化（以家政为例）
主导意识形态	再生产活动集体化／公共化，帮助妇女解决后顾之忧，使其得以参与社会生产	协调社会资源，解决城市家庭的后顾之忧	依托市场，满足家庭的再生产需求
再生产的责任主体	以国家为主	转向家庭	以家庭／个人为主
国家角色	统筹安排	协调组织	规范市场
实施方式	单位制、集体互助	调配社会力量进入家庭服务	家庭购买市场服务
劳动力调动	围绕居住社区	采用行政手段调动城乡流动，控制市场流动	市场流动为主，行政手段为辅
再生产劳动的价值	强调其服务于生产的社会价值，部分被纳入计划经济体制	强调社会价值，淡化市场价值	以市场价值确认社会价值
（再生产）工作的性质	体制内→正式 家庭内→非正式	小保姆→非正式	家政工→正式化
文化建构	社会主义大家庭：集体主义文化	"帮忙"：以社会情理统摄雇佣关系	市场服务关系

总体而言，市场转型初期的再生产"社会化"模式，延续了集体化时期对再生产劳动的社会价值的肯定，并且以社会化（以及现代化）的方式来解决再生产问题的思路。然而，在这个时期，"社会"以及"社会化"的意义已经发生了一定的转变。在集体化时代，"社会"基本同于"公共"，由国家整体统摄，是相对于"私"（家庭）的存在；那个时期出现"家务劳动

社会化"的说法，指的是将私领域的再生产劳动以公共的、集体的形式来进行组织（比如单位制下的一系列安排）。到了市场改革初期，"社会"不仅是相对于私人家庭的存在，而且在一定程度上与"国家"分离开来。"家务劳动社会化"意味着调动组织国家之外的社会力量来协助处理私人家庭的再生产需求。在这个过程中，社会再生产的责任主体逐渐向私人家庭转移，但在意识形态层面国家维持了对社会再生产的"道义责任"，其介入形式从总体性的统筹安排逐渐转变为协调组织、管理社会为家庭服务。市场作为一种劳动力组织方式，被纳入到"社会力量"中，受到国家的控制安排。通过妇联（以及工会、街道）等组织，国家直接介入小保姆的组织输送，并在公共层面以"承认政治"的方式赋予小保姆劳动的社会价值。在日常实践中，保姆工作被认为是年轻农村女性的过渡性经历而"去正式化"，农村保姆和城市家庭的关系借由"帮忙"的文化想象以社会情理原则调节整合。下文将从国家立场、组织方式和文化建构三个方面来展开论述。

二 "家务劳动社会化"：市场转型中的国家立场

20 世纪 70 年代末，国家开始实行改革开放，把工作重心转移到经济发展，重启城市化发展策略。一方面，国家重视再生产活动，尤其是与儿童抚育相关的托幼工作，旨在提高人口素质、培养现代化的接班人；另一方面，又面临着经济体制转型，以效率原则逐渐剥离企业的再生产职能。因此"生活服务事业"和"托幼事业"在政策上存在不连贯性，"社会化"成为拓展的一个方向。当时负责妇女和儿童工作的妇联发挥了较大的能动性，坚持妇女就业与解放的立场，拓展了"社会化"的范畴，组织社会力量提供托幼和家务服务，解除城市妇女参与生产的"后顾之忧"。

1. 国家的重心转移

如果说在集体化时代国家通过单位制等形式组织再生产促进生产劳动和妇女解放，那么在经济改革初期，国家依旧重视再生产活动，并且承担着相关责任，但对再生产活动的关注点有了一定的变化。中共十一届三中全会后，尤其是在"三个面向""科教兴国"战略方针的引领下，国家高度重视抚育、培养和教育儿童的工作。作为"科教兴国"的一部分，国家强调托幼事业是一项社会性的事业，要求全党全社会给予高度重视和支持。1979 年 7 月至 8 月，教育部、卫生部、国家劳动总局、全国总工会和全国妇联联合召开全国托幼工作会议，决定由国务院设立 13 家单位联合组成的"托幼工作领导小组"，强化托幼事业发展的领导职责，确定了教育部、卫生部等部门的分工合作机制；各省（市、自治区）相继设立托幼工作领导机构。[①]1980 年 12 月，在国务院托幼工作领导小组召开的各省、市、自治区托幼办公室主任会议上，时任国务院副总理、国务院托幼工作领导小组组长的陈慕华强调："要从战略的高度来认识托幼工作的意义。做好对婴幼儿的保健和教育，是一项培育人类花朵、创造祖国未来的工作。开

---

① 杨菊华. 为了生产与妇女解放：中国托育服务的百年历程 [J]. 开放时代，2022（06）.

发智力、培养四化建设的人才，应该从孩子出生开始。"①教育部、卫生部等部门陆续出台《城市托儿所工作条例（草案）》《托儿所、幼儿园卫生保健制度（草案）》《三岁前小儿教养大纲（草案）》《托儿所、幼儿园卫生保健制度》《托儿所、幼儿园建筑设计规范》等文件，对具体工作予以指导。②

这一时期国家发展托幼事业经历了从强调"发展生产"（进而实现妇女解放）到强调"儿童发展"（以实现"科教兴国"）的转向③，但在一定程度上依然兼顾了解放妇女劳动力、投入经济生产的目标。例如托儿所经常设立在生产场所附近，母亲可以带幼儿上班，下班后接孩子；托儿所的各项制度安排也以适应家长的工作需要为原则，例如取消寒暑假、改半日制为整日制，还有早送晚接、临时寄托等育儿服务；托儿所不收费或只象征性地收取少量费用。④

然而，随着经济体制改革的推行，单位制面临着改革和转型，其所承担的再生产功能的合法性逐渐消退。尽管在20世纪80年代国家尚未提出剥离企业办社会职能，但1980年扩大"企业自主权"的提法，已指向企业以生产经营为主导进行自主安排，减少行政干预。⑤⑥因此，国家在生产-再生产关系上面临着系统性的张力，尤其体现在对再生产活动的责任与优先经济发展的生产体制改革之间。托育的政策不连贯性是这种张力的一种表现。例如，1982年，政府机构改革撤销了成立不到三年的全国托幼工作领导小组及其办事机构。之后几年中，各地托育工作出现政策制度不连贯、管理部门不清晰、财政保障不到位等一系列问题。1987年，国务院办公厅转发国家教育委员会等部门《关于明确幼儿教育事业领导管理职责分工请示的通知》，在一定程度上缓解了管理部门不明确等困境，但仅对3—6岁幼儿园的管理部门做出明确规定，并未对0—3岁婴幼儿托育工作做出制度安排，托儿所逐渐消失于公共政策视野。⑦而1988年国务院颁布的《女职工劳动保护规定》依旧认同公共托儿所与女性劳动权益保障的关系，明确企业应承担托幼责任，要求"女职工比较多的单位应当按照国家有关规定，以自办或者联办的形式，逐步建立女职工卫生室、孕妇休息室、哺乳室、托儿所、幼儿园等设施，并妥善解决女职工在生理卫生、哺乳、照料婴儿方面的困难"⑧。

在这个过程中，"社会化"成为国家应对再生产问题的一个新方向。"家务劳动社会化"的口号在集体化时代已经提出，主要指将家务劳动从家庭里转移到社会中，以集中的形式来进行组织，成为一种社会劳动。但到了20世纪80年代，"社会化"有了新的意涵，指借助国

---

① 国务院托幼领导小组召开会议强调做好托幼工作意义从实际出发，继续办好托幼事业 [N]. 人民日报，1980-12-31 (4).
② 杨菊华. 为了生产与妇女解放：中国托育服务的百年历程 [J]. 开放时代，2022 (06).
③ 杨菊华. 为了生产与妇女解放：中国托育服务的百年历程 [J]. 开放时代，2022 (06).
④ 向小丹. 中国家庭｜托儿所的"生"与"死" [EB/OL]. https://www.thepaper.cn/newsDetail_forward_2652249.
⑤ 对扩大企业自主权的几点看法 [N]. 人民日报，1980-01-01 (5).
⑥ 袁宝华. 企业自主权是怎样突破坚冰的回忆30年企业改革历程（上）[J]. 中外管理，2009 (01).
⑦ 佟新、陈玉佩. 中国城镇学龄前儿童抚育政策的嵌入性变迁——兼论中国城镇女性社会角色的变化 [J]. 山东社会科学，2019 (10).
⑧ 全国人大常委会法制工作委员会. 中华人民共和国法律分类总览：国家法·行政法卷 [M]. 北京：法律出版社，1994.

家之外的力量来办事；"社会"是和"国家""集体"并置的概念。[①] 1979 年 10 月，中共中央、国务院转发《全国托幼工作会议纪要》的通知里明确提出"坚持'两条腿走路'的方针，恢复、发展、整顿、提高各类托幼组织……随着生产的发展和国民经济管理体制的改革，生活服务事业将逐步向社会化的方向发展，托幼事业社会化也是必然趋势。有条件的省、市、自治区可以选择一些市、区对托儿所、幼儿园全面规划，合理布局，进行托幼组织社会化的试点，取得经验"。尽管各企事业单位和机关自筹经费是当时办托儿所和幼儿园举办方式，但社会力量办园也有不少发展。根据国家统计局网站于 1993 年发布的第一次第三产业普查的数据，在社会服务业中，1991 年独立设置的托儿所有 9714 个，1992 年有 10628 个，保持了增长的趋势。[②]

2. 妇联的工作突破

妇联在这一时期社会再生产的组织中发挥了重要作用。中央把儿童工作交给妇联，作为妇联工作的重点。全国托幼会议召开后，1980 年国务院托幼工作领导小组成立，办公室设在全国妇联。1981 年，中共中央转发了全国妇联党组《关于两个会议情况及一九八一年妇联工作要点的报告》的通知（中发〔1981〕19 号），提出全国妇联"应把抚育、培养、教育三亿以上的儿童和少年，作为自己的工作重点"，并在 1982 年全国妇联四届四次执委会扩大会议上强调"其中一项重要工作就是抓好幼托工作。现在入托难的问题在有些地方还比较突出，妇联组织要主动配合有关部门切实加以解决"。1982 年国务院撤销托幼工作领导小组后，其工作并入全国儿童和少年工作协调委员会，由时任全国妇联主席康克清担任委员会主任。[③]

全国妇联按照中央的指示，对包括托幼工作在内的儿童事务进行部署。妇联对托幼工作的态度，带有明显的强调妇女解放和发展的立场，坚持就业与妇女解放的联系。十一届三中全会以后，妇联积极讨论贯彻会议精神，把妇女工作的重点转移到社会主义现代化建设上来，动员和组织妇女群众积极参加现代化建设，充分发挥女职工在四化建设中的作用，提高科学文化技术水平，努力生产。[④] 1980 年，社会上有人提出让已就业的妇女回家料理家务，以腾出名额安排待业人员，对此妇联坚决反对，这也得到了中央书记处的同意，维护了妇女的就业权利和男女平等[⑤]。时任全国妇联主席康克清在 1983 年第五次全国妇女代表大会工作报告中再次强调：

> 广大妇女亲身体会到，只有越来越广泛地参加社会劳动和社会工作，才能不断地提高自己的政治经济和社会地位，才能进一步实现男女平等和妇女的彻底解放。那种认为"现

---

① 例如，《人民日报》关于国务院托幼小组会议的报道中提出："为了办好托幼事业，会议强调托幼工作者要继续发扬延安精神，自力更生，艰苦奋斗，肩负起培养人材的重担，依靠国家、集体、社会各个方面，采用多种办法办好托幼事业。"参见国务院托幼领导小组召开会议强调做好托幼工作意义从实际出发，继续办好托幼事业 [N]. 人民日报，1980-12-31。

② 0—3 岁儿童托育服务行业白皮书（全文）[EB/OL].www.sohu.com/a/208949621_817001.

③ 全国妇联办公厅. 中华全国妇女联合会四十年：1949～1989 [M]. 北京：中国妇女出版社，1991.

④ 全国妇联办公厅. 中华全国妇女联合会四十年：1949～1989 [M]. 北京：中国妇女出版社，1991.

⑤ 全国妇联办公厅. 中华全国妇女联合会四十年：1949～1989 [M]. 北京：中国妇女出版社，1991.

在我国就业人数过多，妇女家务负担重，应该回到家庭去，从事家务劳动"的说法，既不符合社会主义男女平等、妇女解放的原则，又势必削弱社会主义现代化建设的力量，是错误的。在目前的条件下，许多家庭还难于摆脱繁重的家务劳动，这种劳动有它一定的社会意义，应该受到尊重。但绝不能因此把妇女的领域局限在家里。我们要继续提倡家庭男女成员合理分担家务劳动，并且采取各种有效措施，努力减轻家务劳动的负担……随着生产的发展，绝大部分家务劳动将逐步朝着社会化的方向发展。政府有关部门和有关企业正在大力研制方便食品、各种成衣以及轻便适用的家庭用具，进行厨房现代化的试点，大力发展社会服务事业、托幼事业，为减轻家务劳动而努力奋斗。[①]

总体而言，妇联在很大程度上坚持了以生产为中心的妇女解放观，强调家务劳动的社会化和现代化作为"解放妇女劳动力""实现四个现代化"的重要措施。但在市场转型期，集体化时代的"把琐碎家务普遍改造为社会主义大经济"的目标[②]随着经济体制的改革而受阻。在这种情况下，妇联更加积极地动员组织了政企之外的"社会力量"参与进来。例如在托幼问题上，妇联大力倡导组织家庭兴办托儿所。在北京，市妇联在全市组织兴办的家庭托儿所（户）在1985年达到16000余处，托管3岁以下婴幼儿2万余名，为5万多名职工解除了后顾之忧。[③]

组织兴办家庭托儿所的举措延续了再生产劳动"集体化/公共化"的组织路径（将家务和照顾工作从家的私领域转移到单位和社区的公领域），但尚不能满足所有家庭的抚幼需求，"入托（园）难"在北京仍是一个严峻的问题，当时社会上流传着"进托儿所比进大学难"的说法。[④]与此同时，洗衣做饭等日常家务劳动也被视为需要解决的问题。1983年4月《北京晚报》上刊登了关于北京市统计局对职工时间分配的调查，即题为"女职工家务负担如何解决？"的报道：

> 据市统计局对五百六十六名女职工进行的时间分配情况调查表明，她们每天用于家务劳动的时间是三小时四十三分，比男职工要多一小时二十九分。
>
> ……
>
> 调查中发现，二十五岁至五十岁的女职工家务尤为繁重，这一般是因为她们都有老人和孩子，需要照顾。
>
> 比较起来，在不同职业的女职工中，工人的家务劳动时间要更长些：四小时九分！[⑤]

---

① 康克清. 奋发自强 开创妇女运动新局面——在中国妇女第五次全国代表大会上的工作报告 [EB/OL]. https://www.women.org.cn/art/1983/9/12/art_48_13026.html.

② 康克清. 新时期中国妇女运动的崇高任务——在中国妇女第四次全国代表大会上的工作报告 [EB/OL]. https://www.women.org.cn/art/2016/3/18/art_47_13023.html.

③ 新兴的家庭托儿事业 [N]. 人民日报, 1985-03-01 (4).

④ 吴锦才. "保姆热"背后的另一种难题 [J]. 瞭望周刊, 1987 (06).

⑤ 女职工家务负担如何解决? [N]. 北京晚报, 1983-04-20.

针对这一状况，有报道指出，"家务与工作的矛盾不能用让妇女作出'自我牺牲'，回到家中去，'一保丈夫出成果，二保孩子成人才'的方法来解决"，而强调通过"多发展与生活密切相关的商业、服务业、修理业及托幼保健事业，多生产一些物美价廉的电冰箱、洗衣机、家用炊事机械等，使家务劳动社会化"来解决。[①]

在这样的背景下，妇联着手推动发展生活服务事业，引入家庭服务，这也使得"家务劳动社会化"的概念在转型初期具备了新的面向，对接供需，将家外的社会力量转接到私人家庭里提供家务服务，以此解放家庭劳动力。北京市妇联创办的三八家务服务公司成为一个重要的典型。

三 "组织保姆到万家"：北京三八家务服务公司

1. "政府背书"：妇联办的保姆公司

北京三八家务服务公司（以下简称"三八公司"），由北京市妇联在市政府的批示下成立，是全国第一家保姆的中介机构，在 20 世纪 80 年代至 90 年代成为北京市协调组织保姆供给的主力，业务量占北京保姆市场的七成。[②]北京市妇联首先在朝阳区进行试点，于 1983 年 12 月成立了朝阳家务服务公司，时任北京市妇联主任李钢钟、朝阳区委副书记董时中出席了成立大会并发表讲话。公司的性质及任务被如此描述：

> 市妇联社会服务部和朝阳区妇联响应第五次全国妇代会发出的"满腔热情地为妇女、儿童切切实实地办一件至几件好事、实事"的号召，首次在本市开办了家务服务公司。这个公司是群众性的服务机构，它的任务是动员、组织和训练待业青年、社会闲散劳动力，向需要服务人员的家庭提供各种形式的家务服务工作，为解除广大居民群众在家庭生活方面的后顾之忧，为支援首都的四化建设贡献力量。[③]

朝阳区的试点受到政府的肯定，并在第二年进行推广。1984 年 3 月，家务劳动服务工作现场会召开。北京、上海、天津、广州、南京和吉林、江苏、湖南、江西等省市妇联主任参加了会议。全国妇联主席、副主席、书记处第一书记、书记处书记以及北京市第一书记、副市长、组织部部长等领导参会发言，肯定了朝阳家务服务公司的试点。会议上全国妇联向各级妇联组织发出了号召，要求各地妇联组织学习北京经验，创办家务服务机构，推进家务劳动社会化。

此后，北京市妇联向市政府打报告要求全面铺开家政服务机构并得到批准。1984 年 5 月，北京市妇联成立了三八家务服务总公司，"各个区县乃至街道办事处都成立了……北京市的叫

---

① 经济改革正引起家庭生活方式变化 重视文化素养谋求减少家务劳动时间成为新时尚 [N]. 北京晚报，1985-01-13.

② 走进京城保姆圈 [N]. 北京晚报，1997-02-01.

③ 朝阳家务服务公司成立 [N]. 北京晚报，1983-12-21.

总公司，海淀区叫作海淀区三八家务服务公司，街道的比如北下关街道三八服务家庭服务分公司，北京一共成立了38家"①。一些工会和街道也学习三八公司经验，开办家务服务公司。三八公司建立初期，包含很多家庭服务业务（包括家教、维修等），其中保姆业务最为抢手，于是业务逐渐集中在介绍保姆上，成了百姓口中的"妇联办的保姆公司"。②

三八公司从政府那里获得办公场地、经费和人员等各种支持。北京市各级三八公司的办公场地基本由政府批拨解决。在创立初期，北京市妇联从妇联系统里调配了包括三八家务服务公司总经理在内的主要管理人员，并负担了管理人员开支。1985年8月，国务院发出《关于进一步清理整顿公司的通知》，要求必须贯彻政企分开的原则，公司必须是具备法人资格的经济实体，在经济上与党政机关脱钩。三八公司作为妇联办的"三产"，面临"关停"或"脱钩"的局面。时任全国妇联副主席罗琼和她的先生，经济学家薛暮桥到市三八公司展开实地调查，之后以人大代表的名义向市政府提交长篇报告，建议政府重视保姆市场，不应该把三八公司作为党政机关经商办企业来对待，而应作为政府的公益事业来扶持。报告引起了政府的重视，北京市委、市政府为此专门召开了市长办公会，讨论研究管理保姆市场的对策，并决定由时任副市长封明主抓落实。③

最终，北京市（以及部分区县）三八公司被保留下来。市三八公司正式成为妇联下属的事业单位，拥有八个正式编制，但财务独立，自收自支。三八公司不再从妇联领工作人员工资，但依旧有政府在办公用房和政策方面的支持，并保持了由妇联领导的关系，接受妇联领导的视察、指导和表彰，维持了"妇联办的家务公司"的身份和形象。

2. 控制流动："把自发行为纳入组织系统"

政府对三八公司的扶持在很大程度上是为了应对当时已经自发兴起的保姆市场。面对庞大的家务需求，在20世纪80年代初，北京出现了一定规模的自发的保姆市场。最初是在文化大革命期间被遣返的老保姆回京，一带二、二拖三地带着同乡来北京当保姆。随着农村经济改革的深化和城市经济的快速发展，开始出现更大规模的城乡之间、地区之间人口流动。1984年10月13日，国务院批转公安部《关于农民进入集镇落户问题的通知》等文件，使得原先严格控制城乡流动的户籍管理制度开始松动。不少农民自发进京务工经商，形成自发的劳务市场，包括保姆市场，其中以北京站附近的建国门立交桥、崇文门三角地以及厂桥等处规模较大。④

在那个时期，北京市流动人口管理开始从以户籍管理为主导、严格限制外地人口流入逐渐转变为以暂住证改革为主导、以流动人口的治安管理为核心。⑤由于当时还没有形成专门的管理机构和相对配套的管理制度，流动人口基本处于"粗放管理"状态。⑥维护社会治安、保证

---

① 文中访谈资料均来源于作者和研究团队于2021年2月、7月、11月和2023年11月对原三八家务服务公司总经理的四次访谈。三八公司总经理，2021年2月15日，北京。
② 三八公司总经理，2023年11月27日，北京。
③ 话说京城保姆 [N]. 北京晚报，1997-01-25.
④ 话说京城保姆 [N]. 北京晚报，1997-01-25.
⑤ 张真理. 北京市流动人口服务管理史略（1978—2008）[J]. 兰州学刊，2009（07）.
⑥ 冯晓英. 改革开放以来北京市流动人口管理制度变迁评述 [J]. 北京社会科学，2008（05）.

城市秩序始终是这一时期北京流动人口管理的主要目标。①②

因此，自发的保姆市场很快被视为"混乱"和"无序"，在媒体上被描述成"不三不四的人在市场上兴风作浪，尤其是一些个体户雇工的渗透和'盲流'的混杂，使保姆市场变了味儿。后来甚至成了人贩子和卖淫嫖娼者的'地盘'"，逐渐成为被公安部门"围剿"的"黑市"。③

三八公司的一个重要任务是"把自发行为纳入组织系统"④。在成立初期，三八公司主要动员组织在京的"闲散劳动力"（比如待业青年、京郊农村妇女），但无法满足北京市民的需求，于是决定从1985年开始在全国招收家庭服务员，将"闲散劳动力"的招收范围从北京拓展到全国。《北京晚报》1985年1月刊发告示：

> 为了适应新的形势，（三八家务）服务总公司决定从全国范围招收十七岁以上，有家务服务能力的女青年。农村青年要有乡政府以上的介绍信，城市待业青年要有街道的证明信，信上要贴有本人最近照片。照片上一定要盖上公章。⑤

全国招募很快就采取了"组织输送"的方式，三八家务服务总公司和各分公司通过妇联、劳动部门、扶贫办等渠道从地方组织人员。从三八公司的角度来说，"安全性"是考量的关键，正如总经理所言，"当时政府给了我们任务：变无序为有序。我们作为妇联办的首先是安全，不组织起来不敢收"，"自己来的一个不要"。⑥同时综合考虑了国家法律要求中的完成九年制义务教育方可就业、招募已婚妇女会影响农村家庭等因素，三八公司将招工要求定在年满16周岁（虚岁17岁）的未婚女青年。⑦

这一举措得到了地方的积极响应，各地政府与三八公司联系，招募农村女青年送往北京。"到1985年、1986年年初北京缺人的，真正改观是1986年开始，包括安徽、甘肃、山东、关键是四川、河南、辽宁开始大规模地输送，最后形成北京最大的经济特色。"三八公司总经理描述道，

> 就是说那时候那么缺人，缺口那么大，打开以后，外地特别是扶贫办看准这个机会往北京送。那个时候变成什么了呢？排计划，今年从正月十五开始哪个县进京，进京大概多少人。为什么？既要来，还要不能压那儿。所以我们那几年是天天分人，只能做这个，培

---

① 张鹂. 城市里的陌生人：中国流动人口的空间、权力与社会网络的重构 [M]. 袁长庚，译. 南京：江苏人民出版社，2014.

② 项飙. 跨越边界的社区：北京"浙江村"的生活史 [M]. 北京：生活·读书·新知三联书店，2000。

③ 话说京城保姆 [N]. 北京晚报，1997-01-25.

④ 进京保姆有人管 用户保姆两踏实 大批保姆有组织地进入居民家庭 [N]. 北京晚报，1989-07-26.

⑤ 市三八家政服务总公司决定从全国招家庭服务员 [N]. 北京晚报，1985-01-18.

⑥ 三八公司总经理，2021年7月4日，北京。

⑦ 三八公司总经理，2021年2月15日，北京。

训基本没有，就是一个简单的培训，应学应会的东西。①

一方面，三八公司的"组织输送"模式服务于有序控制人口流动的目标，得到了北京市的一系列政策支持。1986年9月北京市人民政府、劳动局、公安局颁布的《北京市家庭服务员管理暂行规定》指出，申请家庭服务员工作的人员和雇用家庭服务员的用户都应持相关证件"到市'三八'家务劳动服务总公司或区、街道家务服务公司登记，由家务劳动服务公司介绍"，"除家务劳动服务公司外，任何单位和个人均不得从事介绍家庭服务人员的活动"，"经家务劳动服务公司介绍用户的家庭服务员，没有本市常住户口的，必须持家务劳动服务公司开具的受雇介绍信到用户所在地的公安派出所申领户口暂住证"。由政府组织输送的小保姆被列入计划内流动，成为当时能够以合法身份进京工作的最早的一批农村人。在以暂住证管理为主导的流动人口政策下，三八公司获得了大量的农村劳动力。

另一方面，这种组织输送也得益于当时农村发展的政治经济需要。1986年，我国进入大规模开发式扶贫阶段，国家成立了国务院贫困地区经济开发领导小组。为了帮助贫困地区劳动力充分就业并增加收入，国家鼓励并组织具备条件的贫困地区开展劳务输出。② 不少地方政府将北京的招工视为通过组织劳务输出以实现农村脱贫以及增加自身收入的好机会，积极与三八公司联系，自筹路费，由地方妇联领队送往北京。③

从1986年到1996年，市三八家务服务公司招聘的保姆来自18个省130多个县，累计达8万多人，为北京的90多万户家庭提供了服务，占北京保姆市场的七成。④ "政府背书""组织输送"为三八公司树立起相对于自发市场的"正规""可靠""有保障"的形象，三八公司的保姆甚至被誉为"在编"人员，"路子正"，"有人管"，"用得放心"。⑤

3. 调节价格：让老百姓用得起

在"家务劳动社会化"的理念下，保姆不仅要"安全可靠"，还要"用得起"。三八公司将介绍保姆视为"为群众排忧解难"的服务，因此在价格层面考虑了普通市民的可及性。尽管一些学者指出20世纪80年代的保姆主要是为了缓解"知识分子负担"⑥，但在当时，保姆服务在一定程度上从原先作为中高级干部和知识分子的"特殊待遇"变得更为普及，进入了寻常百姓家。根据《北京晚报》的调查，1985年年底，"每百户北京居民中，平均有四户雇有保姆，相当于'文革'前的三倍半。过去，雇保姆的多为中高级干部和高级知识分子，现在，保姆用户的百分之五十八是寻常百姓"⑦。

为了降低成本，三八公司采用了中介制的模式，主要负责人员对接，收费标准则考虑了北

---

① 三八公司总经理，2021年7月4日，北京。
② 中国的农村扶贫开发_白皮书_中国政府网 [EB/OL]. https://www.gov.cn/zhengce/2005-05/26/content_2615719.htm.
③ 地方政府和妇联往往结合了向农村妇女征收介绍费、申请省市补贴等做法来筹集组织劳务输出的费用。（三八公司总经理，2023年11月27日，北京）
④ 走进京城保姆圈 [N]. 北京晚报，1997-02-01.
⑤ 走进京城保姆圈 [N]. 北京晚报，1997-02-01.
⑥ 严海蓉. "知识分子负担"与家务劳动——劳心与劳力、性别与阶级之一 [J]. 开放时代，2010（06）.
⑦ 北京城里的保姆大军 [N]. 北京晚报，1985-12-21.

京市民的收入水平。例如，三八公司在创立初期，考虑到北京平均工资水平，向雇主征收的中介费仅为 5 毛钱；在 90 年代往后的十几年里，维持了 20 至 30 元的中介费（介绍一次，免费换三次）。总经理解释说："因为咱们都是体制内的人，考虑到老百姓的不容易，你说能够支撑这个公司的运营就好了。"①

在收取低廉的中介费之外，三八公司还规定了保姆的工资。例如，根据《北京晚报》报道，1988 年 11 月，三八家务服务总公司为了抑制保姆频繁跳槽来换取更高的市场报酬的行为，对保姆的工资进行了规定：

> 新进京的家庭保育员、服务员第一个月工资定为 37 元，只要服务对象不变，其工资每月累计提高 1 元，增至 55 元止。
> 家庭护理员照看女病人每月工资不低于 50 元，护理男病人每月工资不低于 60 元。在医院照看病人的工资另定。家庭护理员的工资不是每月增加。
> 夜晚带孩子睡觉的家庭保育员每月工资不低于 50 元，以后每月不再增加 1 元。新规定中对北京工作半年以上的保姆工资也做了相应的规定。②

这样的工资规定在三八公司延续了下来。《北京晚报》1997 年的一则报道介绍保姆市场的价格变迁：

> 1983 年，京城小保姆的月工资是 20 元，管吃管住。以后，涨到每月 45 元，这个价码维持了七八年时间，到 1994 年，涨到每月 100 元。但是近几年，物价上涨得较快，小保姆觉得这种工资待遇较低，用户也觉得这点钱有些对不住小保姆，于是，1995 年，家务服务公司与有关部门商定把保姆的月工资提到 150 元，以后每月增加 10 元，增到 260元为止，这是看小孩的工钱。看护病人和老人要高一些，月薪 220 元起价，每月加 10 元，增到 320 元为限。这属于"官价"，实际上，用户给的略高一些，一般看小孩的每月给300 元上下，看病人和老人的给 350 元到 400 元。有关部门对保姆市场上的保姆工资制定标准，是考虑到北京市民的平均生活水平，尽管有的保姆操劳的强度不小，但如果定的标准超过了一般老百姓的收入水平，人们恐怕就雇不起保姆了。③

由此可见，为保姆规定月工资标准，是三八公司和政府部门共同商议的结果，其目的是让市民用得起保姆。因此三八公司制定的标准"考虑到北京市民的平均生活水平"，避免保姆工资"超过了一般老百姓的收入水平"，人们"雇不起保姆"。

对于当时已经出现的自发劳务市场以及市场价格机制，三八公司恰恰利用其体量优势抑制

---

① 三八公司总经理，2021 年 11 月 19 日，北京。
② 保姆该拿多少工资？市三八家务服务总公司有新规定 [N]. 北京晚报，1988-11-24.
③ 走进京城保姆圈 [N]. 北京晚报，1997-02-01.

价格上涨，便利北京市民。总经理解释说：

> 它的量最大，这就是三八中心最大的好处，实际上在某种意义上还起着平衡北京市物价、家政工资的作用。你可以查查实际上北京市到了 2005 年这个阶段大多数家政公司的家政工资每月不超过 600 块钱，一般都是 400 块钱。为什么？因为三八中心制定的标准就这么多。因为它的量最大，它的人最多，它的人最好找，各个家政公司想抬高家政价格就很难。所以当时有一个同行就说我，老张你快死吧，你死了我们都活了。[①]

由此可见，三八公司作为经济改革初期"家务劳动社会化"的典型组织模式，通过政府高度干预进行保姆的输送和管理，控制了自发保姆市场的发展，其目标是基本解决北京群众的家务负担问题，实现"有人可用""用得起人"，让老百姓"雇的保姆满意不满意单说，但是心里踏实"。[②]

四　社会互助：保姆工作的文化建构

市场改革初期的"家务劳动社会化"将农村女性作为可动员的社会力量输送到城市家庭进行服务，但相比于集体化时代的单位组织的再生产劳动以及作为集体一分子的家属工，保姆作为进入私人家庭、获取经济报酬的个体劳动者，处于尴尬境地。比如如何界定这种进入私人家庭、不同于集体化/公共化的劳动；如何处理主雇关系，以区别于传统帮佣关系所带有的等级和剥削的意涵。总体而言，在这一时期，保姆工作被建构成一种社会互助的形式。国家在公共层面通过"承认政治"提升保姆的地位，将保姆工作视为社会分工中的一环，强调其劳动的社会价值；在日常层面则借助"帮忙"的概念来形构保姆与城市雇主的关系，将主雇关系"情理化"，涵盖在"家"的隐喻中，在"社会主义大家庭"式的人与人之间平等互助的基础上加入更具有人情色彩的相互体恤和感恩的内容。

1. "承认"：保姆工作的社会价值

在 20 世纪 80 年代，官方舆论频繁纠正保姆是低人一等的、"伺候人的"的陈旧观念，强调保姆工作具有重要的"社会价值"，为社会主义建设作出了贡献。例如，新华社主管主办的大型时事政经新闻周刊《瞭望周刊》在 1986 年刊发评论《保姆——一种应该得到社会尊重的职业》：

> 社会主义制度是对剥削制度的否定。在社会主义条件下，人们之间的关系已经是建立在公有制基础上的互助合作关系，它也必然会反映在保姆业上。现在的保姆，除了外出的原因变化了以外，工作性质同旧社会相比也具有十分明显的区别。看不到这些特点就不能

---

① 三八公司总经理，2021 年 7 月 4 日，北京。
② 走进京城保姆圈 [N]. 北京晚报，1997-02-01.

充分地认识保姆业在社会主义建设中的意义和作用。从总体上说保姆业同其它服务行业的性质一样，也是为人民服务的职业，她们的劳动应当得到社会的尊重。具体说，因为保姆的工作特点与其它服务业不同，其性质的变化表现在三个方面。

第一，保姆业所服务的对象发生了根本的变化。城市请用保姆的家庭多是知识分子、国家干部和其他劳动者，他们使用保姆的目的已不是生活的享受，而是分担一部分家务劳动。他们同保姆之间的关系成为一种平等与互利的关系，而不是剥削和奴役的关系。

第二，保姆的工作内容发生了变化。旧社会那种受侮辱、受歧视的服务项目和方式已经不再存在，服务的内容主要在三个方面：幼儿保育、烹饪和家庭卫生整理、陪伴老人和照顾病残人生活。这些劳动项目都具有社会职业的性质。

第三，保姆的地位和待遇与旧社会完全不同。保姆是社会的公民，她们的权益受到社会的关心和法律的保护。提供的服务是自觉自愿的、来去也是自由的。在旧社会，保姆形同奴仆，除了吃饭以外，收入极少，甚至基本没有收入。现在的保姆每个月除了吃用还可得三十元上下（北京地区）的收入，具有按劳付酬的性质，保姆同职工一样星期天也享受休假，有些经济条件较好的家庭还为保姆探亲提供往返路费。多数家庭把保姆当作了家庭成员看待，同桌吃饭、同时娱乐，有时间也与保姆共同分担家务。这些待遇和条件，旧社会的保姆是根本不可想象的。[①]

该评论以"在社会主义条件下"人与人之间建立在"公有制基础上的互助合作关系"为前提，指出从工作内容、关系和待遇等方面来看，新旧保姆具有根本差异。首先，当代保姆服务于城市家庭的"生产"（而非享受）的需求，主雇二者之间是自愿、平等、互助的关系，共同为社会主义建设服务，从而与传统等级制下带有人身依附关系的佣人区分开来。其次，保姆工作内容与社会职业有亲缘性，并将保姆的收入纳入到社会主义体系下进行理解，将"按劳付酬"这一原先属于公有制经济的概念拓展使用到私人之间的金钱支付关系上。在这种思路下，保姆服务在兴起之初也往往拒绝从"市场"的角度被看待。例如当时《北京晚报》上出现过一些评论批评保姆市场的提法："既称市场，就意味着商品买卖关系，保姆不是商品，何言什么市场？"[②] 也有评论淡化"金钱关系"，强化"社会价值"："不仅仅是一种金钱关系，也是互相帮助，社会分工不同的关系。她们的劳动已成为双职工减轻家务劳动，消除后顾之忧和分担家庭中养老抚幼不可缺少的一支社会力量了。"[③]

总体而言，在20世纪80年代家务劳动社会化的框架下，保姆的工作被作为一种贡献社

---

① 陈瑞鼎、吴天栋、蒋尚宇、施佑生. 保姆——一种应该得到社会尊重的职业 [J]. 瞭望周刊, 1986 (15).

② 例如1987年《北京晚报》上刊登的这则评论："近来，报刊上出现了'保姆市场'的提法，我对此颇有异议。既称市场，就意味着商品买卖关系，保姆不是商品，何言什么市场？而且，"保姆"一词也不符合当今情况，封副市长说应称作'家庭服务员'。我很赞同。因此，把'保姆市场'正名为'家庭服务员介绍所'应是恰当的。"在这则评论里，作者反对"保姆市场"的提法，否定保姆的性质是一种"商品"，与雇主之间存在"买卖关系"，从而也否定了保姆通过市场原则获得报酬的正当性；其所赞同的"家庭服务员"和"家庭服务员介绍所"的提法，意将保姆劳动纳入到集体主义时期的意义系统中。参见潘谷臣. "家庭服务员"小议 [N]. 北京晚报, 1987-04-08。

③ 吴里人. 一个小保姆的怨气 [N]. 北京晚报, 1987-01-19.

会、服务人民的分工类型来彰显其意义，宽泛地遵循公有制经济下按劳付酬的原则来获取报酬（而非根据市场供需原则来获酬）。因此，正确对待这样一种为人民服务的职业的方式是通过正名、尊重以及表彰等承认政治的形式给予回报的。

1986年，当时负责主管家务服务公司的北京市副市长封明为提出了"家庭服务员"的称呼，为保姆正名。"服务员"延续了社会主义的工作分类，"家庭"代表了服务对象和工作场所，从而摒弃了传统家庭等级中地位低下的"佣人"形象，甚至在一定程度上突破了集体化时期（相较于组织化的再生产劳动）对私人家里的再生产劳动的认可不足[①]，将保姆纳入到社会主义工作的话语体系中，成为一种被官方承认的社会身份。此外，三八公司每年都进行"优秀服务员"的评选，在报纸上刊登优秀服务员的事迹，进行传颂。自成立以来截至1996年，三八公司累计评选了4000多名优秀家庭服务员。[②]

表彰活动还发生在企业里。例如1992年4月《京城保姆素描》里记录了一家企业的表彰大会：

> 保姆的服务空间在家庭，其实她们的作用是属于社会的。
>
> 强力电器厂年终表彰大会上，两位小保姆也被请到台上领奖。有人正疑惑"保姆何功之有"时，厂长贴近了麦克风："今年我们厂经济效益直线上升，这里面有保姆小娜和小兰的成绩……"
>
> 原来，她们俩都在该厂职工家服务。当她们得知关键性岗位的三名女工因孩子拖累，机器转不动时，便主动找厂长请缨，在厂区办起了小小托儿所，专收幼儿园不收的三岁以下孩子。于是，那三位女工得以轻装上阵，像螺钉一样紧紧地拧在了机器上。
>
> 最后，厂长用这句话作了结尾："保姆创造的价值是无形的，但又是有目共睹的。"[③]

这里，"生产"和"再生产"、"家庭"和"社会"、"无形价值"和"有目共睹的表彰"形成了生动对照和微妙关联。因为保姆提供的是再生产劳动，其服务场所在家庭／私领域，其社会价值变得"无形"；对这种无形价值，要以集体表彰的形式将其变得可见。并且，将这一表彰纳入企业年度表彰中，由生产性企业作为表彰的主体，微妙地展现出"承认政治"中再生产之于生产的从属性相嵌，反映出再生产劳动的终极意义在于对生产的贡献，而获得生产领域的表彰则是对保姆劳动的至高认可。

2. "帮忙"：主雇关系的"情理化"

"承认政治"确认了保姆劳动贡献于社会生产（而非只是私人家庭）的公共意义，提升其社会地位、认可其作为"家务劳动社会化"的重要力量。但在日常的服务过程中，主雇关系则主要以情理化的方式进行处理，涵盖在"家"的隐喻中。"帮忙"是当时描述保姆与城市家

---

① 宋少鹏. 从彰显到消失：集体主义时期的家庭劳动（1949—1966）[J]. 江西社会科学，2012（01）.
② 走进京城保姆圈 [N]. 北京晚报，1997-02-01.
③ 京城保姆素描 [N]. 北京晚报，1992-04-06.

庭关系的一种常见说法，指向了非正式的、人与人的互帮互助，包含两个层面的含义：一是建立在身份平等基础上的彼此尊重；二是建立在人情基础上的相互体恤和感恩，即"将心比心、投桃报李"。"帮忙"的概念接续了集体化时代的"社会主义大家庭"的概念，但又发生了一定的转化。有学者指出，在社会主义集体化时代，传统家庭人伦被转化为阶级情感，形成"社会主义大家庭"的叙述[1]，全社会弥漫着一种源于传统家庭伦理，但超越了家庭边界的互助式的大家庭文化，为母亲参与工作和儿童集体抚育提供了重要的文化支持[2]。在市场转型初期的"家务劳动社会化"过程中，保姆进入私人家庭工作，"社会主义大家庭"意义上的平等互助被带入私人家庭，同时基于社会人情的、私人之间的关心和感恩又被进一步调动起。在"帮忙"的文化设定中，主雇关系被纳入到"家"的隐喻里，以家庭人伦涵盖主雇关系，以社会情理统摄工作伦理。

"亲如一家"就成为当时对理想"主雇关系"的表述，凸显主雇之间在情感上相互尊重、彼此体恤，在生活上不相计较、互相帮助。比如1983年《北京晚报》以"读者来信"的形式打造的模范雇主形象：

> 我妻子产假期满就上了班，为解决后顾之忧，我们请了一位小阿姨。一年半来，我们同小阿姨关系融洽，她每次回家还都给我们带来老母鸡、糯米、豆子等农副产品。那么我们和小阿姨是怎样相处的呢？我的体会是：在人格上对小阿姨尊重，在待遇上对她不斤斤计较，在生活上对她有所关心。总的说来，是以心换心，视如家人。

> 小阿姨是四号来我家的，一个多星期后，我们发工资时便给了她整月的工钱。以后我们每逢发薪，都及时付给她钱。平时在称呼和言语上，我们也比较注意，譬如不说"雇保姆"，而讲"请阿姨"等等。吃饭时我们从来都是和她同桌共餐。有好菜时，也一再叫她吃或夹到她的碗里。我们削苹果、吃桔子总不忘给小阿姨送去。此外，我妻子穿不着的衣服也给了她。小阿姨刚来我家不久，一次不留心打烂两个碗，她红着脸急忙掏钱要赔，我笑起来，说："做事哪有不失手的，碗烂就算了，哪还能让你赔！"考虑到小阿姨有一定的文化，我们时常拿些书报诸如《青年一代》《大众电影》给她空闲时翻阅；遇有机会，我们还买电影票、戏票让她去看。逢到星期天，我们则尽量能让她休息休息，以便和同乡上街玩玩。小阿姨到我们家的第一年春节没回家，我们给她做了件新衣服，买了双尼龙袜。小阿姨在我们家的时间里，回家三次，每次我们都还买些烟酒、糕点送给她孝敬父母。

> 投桃报李。我们对小阿姨不错，她在我们家做事自然也是没有什么可挑剔的。她聪明能干，忠实勤快，家里无论什么事情她都主动地抢着做，带我们的孩子很负责。我们每当上班或外出有事，总是非常放心地把家交给她。因为她是把我们的家当作她自己的家一

① 宋少鹏、高夏薇.境况性知识、内在历史的视域：回看中国百年妇女运动的历史与经验[J].开放时代，2022（06）.
② 佟新，陈玉佩.中国城镇学龄前儿童抚育政策的嵌入性变迁——兼论中国城镇女性社会角色的变化[J].山东社会科学，2019（10）.

样，把一切家务都料理得井井有条。正是她出色地担任了我们家庭的"内务部长"，我和爱人才得以安心地工作和学习。①

上述从雇主角度来描述了其如何"以心换心，（将保姆）视如家人"，通过人格上尊重（不说"雇保姆"，而说"请阿姨"；同桌吃饭），生活上关心（不仅买新衣服、送回家礼物，而且买电影票、送书报，关心阿姨的精神生活），不计较（阿姨打破碗不让赔）换得阿姨的积极和主动，把"雇主家当自己家"，把家务料理得井井有条，解除了雇主的后顾之忧，得以"安心地工作和学习"。

《北京晚报》上也刊登了从保姆角度讲述自己被雇主感动，急雇主所急，情同家人的故事：

> 我是个待业青年，有时对前途信心不足，觉得当保姆低人一头，她们就在谈心中开导我，说当"阿姨"也是目前社会上不可缺少的一项工作，没有高低贵贱之分。
>
> 她们的思想行为，深深地感动了我。平时，我总是抢着干活，对孩子和老人照顾得非常周到。家里来信说已经给我找好了工作，要我回去上班。可为了她们姐妹能安心地工作和学习，为了老人和孩子，我想还是等孩子上了幼儿园再说。
>
> 我是舍不得离开这一家人啊！②

还有一些报道展现主雇之间深厚的情感联结，在服务结束后依旧挂念。比如某用户七年前孩子出生时请了阿姨照顾孩子到三岁，离开几年后孩子思念阿姨，用户到服务公司找到阿姨联系方式，得知对方正在深圳打工，便电话打到深圳，邀请小阿姨来北京过春节。③

亦有报道颂扬保姆和雇主之间形成亲人般的关系，长期相互照护。比如1991年的这篇题为"过去保姆照顾他们，现在他们照顾老人"的报道：

> 徐老太太四十多年前曾在刘家当保姆，照顾一家人的生活并帮助带大孩子。当她老了之后，一家人待她如亲人，不仅留在家里，而且照顾得没挑儿。老人洗澡，刘家儿媳给搓背，老人换洗的衣物家里人争着去洗；家里做点好吃的都先让着徐老太太，使她享受到晚年的天伦之乐。刘家尊老敬老的美德，受到蓟门里小区邻居们的赞扬。
>
> **编后** 尊老敬老是我们民族的光荣传统。刘毓华将四十多年前雇用的保姆视为亲人，照顾其晚年生活，体现了社会主义新型的人际关系。
>
> 它说明在我们这个社会主义温暖的大家庭，人与人的亲情。同时对极个别虐待老人、遗弃老人的人也是一个很好的教育。④

---

① 请了"阿姨"之后 [N]. 北京晚报，1983-05-21.
② 也谈请了"阿姨"以后 [N]. 北京晚报，1983-06-11.
③ 保姆市场两地情 [N]. 北京晚报，1997-02-08.
④ 过去保姆照顾他们，现在他们照顾老人 [N]. 北京晚报，1991-09-13.

在这篇报道里，徐老太太是旧式保姆，但以颂扬"社会主义温暖的大家庭"的论调呈现，指出刘家"将四十多年前雇用的保姆视为亲人"，体现出"社会主义新型的人际关系"。从一定程度上说，"亲如一家"作为主雇关系的"理想"延续至今，但是对何为"一家人"的感受却大不相同。不同于当下"亲如一家"往往用以形容主雇之间建立在身份差异和"边界感"基础上的和谐相处，在20世纪80年代至90年代，主雇之间地位对等性较高，保姆积极主动参与家庭事务往往被视为是恰当的。例如《北京晚报》1992年的长篇报道《京城保姆素描》里记载了一则故事：

> 有个姓李的雇主，家里经常翻云覆雨，吵闹声如雷轰顶，导火索是儿子炎炎。一天，李拿着炎炎17分的语文卷大笑不止："我儿子有本事，还没给老师交白卷嘛，我在农村插队那会儿，常给队里倒贴。"望子成龙却因工作缠身无心育"龙"的炎炎妈再也忍不住了，啪的一声给丈夫来了个"五指山"，"你整天就知道'推倒和'，这样的爸爸能出息什么好儿子！"
>
> 家里的保姆董杰一步插在中间，挡住了丈夫给妻子的巴掌。当"内战"稍事平息，董杰触景生情，讲述了自己儿时的不幸。她的父亲跟李一样，嗜赌如命，直赌得倾家荡产，小董杰初中没毕业就被迫辍学了。说到这儿，她泪如泉涌，追悔莫及地呐喊："我多么想上大学啊，可是我的大学梦竟被无知的爸爸捏碎了！我后悔自己投错了胎，希望炎炎长大了不再吃我这副'后悔药'。"
>
> 李某夫妇余怒未消地目光碰到了一起，似乎碰出一个问号："是啊，炎炎今后怎么办呢？"
>
> 董杰看懂了他的表情，乘机说："从现在起辅导孩子学习包在我身上，只求当爸爸的别干扰他，多给几句鼓励。"
>
> 从此，炎炎在董杰的辅导下，甩掉了后进生的帽子，成绩日日见长。[1]

上述报道虽有文学化的嫌疑，却体现了当时对"好保姆"的想象，董杰以其善心和能力，纠正家长的不当想法，平复家庭战争，帮助孩子进步。她"挡住了丈夫给妻子的巴掌"，批评李某的恶习的行为在这篇报道里是正当之举，并无"僭越"之嫌。

相较于明确的职业规则，家政公司主要依据社会情理行事。三八公司被称为"热心红娘"，"急人所急"招聘服务员为北京家庭解决难题[2]，是"居民的依靠"，同时又是"保姆的娘家"，为大家排忧解难[3]。作为"娘家"，三八公司对待小保姆的方式是以身作则，用德行感化并教育小保姆。比如1985年《北京晚报》上的一则报道描述了三八公司的同志如何稳定初来小保姆的情绪以使其安心工作：

---

① 京城保姆素描 [N]. 北京晚报，1992-04-06.
② 市妇联家务服务总公司急人之急 两年多来招聘服务员一万一千多人 为一万五千户提供家务服务 [N]. 北京晚报，1985-12-21.
③ 进京保姆有人管 用户保姆两踏实 大批保姆有组织地进入居民家庭 [N]. 北京晚报，1989-07-26.

家务服务公司招聘的服务员大都是来自农村的少女。刚入城时常感到生活不适应，想家。为了稳定她们的情绪，减少用户的麻烦，家务服务公司的同志，夏顶烈日，冬冒寒风，跑遍全城逐户走访，做耐心细致的思想工作。将家务服务员的返回率控制在15%以内。有一位从山东来的姑娘，初来时，天天到公司哭闹，要求回家。公司管理人员王老师，为了安慰她，不顾自己婆婆摔伤在床，顶着大风去看她，使她很受教育，一连几个月，安心为用户带孩子，受到用户表扬。

在这则报道里，凸显的是三八公司的同志的道德品质具有感化力量，为了工作不辞辛苦，"夏顶烈日，冬冒寒风"，甚至舍小家为大家，"不顾自己婆婆摔伤在床"，为农村来的少女树立榜样，帮助其摆正心态、安定情绪，好好工作。这些带着道德色彩、人情意味的举措是三八公司管理保姆、稳定服务关系的重要方式。

3. 保姆作为"过渡性"经历

以"亲如一家""互帮互助"来建构理想的主雇关系，这背后牵连着对以年轻农村女性为主体的保姆群体的社会想象。如前所述，大批招募农村年轻未婚女性是三八公司应对本地劳动力不足的策略性选择，而这些进京小保姆则被赋予了特殊的社会认知。[①] 对她们来说，家政服务不是一个"长期工作"，而是某种"暂时过渡"——是为了在城市谋求更好学习、工作机会的"跳板"，或者是在婚前"开阔眼界""增长世面"的短暂经历。例如《北京晚报》在20世纪80年代中期至90年代初就有不少报道如此描述刚被组织进城的小保姆：

> 近四万名保姆大部分是年轻的姑娘，十八岁到二十五岁的约占百分之七十，来自外地的保姆，有的是因为家乡劳动力过剩，也有的是想到首都开开眼界，借当保姆之便在北京观光游览，顺便挣一点钱回去，使自己的嫁妆办得丰厚一些，更有些农村姑娘不是单为谋生，她们想学文化、学技术。[②]

在《京城保姆素描》的长篇报道中，特别描绘了当保姆如何帮农村女性"圆梦"：

> 前年小保姆汪颖考上了大学。小汪家住西北一个偏僻的山乡，高考落榜后，她下决心来到北京这座文化古都当保姆。白天她当"仆人"，晚上成了高考补习班里的学生。经过一番发愤苦读，她这个"丑小鸭"终于变成了"白天鹅"，飞进了大学的殿堂。
> ……
> 现正在西三环厂洼街当保姆的有位名叫于娜的姑娘，给她冠以"保姆旅行家"的头衔不为过分，她立志借保姆的身份把中国的山山水水都游遍。古老的北京、西安，新兴的深

---

① 在实际工作中，不乏一些已婚妇女隐瞒婚姻状况加入保姆队伍。三八公司在工作中从实际需求出发，以人之常情为依据，逐步放松了对保姆的"未婚"的要求（三八公司总经理，2023年11月27日，北京）。但总体而言，年轻未婚女性构成了20世纪80年代到20世纪90年代中期北京家政服务市场的主体。

② 北京城里的保姆大军 [N]. 北京晚报, 1985-12-21.

圳、珠海、杭州……每到一地，她仅做三个月的保姆，这期间的节假日足够她把异域风景和自己倩影留在彩色照片上。如今，她那本厚厚的影集证明，她已经玩遍了小半个中国，另十几本空空的影集还在等待着她脚步的延伸。①

这些是部分农村进城女性的真实经历不假，但这些带着某种猎奇、仅仅强调个体经历层面的叙述，往往隐没了大量小保姆在城市家庭服务多年的事实。继而，这样一种将当保姆视为农村女性"过渡性体验"的理解被用于合理化她们在城市非正式工作的处境——她们更适合被当作城市家庭中的短期学习者，而不是正式的劳动者；她们更适合用"社会情理"而不是"劳动权益"来处理主雇关系。正如下面这篇1997年的报道，强调因为"当保姆"不过是"人生的一种经历"，保姆对雇主的辞退"并没有怨言"，但却会"伤感情"。

> 对于这些恰值妙龄的少女来说，当保姆不过是人生的一种经历，一种农村姑娘到大都市生活的一种体验，她们不可能当一辈子保姆。事实上，从1982年到现在，90%的外地小保姆都干上四五年，即返回原籍，记者从家务服务公司的档案资料发现，"外来妹"在京干保姆时间最长的不过八年。所以，当某个用户辞退她们时，她们并没有怨言。安徽籍的保姆小张告诉记者："多走几个家庭，能使我学到更多的东西。"不过，大多数人还是喜欢在一个家庭长期干下去。四川籍的保姆小林说："人都是有感情的，总是换用户，很让人伤感情。"②

在这种"过渡性经历"的认知下，雇主一方面可以享用小保姆尽心尽力且方便低价的家务服务，另一方面也有道德义务支持保姆学习成长，谋求更好的前途。1997年的《北京晚报》上题为"保姆市场两地情"的报道里所描绘的保姆的理想出路往往得益于雇主的帮助："有的在用户的指导下，自学成才，考上了中专和大学；有的成了作家、律师；有的跟用户交上朋友，甚至成了用户的儿媳妇。有的在用户的资助下，在京城经商，成了经理。"③在我们的访谈中，一些曾在20世纪80至90年代雇用保姆的受访者也讲述了如何为小保姆筹谋未来，例如替她们交学费学英语和计算机、找工作、物色对象、准备嫁妆等。甚至有一家雇主提到，小保姆照顾孩子长大后嫁去了外地，几年后与丈夫离婚，回到北京在她家"落脚"，住了数月，用受访者的话说："真的，那个时候我都觉得我对她有义务感，我就把她当妹妹了。"

六 结论与讨论

本文通过对20世纪80至90年代中期北京家务或家政服务发展的分析，探讨了市场改革

---

① 京城保姆素描 [N]. 北京晚报，1992-04-06.
② 走进京城保姆圈 [N]. 北京晚报，1997-02-01.
③ 保姆市场两地情 [N]. 北京晚报，1997-02-08.

初期社会再生产体制转型中出现的"社会化"模式。市场改革初期，家务劳动的承担面临由"公"转"私"的过渡，国家和私人家庭之外的社会力量被调用以支持这一过渡阶段。在政府的支持下，北京市妇联创办了三八公司，与地方政府和妇联合作组织输送大批农村年轻女性进入城市家庭进行服务，同时通过定价等方式控制保姆市场的价格，控制自发市场的发展，意图为北京市民提供可及可靠的服务人员，解决家务劳动负担问题。家政服务被建构成一种社会互助形式，在公共层面，国家通过"承认政治"提升保姆的地位，肯定其劳动价值；在日常实践层面，社会情理化的"帮忙"观念被调用来定位城市家庭和保姆之间的关系，强调二者之间的平等互助和情感联结，进而区别于传统家庭帮佣，并淡化主雇之间隐含的交易关系。

我们不难看到在市场转型初期，国家在"社会再生产"问题上的立场和做法与集体化时代既有延续也有转变。在总体立场上，国家延续了集体化时代的理念，肯定家务劳动具有"公"／公共的价值，而这种价值主要源于家务劳动对生产劳动的支持和贡献；与此同时，国家也在一定程度上坚持了以"公"／社会化的形式来解决家庭家务劳动负担的思路。但家务劳动社会化的组织方式则发生了重要转变，从集体化时代通过单位制来统筹生产－再生产，转变为市场改革初期国家参与协调组织社会力量进入私人家庭提供服务。这一转变，也体现出再生产活动的责任主体逐渐从国家向家庭的转移。

以发展家务服务为主要形式的"家务劳动社会化"模式总体而言以满足市场改革初期城市家庭的生产－再生产需求为出发点，同时迎合了乡村发展的政治经济需求。这种再生产模式对城乡关系进行了一种复杂的处理，在制度层面保留城乡分割，又在文化层面模糊这种差异。在宏观层面，它借助城市在经济文化上的整体优势，以及农村发展与安置剩余劳动力的需求，大规模组织农村年轻女性进城提供低价的家务服务。然而，这种组织化的劳动迁移却被更多呈现为个体过渡性的生命经验，在回避城乡之间的制度性壁垒的同时强化二者之间的"天然鸿沟"。在微观层面，家的隐喻和社会情理被高度调用来形塑城市家庭与农村保姆之间的关系，以此弥合生活方式和情感上的城乡隔阂，但二者之间往往更多呈现出前者"教导／施恩"和后者"学习／感恩"的关系结构。

"家务劳动社会化"的上述特点也对保姆工作造成了诸多限制。尽管保姆工作的劳动价值获得了社会认可，但其工作形式仍维持着非正式性，缺乏制度保障，并且劳动价格受到了限制。这在很大程度上是因为"家务劳动社会化"以城市需求为出发点，为维持城市家庭再生产活动的低成本运行，而牺牲了农村女性的权益。此外，这也与社会转型期的特殊性有关，随着单位制的转型和解体，家政服务无法纳入集体化时代的生产－再生产关系体系中，而市场经济的合法性尚未完全确立，亦无法变成按照市场原则来组织的正式工作。因此，通过"帮忙"的概念和"家"的隐喻，对主雇关系进行情理化处理为这种非正式工作提供了某种文化可理解性，亦为"家务劳动社会化"顺利运行提供了文化润滑剂，却掩盖了家政工作本身的非正式性和不稳定性。

通过对20世纪80年代至90年代中期"家务劳动社会化"模式的分析，本文揭示出市场改革过程中的再生产体制以及国家角色转变的复杂性和变动性。再生产体制的变革并非一蹴而就，而是既有延续又有断裂，需要不同主体在具体政策和历史语境下进行调整与配合，并借用文化资源来合理化这些转变。到了 20 世纪 90 年代后期，随着市场经济的全面确立和快速推进，北京的家政服务也进入了快速市场化的阶段。在"市场化"阶段，市场不仅是一种资源配置手段，也成为一种理解家政服务的主导意识形态。国家的作用从直接介入人员组织配置，逐渐转变成了规范市场，扶持私营企业发展。"家政服务员"成为市场分工中的一种正式职业，逐步走上国家和市场联合推动的"专业化"的道路，获取市场价值和社会价值；雇主和家政工之间开始形成一种基于市场交易、强调边界感的服务关系。但"家务劳动社会化"模式以及三八服务公司作为家政服务的发端，深刻地影响着新世纪北京家政市场的发展和变迁。

（本文作者　肖索未、王选）

第九章 身体麻烦：对脊髓损伤者日常生活中残障经验的考察

一 引言：把"身体"带回残障研究

生物医学模式和社会模式一直是人们看待残障问题的主流理论范式。[①] 然而随着 20 世纪 80 年代以来"身体"作为研究对象和理论范式重回社会科学研究视野，在残障研究领域"对疾病与残损的分析越来越多地转向了对身体经验的考察"[②]。学者开始探索残障者在面对身体的残损后果（impairment effects）和与之相关联的周遭世界时的身体经验（bodily experience）。著名的残障研究学者左拉在《回到我们的身体和自身之中：反思医学社会学的过去、现在和未来》[③] 中回顾了自己的残障经历，认为残损导致的疲倦、疼痛、痉挛的感觉是自己身体状况的一部分，是残障者不可避免的经历。他主张残障者不要隐藏自己的身体状况，通过伪装自己来试图融入社会，而是要让沉默的身体说话，接受并认同自己残损的身体。因此他呼吁把"身体"带回到残障研究之中，关注残障的身体经验。另一位残障研究学者托马斯反对将生物层面的残损和社会层面的残障对立起来[④]。他认为，一方面，个体所感觉到的残损带来的痛苦本身也是生理、心理、文化以及社会政治等因素共同作用的结果；另一方面，身体的残损无法避免地给残障者带来身体在行动、功能和感觉上的限制。因此托马斯批评社会模式过度关注残障的社会性与政治性，而忽视了残损本身给个体带来的困扰，进而强调残障研究需要将残损作为研究主题，关注残损身体的变化及其后果。

把"身体"带回残障研究的理论取向不同于医学话语将身体视为一个器官、一个需要矫治的对象，也反对社会模式将身体作为一个"健全—残障"的社会不平等分类体系的意向和载体，而是认

[①] 生物医学模式认为残障是一种生物现象，是身体结构的残缺和功能的失调，解决这一问题需要医学专家为其提供治疗和康复服务，以帮助个人克服结构的缺失，对个人的身体功能进行复健。而社会模式主张将残损（impairment，生理的结构功能损伤）和残障（disability，社会参与的障碍）分开讨论，残障的根源在于"社会未能为残障者提供适合的帮助，未能充分保证社会各界组织全面考虑残障者的需求"，参见 OLIVER M. Defining impairment and disability: Issues at stake [M]// Exploring the divide: Illness and disability, 1996:32。因此社会模式认为残障被视为社会问题，解决残障问题需要改造社会环境，以减少对残障者的隔离与歧视。

[②] WILLIAMS G. Theorizing disability [M]// ALBRECHT G L, SEELMAN K D, BURY M. eds. Handbook of disability studies. London: Sage, 2001:131.

[③] ZOLA I K. Bringing our bodies and ourselves back in: Reflections on a past, present, and future medical sociology [J]. Journal of health and social behavior, 1991, 32(3).

[④] THOMAS C. Medical sociology and disability theory [M]// New directions in the sociology of chronic and disabling conditions: Assaults on the lifeworld. New York: Palgrave Macmillan, 2010:47.

为身体始终处于知觉场的中心位置，残障者有一个残损的身体，残损的身体影响着他们对世界的感知，因此了解他们身体与社会层面的障碍状况必须从其日常生活中的身体经验入手。

遗憾的是，在西方社会科学理论的身体转向出现三十余年之后，国内主流的残障问题研究依然集中在生物医学模式和社会模式的理论视域内。这种反差，激发了笔者探索残障与疾病情境中的身体经验的兴趣。

二　文献回顾与问题意识

受二战之后大量伤残军人涌现的影响，从 20 世纪 50 年代开始，残障者的生活质量问题逐渐成为西方学者关注的议题。[①] 60 年代，社会学家们开始从微观的社会互动领域出发探索疾病和残损的主观经验，以及这些经验是如何被社会结构所塑造的。其中最有代表性的是戈夫曼和戴维斯。戈夫曼认为身体的残损是一种"污名"，有"污名"特质的残障者会被贴上悲惨的、能力低下的标签，残障者会内化其标签形成受损的社会认同，同时也会通过证明自己有能力、掩饰自己的身体缺陷来争取社会接纳。[②] 戴维斯则认为非残障者在与残障者的互动中会"虚假接纳"他们，而残障者会通过参加"正常"的活动努力使自己看起来"正常"，以期让非残障者接纳他们为一个"正常"的个体。[③]

与此同时，另一些研究者关注残障者在家庭和工作等场合中控制身体症状和日常养生保健的方式与策略[④]，以此探索残损身体对残障者带来的影响，以及残障者应对残损身体的实践活动。有的学者把慢性病和残障看成对个体生活世界的攻击。伯里认为慢性病与残障是对"生命进程的破坏"（biographical disruption），如果将人生看成一个流动的生命进程，那么慢性病的到来打破了日常生活的结构，损害了个体原有的在日常生活中所拥有的知识体系，使他们失去了一个习以为常的世界。[⑤] 但慢性病患者又是积极主动的实践者，伯里将"适应"（adaptation）放在突出位置[⑥]，认为慢性病与残障的到来会促使个体在新情景下的动用资源[⑦]，利用周围的社会网络，重构个体解释系统，以适应有一个残损身体相伴的日常生活。有的学者则强调慢性病与残障是对自我的攻击。卡麦兹认为，身体功能的丧失使个体在社会互动中体会到自我价值的

① TAYLOR D, Association of the british pharmaceutical industry. Physical impairment-social handicap [M]. London: Office of Health Economics, 1977.

② 欧文·戈夫曼. 污名——受损身份管理札记 [M]. 宋立宏，译. 北京：商务印书馆，2009.

③ DAVIS F. Deviance disavowal: The management of strained interaction by the visibly handicapped [J]. Social problems, 1961, 9(2).

④ WIENER C L. The burden of rheumatoid arthritis: Tolerating the uncertainty [J]. Social science & medicine, 1975, 9(2); STRAUSS A L, CORBIN J, FAGERHAUGH S, et al. Chronic illness and the quality of life [M]. St Louis: Mosby, 1984; CORBIN J, STRAUSS A. Managing chronic illness at home: Three lines of work [J]. Qualitative sociology, 1985, 8(3).

⑤ BURY M. Chronic illness as biographical disruption [J]. Sociology of health & illness, 1982, 4(2).

⑥ BURY M. The sociology of chronic illness: A review of research and prospects [J]. Sociology of health & illness, 1991, 13(4); JOHNSON J L. Learning to live again: The process of adjustment following a heart attack [M]// MORSE J M, JOHNSON J L. The illness experience: Dimensions of suffering. California: SAGE Publishing, 1991: 13-88.

⑦ 郇建立. 慢性病与人生进程的破坏——评迈克尔·伯里的一个核心概念 [J]. 社会学研究，2009（05）.

丧失。[1] 慢性病的出现使个体经历"不确定性"（uncertainty）问题，即个体手头的库存知识不足以解释疾病带来的一系列问题，身体的新状况把他们拉入了一个没有任何资源可以利用的境地。[2] 同时卡麦兹也强调"管理带有疾痛的生活"（managing life with illness）的重要性，个体会通过对自己身体和对周遭世界的管理来使未知变为已知，将慢性病的后果置于自己可以认知的范围内，患者不是去反抗和消除疾病，而是接受拥有一个残损身体的事实，将残损身体带来的日常起居的变化视为常态。

戈夫曼和戴维斯主要探究残障者与他人互动过程中的社会经验，他们将残损的身体仅仅视为个人的一项背景特征，而没有考虑到残损的身体本身对残障者的影响；而伯里、卡麦兹等关注残损和疾病对残障者的影响以及残障者对残损和疾病态身体的管理，却忽视了对残损的身体进行管理行为本身对残障者的影响及对其参与社会生活造成的障碍。

因此，在总结前人经验研究的基础上，本文试图以残障者的"身体"作为出发点和落脚点，尝试理清造成残障者障碍状况的身体性因素，探讨他们在日常生活中的残障经验。具体包括三个研究问题。第一，残障者是如何体验残损的身体的，即残障者在身体损伤之后的主观感受与体验。第二，残障者如何管理残损的身体以应对身体出现的各种状况，目的是呈现他们在管理自己残损身体时的主观能动性。第三，管理残损身体的行为如何影响个体与其生活世界的互动，这一部分涉及身体与社会的关系问题，即考察管理残损身体的实践对参与社会活动的影响。

三　研究对象与方法

本文的研究对象为由于手术和外伤而致残的脊髓损伤者。在医学上，脊髓损伤指椎管内神经组织损伤，导致脊髓颈段、胸段、腰段或骶段运动和（或）感觉功能的损害或丧失。[3] 脊髓损伤与其他类型的残障状况相比具有特殊性。脊髓的损伤平面以下的运动和感觉功能受损，而损伤平面以上功能不受牵连，下肢对于脊髓损伤者来说是一个连接在身体之上的外在物，也可以说同一个身体有主体和客体两种表现形式；作为重度肢残的一种，脊髓损伤除了严重损害身体功能的发挥，更使个体时常面对并发症的困扰，对身体的管理成了个体一生的工作。正是由于脊髓损伤后身体状况的特殊性，笔者才选取脊髓损伤者作为经验研究的对象。

本文的田野资料主要来自笔者 2014 年 3 月至 10 月在 T 市 S 截瘫疗养院和 S 截瘫康复村进行的田野调查。S 截瘫疗养院是 T 市政府为安置由 1976 年地震造成的脊髓损伤者而建立的一所公办疗养机构。疗养院从 1979 年 10 月开始筹建，1981 年 5 月开院收治患者。经过 30 多

---

① CHARMAZ K. Loss of self: A fundamental form of suffering in the chronically ill [J]. Sociology of health & illness, 1983, 5(2)；CHARMAZ K. Good days, bad days: The self in chronic illness and time [M]. New Jersey: Rutgers University Press, 1991.

② CHARMAZ K. Studying chronic illness through grounded theory [M]// New directions in the sociology of chronic and disabling conditions: Assaults on the lifeworld. New York: Palgrave Macmillan, 2010.

③ 美国脊髓损伤协会，国际脊髓损伤学会. 脊髓损伤神经学分类国际标准（2011 年修订）[J]. 李建军，王方永，译. 中国康复理论与实践，2011（10）.

年的运营，截至 2014 年 10 月，疗养院共收治 75 名脊髓损伤者。S 康复村是为解决夫妻双方均为脊髓损伤者的家庭无住房的问题，而由 T 市民政局牵头、社会各界捐款而建立的一个脊髓损伤者康复社区。康复村在建立之初共有 50 名脊髓损伤者及其家属入住，共 25 户家庭。至笔者开展本次田野调查，剩余 50 名常住人口，其中截瘫人员 37 名，其余为非残障家属。本文以扎根理论作为指导，通过观察法和深度访谈法来收集资料。笔者以开放的心态，深入到研究对象的生活场景之中，近距离地观察他们的身体状况和生活起居的方方面面，并采取聊天的形式与研究对象进行交谈，让他们尽可能自由地讲述与残障有关的生活经历。随着被访者的增多以及对他们日常生活内容了解的加深，笔者逐渐把目光聚焦于他们对自身残损状况的理解、管理身体的方式以及身体体验与管理身体的行为本身对其社会参与的影响上，并在交谈中对与之相关的议题进行追问与讨论。笔者先对 21 位脊髓损伤者进行深度访谈，其中疗养院 9 位、康复村 12 位。由于研究需要，笔者又访谈了 5 位居家生活和 1 位居住于其他福利机构的脊髓损伤者作为补充。至此，本研究共深度访谈 27 位脊髓损伤者，编号 F01 至 F27。个人总是与周遭的世界相关，个人的残障经验不限于身体体验，也包括与他人、社区、机构进行社会互动中的经验，因此笔者也适时地对脊髓损伤者的家人、疗养院的工作人员、志愿者等就他们与脊髓损伤者互动情况进行询问与访谈，以对研究对象诉说的生活事件加以佐证。

四　身体的主体性消失与客体性凸显

> 瘫痪意味着什么？不少胳膊不少腿，五脏六腑功能齐全，但你没有知觉，不光四肢不听你的指挥，连进食与排泄自己都无法完成，生命就这样被禁锢着，欲生不能，欲死不能。……既然胳膊动不了，手指能动也行啊。于是，我又把意识集中在手指上，两眼直直地盯着，但它们好像与我的身体脱了节，无论你怎样用力气，就是一动不动。实际上，自受伤的那一刻起，它们就永远不再属于我了。
>
> ——摘自被访者 F01（女，57 岁）的自述

没有接触过脊髓损伤者的人很难理解他们的身体状态：看起来有一个完整而非残缺的身体，但他们却不能通过身体去感觉外部世界，也失去了对其身体的控制。F01 是我的被访者中受伤最为严重的一位，她三、四、五椎体骨折，造成颈部以下瘫痪，全身仅有右臂能够向上举起一些，但是手指和手腕完全不能动。她无法感觉到她头部以下身体的存在，也无法控制身体的动作。她就像一个囚徒，被永远地囚禁在了自己的肉身之中。

冈铎认为，身体主要有两种形式：一种是活生生的身体（lived body），即身体是一个能动的主体，是自我的一部分，自我通过身体感知外部世界；另一种是客体的身体（object body），即身体成为外部世界的一部分，为自我提供了边界。[①] 冈铎认为年老和疾病给活生生的身体增

---

① GADOW S. Body and self: A dialectic [M]// The humanity of ill: Phenomenological perspectives. Knoxville: University of Tennessee Press, 1982.

加了行动的限制，使得受损的身体无法承载和回应自我对其提出的要求，身体变得越来越反叛，成了一个客体。对脊髓损伤者来说，脊髓断裂导致损伤截面以下的身体完全或部分地丧失了感觉与运动神经。如果说身体处在与世界联系的中心位置，脊髓损伤使他们感知和作用于外部世界的活生生的身体消失了，取而代之的是一个对他们行动构成障碍的客体的身体。

有人这样描述受伤后身体"消失"的体验：

> （地震时，我）下意识地我就坐起来了，坐起以后房盖就下来了，我就向前趴，就撅着待着。我这么一摸，这是谁的腿。那时候就是这么一下子一撅，我的脊椎就折了。我还以为别人的腿呢，我一摸还在我身上连着呢。（F10，男，62岁）

和F10一样，还有几位被访者也提到第一次触摸到自己的腿时误认为是他人的腿。他们无法感觉到自己的下肢，只有当他们运用仅存的身体知觉（如手臂）触碰到下肢时，才能感觉到它的存在，是自己身体的一部分。

笔者曾经观察F04（女，75岁）从轮椅移动到床上的过程。她先把轮椅前面抵住床，把轮椅的闸拉上，防止轮子向后滑，用手把两条腿依次放置到床上，然后双手握紧轮椅的扶手，依靠手臂的力量把自己支撑起来，向前用力，坐在床上，随后一点一点地向前挪动，直到整个身体都移动到床上。

坐在床上，一个他人看来非常简单的动作，对于F04来说却十分艰难，因为她的下肢不仅不能对她的行动产生任何帮助，还限制了她的行动，她每挪一步都要克服下肢给她带来的障碍。一个健康的身体兼有主体性与客体性，然而主体的身体的"消失"使得身体的客体性更加凸显出来。脊髓损伤者无法控制损伤平面以下的身体来达成自己的目标，从一个活生生的身体变为一个反叛的客体。然而这部分身体却连接在整体之上，变成了个体在日常生活中从事各项活动都无法绕过的障碍，成为需要个体利用余下的主体身体进行管理的对象。

五 护理肉身性身体

脊髓损伤者有一个残损的、脆弱的肉身，所以他们必须随时准备应对各种健康问题。脊髓损伤者的身体状态是残损、疾病、慢性失能等各种状况的叠加。对他们来说，不仅存在主要的健康问题，即脊髓损伤以及由此带来的感觉缺失、活动受限，还面临继发症状（secondary health condition）和共病状态（co-morbid conditions）等问题。通常我们所谓的继发症状可以被理解为由主要健康问题而引起的并发症，神经痛、褥疮、泌尿系统感染等是脊髓损伤后主要的继发症状。共病状态指与主要健康问题无明显相关的附带问题，残障者和非残障者一样，都会面临一些常见的疾病，例如高血压、糖尿病等，但由于某些风险因素，与非残障者相比，常见疾病对残障者产生更多的影响。①

---

① WHO. World report on disability [R]. Geneva: World Health Organization, 2011.

卡麦兹在研究残障者对日常生活的意义建构时，将没有疾病打扰的状态称为"好日子"，而把并发症和其他病症来临的状态称为"坏日子"。[①] 但是对脊髓损伤者一类的重度残障者而言，继发症状与共病状态总是与主要健康问题相伴而生，神经痛无时无刻不在折磨着他们，褥疮和泌尿系统疾病更是反反复复出现，随着年龄的增加，几乎每一位被访者身上都患有一种或几种常见的慢性病。"好日子"和"坏日子"杂糅在一起，构成了他们最真实的生活状态。因此，脊髓损伤者的一个重要任务就是护理自己的肉身，缓解身体的各种不适，预防可能对身体带来的伤害，将并发症和其他慢性疾病控制在"不发作"的程度。在此，本文以神经痛、褥疮、泌尿系统感染这三种并发症的日常护理为例，呈现被访者护理肉身性身体的方式。

　　不同的人对待疼痛有不同的处理方法。F02（女，58岁）对待腿部抽筋和疼痛的方法是按摩，躺在床上时她会时常按摩自己的双腿以缓解疼痛；F03（女，63岁）的神经痛的形式是阵痛，当疼痛来袭时她习惯上身伏向前，双手抱住腿，等待疼痛消失；F22（男，56岁）的神经痛有发散性，不仅腿而且腹部的发散性疼痛也困扰着他，他习惯用硬物压在腹部以减轻疼痛。此外，长期服用止痛片也是许多被访者对抗疼痛的办法。

　　由于卧床或久坐，被访者的皮肤经常会被压伤，加上下肢血液循环系统较差，压伤极易发展成褥疮。几乎所有的被访者都遇到刚刚受伤时因为不清楚如何护理身体而导致褥疮的情况。但是随着残损时间的增长，他们都会发展出一套防止褥疮的手段。他们在自己的床铺和轮椅上放置很厚的海绵或者橡皮气垫；在日常活动中特别留意自己的下肢，以防磕碰烫冻带来的伤害；定时翻身对于防止褥疮发生也至关重要，以F01为例，白天每2至3小时一次，夜间每5小时一次，翻身的工作由家人或保姆协助完成。

　　对脊髓损伤者来说，排尿状况好坏直接影响着身体健康。感觉的缺失导致他们无法控制排尿的过程，因此他们一直受到排尿困难和尿失禁的双重困扰，长期的尿液残留还会引发膀胱炎。为了应对这一问题，有的被访者必须为自己严格规定排尿的时间，有的会24小时携带导尿管和尿袋，有的则会按时为自己导尿。另外，饮水的控制也是排尿管理的重要内容，许多被访者会非常注意饮水的时间与方式，例如，F03在上午、下午和睡前各喝一杯水，其余时间不乱喝水。以保证饮水量充足，而又不至于过多排尿，在防止尿失禁和预防泌尿系统疾病之间找到一个平衡点。

　　护理肉身性身体是脊髓损伤者身体管理的方式之一。在长期的与各种健康问题做斗争的实践中，脊髓损伤者不仅学习如何在突发疾病情境下护理自己的肉身，也总结各种疼痛、不适、疾病的原因，并用自己的方式在日常生活中加以小心预防，试图将各种不适症状控制在一个"不发作"的范围内。

---

① CHARMAZ K. Good days, bad days: The self in chronic illness and time [M]. New Jersey: Rutgers University Press, 1991.

六 培育延展性身体

脊髓损伤者不仅需要对肉身性的身体进行护理，使身体保持相对良好的状态，还需要培育延展性的身体弥补肉身性身体的功能不足，以克服肉身性的身体给自身的活动带来的各种障碍。

冈铎在提出活生生的身体与客体的身体的同时，也强调培育的身体（cultivated body）的重要性：面对客体的身体，自我总是试图成为主人，来挑战身体的极限，赋予身体新的能力，以此克服客体身体造成的障碍，达成行动目标。[①] 由于肉身性的身体在感觉与运动功能上的局限性，脊髓损伤者必须利用各种资源，学习使用工具，以提高自身的行动能力，扩大活动范围，保证日常生活的顺利开展。这些工具外在于肉身，是外在世界的一部分，同时又是肉身在外在世界中的延伸，发挥着身体的作用。因此这些辅助工具可以被认为是延展性的身体。下面以钩子和代步工具的使用为例说明这一点。

钩子是每位被访者必备的工具，钩子的使用使得脊髓损伤者的手臂功能得以延展。以 F24（男，63 岁）为例，他的床头挂着两个钩子，大钩子用来勾住电动车，他们每天日常的活动是不断地在电动车和床上往返，有了钩子，他们就可以在床上轻而易举地把停在远处的车子拉到自己的床边。另一个小号钩子是平时关门窗、拉窗帘用的。有被访者形容钩子的使用"和生产劳动是一道理，把工具做好了就省事了"（F08，女，61 岁）。

代步工具的使用扩大了被访者的活动范围。在疗养院和康复村中，一名被访者一般拥有两个代步工具：一个是轮椅，轮椅体积小，活动灵活，一般在居家环境或者短途外出的时候使用；一个是电动三轮车，体积较大，适合远途外出使用。被访者会在不同场合使用不同的代步工具。有些被访者还会按照自己的生活习惯去选择代步工具的型号、功能和品牌，甚至是改装代步工具。由于长时间的实践，每一位被访者都能够灵活的使用代步工具，前进、后退、转圈，无所不能，有的人可以一手控制轮椅一手拖地，有的甚至可以坐在轮椅上打羽毛球。

由于身体状况的局限，脊髓损伤者必须发展出新的技术来弥补身体上的不便。学习使用钩子和代步工具扩大了他们的活动范围，使他们可以做一些力所能及的工作，增强其自理能力。钩子和代步工具分别充当了手与腿的角色，这些工具是身体的延伸，或者说，已经成为其身体的一部分，把个体与外部世界有序地勾连起来，借此感知和作用于外部世界。

学习使用工具的同时，脊髓损伤者也会发挥主观能动性，对自己生活的居家环境加以重新布局，将居家环境以有序的方式呈现出来，以增强对日常生活的控制力。被访者会对居家环境中的设施加以改造，降低设施造成障碍的可能性。例如，在康复村，厨房里的灶台、水池、橱柜的设计高度都比通常的标准低，方便他们在轮椅上操作；厕所紧挨着床，仅用一个拉门隔开，使他们能够及时处理排泄物，清洗时也不必离开床。

[①] GADOW S. Body and self: A dialectic [M]// The humanity of ill: Phenomenological perspectives. Knoxville: University of Tennessee Press, 1982.

F03 和 F06（男，64 岁）是一对脊髓损伤者夫妻，两人均行动不便，他们就如何坐在床上就能打开窗户这一问题想到了一个办法：

> 在窗户两边有绳子，绳子外面有滑轮，窗户的中间又有两个绳子，两侧的绳子一拉，窗户就打开，中间的绳子一拉，就关上。绳子长一点拴在床边，我们在床上就能随便操作，都是逼出来的办法。（F03）

辅助工具能否发挥与肉身性身体类似的作用在很大程度上取决于外部环境与之相协调的程度，例如轮椅的使用离不开无障碍坡道。被访者在家中对各种生活设施进行改造，是为了在日常起居之中增强辅助工具使用的效果，能够更好地实现自理。因此可以说居家环境和辅助工具一样都是延展性身体的一部分。

延展性身体的培育与肉身性身体的护理一样，是身体管理的实践内容，目的是实现日常生活的常态化。卡麦兹用"常态化"指代"人们将症状、残障及其起居看成惯例的一个过程"[1]。这种常态化取向不是期望回到残损之前"正常"的身体状态，而是学习与残损的身体相处，重塑一个生活起居的常态。当面对一个残损的肉身时，个体总是采取各种方式对它加以护理，预防疾病的发生，将残损的症状控制在潜在的状态下；同时为了逾越残损身体带来的障碍，个体也会培育出延展的身体，学习使用辅助工具以及对周遭环境加以改造，以此连结身体与外部世界，最大限度地弥补身体功能的失调。身体管理已经融入到他们的生活实践中，构成日常生活的重要组成部分。

七　应对失控的身体

然而身体管理的过程并不是一帆风顺的，肉身性身体和延展性身体的偶尔失控会打破脊髓损伤者精心维持的常态化，导致他们疲于应付身体失控所带来的麻烦。

（一）肉身性身体的失控情境

首先，由于肉身性身体本身的脆弱性，将残损症状隐藏在"不发作"状态下的护理实践，极易被并发症或其他疾病的入侵打乱阵脚。

F02 描述了得褥疮时的生活状态："但愿身体好点，能干点有意义的事，身体不好的时候只能忙活身上这点事。我洗澡的时候搓，搓破皮了，搓破皮以后就发展成褥疮，自己换药，一天三四遍换，这样的话对着镜子，自己消消毒，弄点药膏贴上。"F02 的褥疮历经 4 个月的时间才痊愈，其间一天三四遍换药，还要时常去医院开药，应对褥疮耗费了她大量的精力与时间。在没有其他疾病打扰的情况下，脊髓损伤者的下肢虽然感觉与运动功能缺失，但是其他身体机能运行良好，使他们可以把精力用在"干点有意义的事"上；然而疾病不时到来，破坏了

---

① CHARMAZ K. Studying chronic illness through grounded theory [M]// New directions in the sociology of chronic and disabling conditions: Assaults on the lifeworld. New York: Palgrave Macmillan, 2010: 8-36.

日常生活的规律，让他们除了面对日常的行动不便，还需要应对疾病带来了疼痛、不适、就医麻烦等一系列问题，使得他们不得不重新安排生活以适应突发的疾病状况，"只能忙活身上这点事"。

其次，当处于与他人的互动过程中，身体的失控会造成不小的尴尬，造成"丢脸"的情境。

> 有一句话"截瘫不尿床不尿裤就没有真才实学"，从我们嘴里说出来好像是一句戏言，但是细想这句话，挺悲催的，就是说尿床尿裤是常事。特别是上台演出了，要尿，怎么办？有一次特别逗，从边上到台中间，尿了一道，你也不能不演出啊，人家节目都报完了，把人家台都尿湿了，自己也是上火，那怎么办呢？（F03）

F03 描述了一个她上台表演时尿裤子的尴尬情形，脊髓损伤者护理肉身性身体的实践有很大一部分是为了让自己看起来处于"正常"的状态，使自己在置于他人的眼光下时除了坐在轮椅上之外和健全人没什么两样。然而身体的突然失控使得他们的印象管理功亏一篑，使自己感到"上火"，只想逃离这个尴尬的情境，也使他们对参与人际交往与社会活动产生畏惧的心理。

（二）延展性身体的失控情境

延展性的身体并不像肉身性身体一样驯服于主体。一方面，虽然辅助性工具的使用可以在一定程度上弥补残损的身体带来的功能缺失，但是依然没有办法完全代替肉身性的身体。

> 我们虽然有一个代步车，但是，我从这（台阶）想下去，却下不去。你们一抬腿走了，我们就困难了，要绕过去。健全人体会不到截瘫人的心理，我们这种思想苦恼用语言都很难形容。（F11，男，72 岁）

正如 F11 所说，代步工具不像作为肉身的腿一样能够完成精细而复杂的动作，致使他们在一些障碍性的环境中无法完成行动的任务，降低了他们的自尊心，使他们陷入"很难形容"的"苦恼"中。

尤其是工具的损坏，会使脊髓损伤者陷入对自身状况和外部环境失去控制的境地。F09（男，65 岁）说自己不敢出远门，怕车突然坏了。"还不用说车坏了，就是车胎扎了都没辙，好人可以下来补上，你毕竟不是正常人，万一出事，谁顾得上谁？我家里的不让去。"因为害怕电动车出现状况，他拒绝出远门，也不敢离开自己熟悉的区域。旨在促进脊髓损伤者社会交往的辅助工具又成了制约他们交往的因素。

另一方面，辅助工具的使用依赖与之相匹配的环境，井然有序的周遭环境是辅助工具发挥的前提，而脱离了安全的环境会使大部分辅助工具失去依托，日常生活也会随之陷入混乱中。

> 在疗养院比在家里还好，啥都有规矩，在家里都不行，啥都是别人给干，我啥也干不了，整个是残疾人。你看在这里，我想拿什么都在我面前，橱子里的东西都是日常用的。

在女儿家我行动不开，他们家里的床铺也不适，车也不合适。（除了疗养院）别处不能去，不适合我们。（F04，女，75 岁）

在疗养院中，房间宽敞，床、水池等设施与轮椅的高度相匹配，生活用品都在触手可及的范围内，周遭环境以一种有序的方式存在，能够有效地与辅助工具衔接。但是 F04 在女儿家由于房间狭窄，不方便使用轮椅。没了轮椅，导致她在疗养院环境中培育出的各种使用轮椅活动的技术没有了用武之地，整个世界都变得陌生和失序，只能依靠他人的护理，变成了"残疾人"。

八　身体麻烦与障碍再生产

在调查的过程中笔者发现，脊髓损伤前参加工作的被访者，在损伤之后全部没有回到原来的岗位上，单位一般让他们享受病休或病退的待遇；损伤前没有参加工作的被访者，也不得不中断学业，失去了国家分配工作的机会。对大部分脊髓损伤者来说，身体的损伤意味着职业生涯的中断与业缘关系的断裂。他们的主要社会关系网络也逐渐缩小至病友、家庭和医疗机构的范围内。

导致其社会关系网络萎缩的原因不仅是社会化大生产[①]没有为脊髓损伤者工作提供合理便利与适合的岗位，更植根于脊髓损伤者的身体本身。身体状况的频出，使他们的社会参与困难重重。

> 我的生活除正常人的需求外还有好多需求，比如到哪里去都要准备尿片。因为小便失禁，要是穿着裤子在车上坐着，回来肯定要洗裤子，喝了点水就不敢出去，到外面尿了裤子回来我在床上得忙活半天，要一层一层地洗，尤其在冬天更怕。这个有时候也限制我（外出），现在已经有心理负担了。（F02）

小便失禁对 F02 的外出构成了影响，而准备尿片、不敢喝水，以及洗涤衣物等事后补救措施又给她带来了额外的工作，也使她产生心理负担，更加限制了她与他人的交往。也就是说，下肢的感觉和运动功能的缺失已经为脊髓损伤者的日常生活造成了障碍，但是他们为了逾越这些障碍而进行的管理身体的实践又造成了新的障碍。

> （我感到）得不到尊严，得不到他人的认可，这种苦闷你是想象不到的。尊严靠什么？得靠内容去充实，一个是给社会做贡献，为他人服务，一个是创造财富。但是我的身体状况撑不起我的尊严来。你们叫事半功倍，我们叫事倍功半。给你举个例子，从穿裤

---

① CORKER M, SHAKESPEARE T. Disability/Postmodernity: Embodying disability theory [M]. London: Bloomsbury Publishing, 2002.

子到下床 40 分钟。所以我们不乐意做无为的徒劳，越简单越好。（一大部分时间都被自理所占了？——访问者问）是的，瞅着跟个人似的，他里面有很多麻烦事你不知道，没有那么多麻烦事也形成不了现在这种状况。（您可以跟我讲讲吗？——访问者问）有的能说有的不能说，你看到的只是一小部分。类似那种事情还有很多，时间都搁这了。（F13，男，58 岁）

在笔者与 F13 的对话中可以了解到，脊髓损伤者为了在他人面前表现得"跟个人似的"，要花费健全人数倍的时间和精力。在健全人看来一个简单的小动作，对他们来说需要十分努力。这些琐碎的、隐私的、不足为外人道的管理身体的工夫消磨着他们自身，损害了他们的自尊，降低了自我认同水平，使他们不愿去参与其他社会活动。

身体管理一直是日常生活实践的重要方式。当身体处于功能正常运转的状态时，我们与身体合二为一，很少意识到身体的存在。而当我们的身体疼痛、不适的时候，身体的体验才显现出来成为我们的体验和感觉的焦点，我们才注意到身体的存在，此时我们的首要目标在于清楚出现疼痛、不适的原因，进而摆脱身体的症状，恢复正常功能运作的状态。[①] 对脊髓损伤者来说，下肢的失控、感觉的丧失，还有各种疼痛与不适的症状时刻提醒他们有一个残损的身体，所以他们必须首先进行相应的实践活动护理肉身性身体，发展延展性身体，把失序的身体重新置于自己的控制之下。因此，对残损身体的管理成了他们日常生活的首要任务，优先级别高于其他社会活动。但是，健康态的身体再也回不来了，与残损的身体共存成为脊髓损伤者一生的工作。如果说日常生活中人们的时间和精力总量在一定的范围内，那么管理身体的实践本身对他们的时间和精力构成了极大的消耗，使他们无力参与其他社会实践。为了弥合障碍而进行的身体管理的实践又再生产了社会障碍。

九　小结

脊髓损伤者在面对身体的残损时不是一个被动的医治和管理的对象，而是一个与各种身体状况进行抗争的实践者。在脊髓受损之后，他们身体状态发生了变化：损伤平面以下的身体失去了感觉，变得不可控制，由一个活生生的身体变成了脆弱的、反叛的客体，成了一个需要余下的主体去管理和克服的障碍。脊髓损伤者会通过护理肉身性身体和培育延展性身体等一系列实践对身体进行管理，目的是使身体各种残损症状和与之相关联的健康问题都隐藏在"不发作"的状态之下，使日常生活的基本活动都能相对顺利地完成，学习与残损的身体共存，重塑一个日常生活的常态。然而，通过身体的管理建构的常态化是脆弱的，极易因为疾病的入侵、身体的失控、工具的不便和环境的改变而被打破。身体管理没有终点，脊髓损伤者穷尽一生都要小心谨慎地管理这个残损的身体。对残损的身体进行管理与其他日常生活实践相比具有最高优先级，在整个日常生活中居首要地位。与其他非残障者相比，脊髓损伤者在身体管理方面花

---

① LEDER D. The absent body [M]. Chicago: University of Chicago Press, 1990.

费了大量时间和精力，这种时间和精力消耗势必会对其他社会参与活动造成挤压，使日常活动范围越来越局限在范围狭窄的地域和人群中，加剧了他们的社会疏离之感。

本文探讨脊髓损伤者在日常生活中细枝末节的、不为人知的身体状况与身体管理方式，旨在与生物医学模式和社会模式下的"残障"内涵进行对话。把"身体"带回残障研究，并不是简单地否定社会模式中残障的社会根源，回归到生物医学模式下生理偏差导致残障问题的假设中，而是认为，对一些特定类型的残障来说，身体的残损是客观存在的，不能片面地强调残障的建构性，而忽视身体的实在性。身体层面的残损导致了社会层面的障碍，而实现日常生活常态化的努力带来的精力损耗，失控的身体所带来的身心调整，都进一步导致障碍的发生。障碍的发生机制十分复杂，是身体与社会共同作用的结果。正如莎士比亚所强调的，因为身体客观条件的限制，即使享受完全同等的参与机会，在体验世界时也无法同非残障者一样实现完全的无障碍。①

当然，本文并不是要否定社会模式的理论地位，相反，本文认为改善社会环境，提供合理便利，减少社会歧视等社会模式下的福利保障措施极大地改善了残障者生活质量，而是指出在针对残障问题进行政策研究与福利供给时应该充分考虑残障者的身体性因素。从关心身体的视角出发，本文认为可以在以下方面反思现有的残障社会服务措施。第一，身体状况的良好是个体日常生活得以进行的前提，因此需保障及时有效的医疗服务，提供实用性的药品和卫生用品，以缓解残障者的身体病痛，将其身体状态控制在相对稳定的范围内。第二，在维持身体状况常态化的情况下，为残障者提供人性化、个性化的辅助工具，并改造家庭和机构内部环境使之与辅助工具相匹配，提高其自立生活能力。第三，为残障者提供居家生活帮扶服务，帮助其完成一些力所不逮的家务劳动，提高其生活质量。第四，对有劳动需要的残障者，需评估其身体状况和劳动时间，再向其提供适合的岗位，还要注意工作场合的可进入性。

需要注意的是，本文的研究对象是脊髓损伤者，研究结论与理论对话都建立在对这一重度肢残的群体的分析之上。不同类型的残障者的身体状态和身体管理方式有着极为不同的特征，因此应该充分考虑到残障者群体的多样性与残障问题的复杂性，根据具体情况进行学术研究，提供社会服务。

（本文作者　鲍雨）

---

① SHAKESPEARE T. Disability rights and wrongs [M]. New York: Palgrave Macmillan, 2006.

第十章　身心锤炼：泰国城市中产阶层佛教修行实践的初步分析

　　2013 年暑期，我来到曼谷开展关于城市中产阶层佛教信仰的实地调查。自 20 世纪 30 年代以来，泰国的现代社会转型催生出新佛教改革运动，并对城市中产阶层的宗教生活产生了重要影响。近几年来，我阅读了泰国佛教改革派代表人物佛使比丘（Buddhadasa Bhikkhu）的著作，并撰写了相关论文 [1]，自以为对当代泰国佛教改革运动的精髓有所把握。然而，当我在不同道场接触到信徒时，人们更多地对我强调修行实践而非教义的重要性，并向我描述修行的方式、感受以及修行带给个人生命的改变。更有意思的是，在我对修行感受的追问下，好几位报道人都说："如果你要理解修行带来的生命的改变，就必须亲自实践。"

　　"实践"一词在泰语中叫作 *phatiphat*，在佛教当中意味着按照佛祖教导的方式去修行。修行（phawana）的具体内容包括持守戒律、培养定力和运用智慧，这些都是需要在日常生活中遵循和实践的。持守戒律的结果是让我们的生活处于正常状态，而定力与智慧却可以使人们从痛苦中得以解脱。在许多人看来，我们需要不断地锤炼自己的身心，使之产生定力与智慧。在此次调查中我感受到的最大震撼在于，仅仅了解佛教改革派的教义以及信徒的世界观是不够的，对个体修行实践的高度重视已经成为佛教改革运动的核心，并对个体生命产生了深刻的影响。

　　对于身体的理解以及如何通过身体技术来达成对自我的重新认识，是修行实践中的要点之一。在当代泰国，包括佛使比丘在内的诸多高僧都以教授修行的独特方式而闻名。例如佛使比丘在《呼吸内观法》一书中将实践过程分为十六个步骤，其中控制自己的呼吸是前四个步骤的重点，然后通过观察感触、情绪的升起与消逝来感悟无常与无我，最终达到内观——看清自己的心的目的。佛使比丘推崇的内观被认为是修行实践当中高于定的境界。此外，还有高僧推崇通过有节奏地走步的方式或者手势动作达到定的状态。一位在泰国石油公司总部工作的中年男子告诉我，一定要坚持不懈地训练自己的身心。他早晚练习走步已经十几年了，通过练习他获得了心灵的平静，并能以从容的心态对待竞争激烈的工作环境。我从其他报道人那里听到了类似的表述。通过对身体和心的训练，他们获得了对自我与对他者的新的认知，并部分消除了现代生活中的紧张感。如何理解修行实践以及修行技术所包含的深层意义——身、心、法之间的关系，如何理解修行与自我认同、修行与社会关系的再生产等，是我在下一步需要借助理论工

---

① 龚浩群. 佛教与社会：佛使比丘与当代泰国公民－文化身份的重构 [J]. 世界宗教文化，2011（01）.

具加以探究的重要内容。

一 导言：如何理解当代宗教的现代转型？

宗教的现代转型是当代世界面临的普遍问题，也是宗教人类学与宗教社会学的重要研究课题。在现代化和全球化进程中，宗教是被世俗化取代，还是表现出新的宗教形式？针对上述问题，西方学者以当代欧美社会的宗教形态为出发点，提出了世俗化和宗教个体化等理论，试图解答当代社会的宗教转型问题。这些理论开启了国际学界的相关讨论，但是也受到欧美社会经验的局限，尤其缺乏来自全球视角和来自世界其他区域的个案研究的检验。关于当代泰国城市中产阶层佛教信仰与实践的研究将为检验和丰富现有的宗教研究理论提供有益的个案。

（一）当代泰国佛教的现代转型研究

当代泰国佛教的现代转型可以大致分为两个阶段：第一个阶段是 19 世纪后期开始的佛教与民族国家政治在现实层面的关联，佛教被塑造为与现代国家权力体系相匹配的科层制宗教；第二个阶段是指当代泰国从 20 世纪 30 年代以后开启的新佛教改革运动。当代关于泰国佛教的研究基本上围绕这两个阶段来展开。新佛教改革运动可以说是对前一个阶段的反动，它的特点体现为：以国家为中心的僧伽制度建构转变为以社会为中心的思想性介入，以城市（曼谷）为中心的对丛林的规训转变为以丛林为中心的对城市的批判，宗教生活形式从以仪轨为中心转变为以个体实践为中心。

佛教与现代泰国国家政治之间的关系一直受到学者的关注。坦比亚（Tambiah）借鉴人类学家利奇的"钟摆模式"来说明泰国小乘佛教与国家权力之间作为连续性的深层的辩证紧张的特点。[①] 萨克萨姆兰（Suksamran）分析了 1965 年之后泰国僧伽参与国家政治现代化项目所导致的结果，即国家利用僧伽的神圣性来增强政府的合法性与权威，而僧伽集团却可能因为直接卷入政治而丧失其社会整合功能和宗教神圣性。[②] 在 20 世纪 60 年代之后，泰国兴起的佛教改革运动正是对国家权力控制僧伽的反动，并在城市中产阶层中产生了重要影响。有学者将当代泰国都市佛教分为两个体系：一是由国家自上而下设立的正式僧伽等级制度；二是由信徒和佛教改革派自下而上推动的革新运动，它带有强烈的个体主义色彩。同时，宗教改革派的理性主义与政治民主一道构成了替代性意识形态的基本要素。[③]

关于当代泰国佛教改革运动，学者主要关注三个有代表性的个案——佛使比丘、法身寺和静无忧运动。佛使比丘是当代泰国佛教改革思想的集大成者，他的学说被认为回应了泰国知识

---

① TAMBIAH S J. World conqueror and world renouncer: A study of Buddhism and polity in Thailand against a historical background [M]. Cambridge: Cambridge University Press, 1976：517.

② SUKSAMRAN S. Political Buddhism in southeast Asia: The role of the Sangha in the modernization of Thailand [M]. London: C. Hurst & Co. Ltd. , 1977: 120-121.

③ TAYLOR J L. New buddhist movements in Thailand: An 'individualistic revolution', reform and political dissonance [J]. Journal of southeast Asian studies, 1990, 21(1); JACKSON P A. Buddhism, legitimation, and conflict: The political Functions of Urban Thai Buddhism [M]. Singapore: The Institute of South-east Asian Studies, 1989: 9, 55.

精英的现代性要求。[1] 对佛使比丘的研究主要关注其对佛教教义的重释。[2] 关于法身寺和静无忧运动的研究多为对新宗教组织形式和理念的实证研究。法身寺运动因为将个体禅修与维护资本积累的正面道德价值联系起来而被认为是佛教新教主义。[3] 法身寺运动的特点体现为：倡导禅修和精神拯救，庞大而有效率的组织结构，教义的混杂性等。[4] 有学者发展出对当代泰国都市社会宗教性的探讨，从文化研究的角度分别考察了法身寺运动、佛教艺术、森林比丘、网络空间等体现出的当代泰国都市社会的宗教性，以及新的佛教文化形式对于历史与传统的合法性所构成的挑战。[5] 静无忧运动被认为是对消费主义社会的强烈批判，体现了在发展资本主义和现代化进程中一部分激进派试图净化个体、社区和社会的努力。[6]

关于当代泰国佛教的社会学人类学研究的主要不足在于：大多数研究者偏重对宗教人物或宗教组织的研究，而忽略了对于信仰者及其实践的研究。上述研究没有将宗教经验放置在信仰者的日常生活中进行整体性理解，难以反映宗教生活与经济生活、政治生活之间在实际运作中的联系，并在信仰者个体与佛教的新公共角色之间造成脱节，由此得出的结论难免逃脱主观臆断的嫌疑。

采取当代信仰者的视角，从日常生活的层面描述和解释佛教的现代转型，探讨信仰者如何策略性地回应现代性需求，探讨个体在宗教的现代转型中所发挥的创造性作用，以及强调个体的道德主体地位的现代宗教如何推动宗教的公共影响力的实现，应当成为未来研究的重点。此外，通过对泰国的个案研究，就宗教个体化等问题进行深入讨论，回应宗教研究中的一般社会理论问题也应当成为研究者的自觉追求。

（二）开展本研究的思路、方法和田野调查情况

考虑到曼谷在泰国的政治、经济、教育和大众文化方面所占据的中心地位，本课题选取曼谷的中产阶层群体作为研究对象。泰国城市中产阶层被认为是当代泰国社会的革新力量。在泰国，自 20 世纪 70 年代以来，随着现代工商业的迅速发展和高等教育的普及，出现了以专业人士、知识分子、私营业主和公司职员等为代表的新城市群体，他们是处于保守的社会精英（包括贵族、军人集团）和广大农民之间的中间阶层。在当代泰国城市中产阶层仍然是一个相对宽

① JACKSON P A. Buddhadasa: Theravada buddhism and modernist reform in Thailand [M]. Chiang Mai: Silkworm Books, 1987: 48.

② JACKSON P A. Buddhadasa: Theravada buddhism and modernist reform in Thailand [M]. Chiang Mai: Silkworm Books, 1987; SWEARER D K. Me and mine: Selected essays of bhikkhu buddhadasa [G]. New York: State University of New York Press, 1989; ITO T. Modern Thai buddhism and buddhadasa bhikkhu [M]. Singapore: National University of Singapore Press, 2012.

③ TAYLOR J L. New buddhist movements in Thailand: An 'individualistic revolution', reform and political dissonance [J]. Journal of southeast Asian studies, 1990, 21(1).

④ MACKENZIE R. New buddhist movement in Thailand: Towards an understanding of Wat Phra Dhammakaya and Santi Asoke [M]. London and New York: Routledge, 2007.

⑤ TAYLOR J. Buddhism and postmodern imaginings in Thailand: the religiosity of urban space [M]. Surrey and Burlington: Ashgate, 2008: 95.

⑥ ESSEN J. Right development: The Santi Asoke buddhist reform movement of Thailand [M]. Lanham, Bouler, New York, Toronto, Oxford: Lexington Books, 2005; MACKENZIE R. New buddhist movement in Thailand: Towards an understanding of Wat Phra Dhammakaya and Santi Asoke [M]. London and New York: Routledge, 2007.

泛的范畴，对它的界定既取决于某些具体指标，如教育程度、经济收入和社会地位等，也取决于当事人的自我定位。因此，对研究对象的界定既要考虑客观的衡量标准，也要考虑被研究者的主观认知。

本项研究将突破仅仅从宗教组织和宗教教义来理解新宗教运动的局限，强调从信仰者的日常生活的角度对当代泰国的宗教与社会变迁做出整体性理解；试图在关于信仰者个体的微观研究、关于佛教与泰国社会转型的中观研究和关于宗教与现代性问题的宏观研究之间寻找概念性的突破。笔者将采取人类学田野调查和文献分析的方法来开展实证研究。笔者于 2013 年 7—8 月在曼谷进行了一个月左右的预调查，后又于 2015 年 1—2 月在曼谷开展了一个月的正式调查。在两次调查中，笔者通过参与观察和个人访谈获得了关于曼谷中产阶层佛教信仰状况的第一手资料。这是本文的经验研究基础。

本人曾经在泰国中部的乡村做过长期田野调查，对于泰国的乡土社会及其宗教生活方式有一定的了解。而此次田野工作的主要地点选择在曼谷，希望从城市中产阶层的宗教信仰方式出发来理解当代泰国的社会变迁。在田野进入路径、田野工作方式、宗教语言学习和深入的参与观察等方面，此课题都对本人提出了新的挑战。

我事先通过在泰国和中国的一些朋友建立了自己在曼谷的初级人际网络，并依托曼谷的佛使比丘档案馆（英文简称 BIA）来开展田野调查。佛使比丘是当代泰国宗教改革派的领军人物。2010 年 8 月，坐落在曼谷一处公园内的佛使比丘档案馆正式对外开放。尽管该馆负责人声称他们并不是佛使比丘生前所在寺院解脱自在园的分部，而是独立的档案馆，但是当地人都称之为"解脱自在园曼谷分部"，而非"佛使比丘档案馆"。此外，人们通常是在英语语境中或者与外国人（例如我本人）交谈的时候，才会用档案馆的英文简称来指称该场所。

佛使比丘档案馆的经理 K 先生让我把自己的研究提纲和个人简历发给他，以便他们更好地配合我的调查。在研究提纲中，我开放式地列举了自己感兴趣的三个方面：档案馆的宗旨、活动和影响，参与档案馆活动的人群及其佛教实践，通过档案馆和相关人群理解变迁中的泰国社会。此后，档案馆成为我这次调查当中访问次数最多的场所。我先后与档案馆的核心人物，即档案馆主任 B 先生、多名项目管理人员、多名志愿者及到访者进行了接触，对于档案馆的主要活动形式有了一定的认识。

档案馆主任 B 今年 56 岁，出生于呵叻府，曾是一名医生。他于 28 岁的时候在解脱自在园出家，后来还俗。他说早在佛使比丘还在世时，就有了建立档案馆的计划，筹建档案馆大概花了 20 年的时间。档案馆的宗旨是发展佛使比丘的教导，帮助人们通过身体和心灵的锤炼获得理智和智慧，并回报社会。该馆的首要任务是保存佛使比丘的资料，并以现代手段进行传播。其次，为了使活动取得成功，需要通过多样化的形式吸引公众参与。为此，档案馆主要开展以下几类活动：一是档案利用；二是利用书籍和其他媒介在大众中发展和创造对于佛法的理解；三是各部门开展的实践活动。他说，有一个专业的评价小组每年都对档案馆的主要活动的过程和影响做出评估。在我看来，该馆的活动范围超出了档案馆的范畴，除了保存与佛使比丘相关的档案资料，它还举办各种法会和公益性的佛教实修活动，成为人们的精神社区。通过结合颇具现代气息的建筑风格与活泼多样的活动形式，档案馆试图将佛使比丘的教导更好地融入到当代泰国社会和年轻一代的生活当中。

佛使比丘档案馆的具体活动可以从他们每月的活动简报上了解，大致上可以分为两类。一类是佛法学习，帮助人们解读和理解佛法；另一类是采取寓教于乐的形式，例如音乐冥想、瑜伽、太极、手工制作等来促进人们的实践。档案馆倡导佛祖所教导的观呼吸的实践方法，同时，还吸收其他高僧发展出来的实践方式，或者采用现代的冥想方式帮助都市人修行。档案馆还成立了国际项目，致力于向国际社会推广佛使比丘的精神遗产。国际项目包括用英语开展讲法和实践活动、著作翻译、维护该馆的英文网站、建立国际合作关系等。

佛教术语和教义也对我以往的语言和知识基础构成了挑战。在泰国乡村，巴利文和高深的佛教教义似乎是僧人的专门知识，然而，佛使比丘所倡导的佛教改革要求信徒摆脱仪式主义的束缚，真正理解佛教的本源，因此，佛教术语及教义的普及成为佛教改革派的任务之一。在参与人们的佛教活动时，语言是我在调查过程中面临的一大挑战。有幸的是，我在到达曼谷的第二天就结识了一位来自解脱自在园的女居士S，她与我进行了两次谈话，向我普及了佛使比丘基本教义中的关键词。对于教义当中的关键词的把握，为我和其他信徒的交流奠定了知识基础。我总感觉做田野就是"摸着石头过河"，语言和文化中的关键词就是散布在河中的石子。对研究者而言，掌握当地语言始终构成挑战，但也正是通过学习语言，田野调查才能够得以进行和深入。正是在S的指导下，我顺利进入了解脱自在园的女子修行处，在那里度过了五天时光。当我再回到曼谷的时候，我开始能够与人们进一步交流实践的感受。

二　身心修炼、自我认同与社会关系再生产

本项研究初步发现，新佛教运动对个体实践的强调发展出对于身、心、法的关系的深入体验和一系列的身体技术。十六步呼吸内观法、有节奏地走步和手势定力法等身体技术为个体提供了多样化的修行路径，修行者由此达到从不定、定到内观的不同层次的身心状态。个体修行者关于"感知自身在当下的存在"（安住当下）的表述，暗含着身体技术所造就的自我认同的时空维度，并可能成为个体与社会关系再生产的出发点。

（一）什么是实践与修行？

过去我在乡村开展田野调查时，常听人们提到功德。而在此次调查中，人们在不同场合向我介绍实践或修行的内涵。虽然不同的人对于实践的内涵的理解有些许差异，不过总的来说，实践强调的是在日常生活中身体力行，践行佛法；从狭义来说，实践专指专注于身心锤炼的修行。这种实践观也体现在改革后的佛教仪式中。

1. 实践按照途径分为施、戒、修，做功德只是实践的一部分；修行即"改善自我"，是较高层次的实践，其所要达成的理想状态包括定（samathi）和内观（vibasana）；呼吸法是重要的练习方法

S是解脱自在园的女居士，正回曼谷探亲。S步履轻盈，思维相当清晰，很难想象她是一位年近八旬的老人。我与S有两次长谈，她向我介绍了与佛法实践相关的核心概念。她几乎教我每个术语的拼写。虽然一些佛教术语的中文词汇对我来说并不陌生，但是泰文词汇我确

实是第一次听到。S说，教我这些基本教义之后，我就可在解脱自在园与他人对话了。后来我才知道，S在解脱园担任女子修行处的培训导师多年，有着丰富的讲授经验。听说我要去猜亚修行，S立刻帮我联系了女子修行处的司机、负责人和寺庙主持。S为我开启了田野工作的大门。

S出身在外府，父亲是潮州人，做生意。她是家中最小的女儿，有一个姐姐、两个哥哥。S于1957年从牙医专科学校毕业，1961年从朱拉隆功大学医学院本科毕业，之后接受了一年的培训，到北标府的一家医院工作。S没有婚姻经历。她在1974年40岁的时候与朋友第一次去解脱自在园，觉得那里清静，并拜见了佛使比丘。最初她并没有想到解脱园会改变她的一生。她从每年去解脱自在园一两次发展为几乎每个月都去一次。因为想留在解脱园，S在55岁的时候提前退休。她到解脱园一年之后，佛使比丘的健康状况恶化，她很庆幸自己有机会照顾佛使比丘。她说佛使比丘慈悲宏大，他在晚年牙齿不好，却不希望从曼谷请牙医，因为他觉得这样做太麻烦他人。佛使比丘在世时希望设立女子修行处。佛使比丘说在寺庙里的做功德仪式上，妇女通常要负责做饭和做清洁，没有机会学习佛经和实践佛法，女子修行处的目标是为妇女们提供修行机会和场所。佛使比丘去世后，这一想法得以实现，S从此长期在女子修行处担任导师。

S首先谈到世俗的道德教人们如何拥有幸福，而真正的宗教却教人如何远离痛苦。佛使比丘教导佛教的四谛，即苦、集、灭、道。集来自于欲望和无知。而圣道有八种方法，即八正道：正见、正思维、正语、正业、正命、正精进、正念、正定。正见和正思维属于慧，正语、正业和正命属于戒，正精进、正念和正定属于定，戒、定、慧统称为三学。从理论上来说，人们遵循戒、定、慧的顺序，但是在实践中的顺序却可能是慧、戒、定，因为拥有智慧之后人们才会对实践有兴趣。那么如何实践呢？

S说她在小的时候也做功德，但并不知道如何实践，没有人教授实践的方法（这也是我在泰国乡村做田野时见到的状态）；做功德其实只是实践的一部分。实践有两种分类方式。第一种是按照实践过程划分为听闻和学习佛法、实践佛法和实践的结果。第二种是按照实践的途径划分为施、戒、修。施包括施舍物品、佛法施和宽恕；戒指的是持守戒律，戒的原意是指"正常的事物"，只有持戒才能拥有正常的生活，这是幸福的基础；修行就是改善，分为定和内观。定是指让人们的心静下来，让心专注，然后可以练习内观。所谓内观，不是指用眼见，而是指用心见到三性，即苦、无常和无我。内观是修行的最高境界。

S介绍说练习定的方法有好几种，其中的呼吸法（phutho，原意指佛陀或者慈悲）包括腹式呼吸法、身心合一法或意识对身体的自觉、有意识地呼吸等。关于各种练习的方法，不同的派别之间有区别。佛使比丘教导佛祖开悟时所依据的方法即有意识地呼吸或者观呼吸，通过练习这种呼吸法可以增进人的理智与智慧。智慧又分为三种：听闻慧、思慧和增上慧。其中，增上慧是最重要的。增上慧是不能通过他人得到的，必须要亲自实践。

2. 信奉佛祖不能代替实践佛法，修行实践包括正确地对待身、心和社会，只有通过修行发展内心才能产生智慧

S的讲解让我对实践与修行的基本含义有所了解。同时，我也在不同场合向高僧们请教，以求获得对于实践的全面理解。2013 年 7 月 20 日周六,我随同在佛使比丘档案馆偶然认识的朋友 W 去拜访高僧查亚萨若。有点不同的是,这位高僧是英国人,他在英国接触佛教后来到泰国,拜泰国东北部著名的查法师为师。

查法师圆寂后,查亚萨若继续留在泰国宣扬佛法。我们驱车一个多小时于早晨 8 点多到达道场。道场位于呵叻府北冲县的一个高档别墅区,周围是绿树成荫的丘陵,凉风习习。道场是一栋两层楼的红色建筑,我们到达的时候一楼的走廊里都已经坐了不少人。法师坐在二楼大厅,大厅里座无虚席,有好几十人。我和 W 只好在环绕大厅的走廊里找了一个地方,席地而坐。人们诵早经、打坐到 10 点左右,然后向法师献花。休息的时候,人们到一楼取来道场免费发放的经书和 CD,人们可自由捐献。参与法会的人以女子居多,有不少女青年。大多数人穿白色上衣,着装素净。

10 点过 10 分,法师开始用泰语讲法,有专人摄像。因为这天是礼佛节,所以法师围绕佛法和佛僧来讲道。他说佛祖教导人们四谛,僧人的职责是实践四谛。他强调并非信奉佛祖就能升入天堂,而是要通过实践来秉持佛法。11 点左右,讲法结束,人们向法师奉献香烛。之后法师捧钵,人们排队施僧。然后大家用餐。今天的午餐非常丰盛,每人都用一个大饭盆将饭菜装在一起,不太符合泰人用盘子分装饭菜的传统。后来我经常听说佛使比丘的一句名言:"像猫那样吃饭,在水渠边洗澡。"这句话告诉人们生活其实可以很简单,生命的需要也很简单。

W 告诉我,在下午法师会和人们交流,回答问题。12 点半,我们到一楼的会客厅见到了法师。在场的近二十名信徒聆听法师的教诲。我介绍了自己的身份,法师对中国很感兴趣。他问起当代中国佛教的发展状况,我说寺院香火旺,但是佛法的传播还不太普及。我问了一个问题:如何实践?法师说实践分为几个部分。第一点是身体的部分,如吃饭,要知道吃饭的作用是什么,吃什么,何时吃,要正确对待自己的身体,使之处于正常状态。第二点是如何有好的社会,如何不伤害他人,为了社会应做出牺牲。道德不是出于外部限制,而是内心自愿,可以通过练习来获得。关于身体和社会都是外在的,第三点关乎人的内在的方面,要发展内心,通过打坐等方式来修行,锻炼自己的理智、忍耐和慈悲精神,最后通过增进理智和心的实践来产生智慧,知道自己什么时候想,什么时候不想,通过内观来反思什么是应该做的,什么是不应该做的,从而解决问题。

3. 在实践当中,控制心是非常困难的,因此要常常修炼自己的心智;要结交好的朋友,通过共修来增进新的认识

2013 年 7 月 17 日晚上,我第一次参加佛使比丘档案馆的冥想活动。这个志愿团体叫做"清凉功用"小组,由三位志愿导师带动大家讨论佛法和练习冥想。所谓"清凉功用"指的是通过修行实践获得的清凉感受,并不是让我们无所作为,而是使我们能够改善现世生活。活动从下午 4 点开始。除了志愿者,今天大概有八九名参与者,其中只有两位男士。参与者大多是城市的上班族,他们利用下班后的时间来这里练习。参与者不固定,他们之间也并不相识。我是新人,导师 Su 让我介绍自己。我谈到自己读过译为中文的佛使比丘的著述,但是并没有理解实践的重要性,因此希望与大家共修来增进对于这一方面的理解。Su 问我对于佛使比丘的教义有怎样的理解,我说主要有两点:一是无我;二是以空心来工作。佛使比丘教导说要去除我执才能消除痛苦；灭苦并不意味着无所作为，而是要以空心来工作，以利益他人而非执着于自我的态度去工作。

　　Su赞同我的说法。他说佛使比丘谈到了为什么宗教不同于道德。有的人认为自己是好人，但是好人仍然有痛苦，好人仍然无法解脱。佛使比丘认为佛教的重点在于解除痛苦，宗教高于道德。佛教的教导方式让人们认识到"什么是什么"，如果不认识佛法和生命是什么，无法看清无常、苦和无我，就会因为错误的行为而产生痛苦；如果有真知，痛苦就会减少。这时有人追问："怎样才能看清无常、苦和无我？"

　　志愿者回答说，正是我们心中的价值观的确立导致了各种欲望，令人想法颠倒。"想要"或"不想要"都将产生痛苦，如果不能认识这一点就不能解除痛苦。痛苦的根源在于欲望，欲望存在于心中。为什么会有欲望？因为有认识（sanya），产生对自我的感知，从而产生苦。佛祖的教导让人能够听止于听，闻止于闻，不要产生价值观上的倾向。如何做到呢？用理智来控制。在修行当中，控制心是十分困难的，因此要常常训练自己的理智。"想要"就会产生烦恼，比较和过多的选择也会产生痛苦，如果我们有理智的话，就能够保持平静。那么，该如何训练自己呢？志愿者会在第二天和大家讨论呼吸和涅槃的方法。

　　到5点半的时候，讨论结束，人们礼拜三宝，然后听佛使比丘的录音并打坐。佛使比丘在录音中谈到无常、无我以及如何修行。有意思的是，录音里还能听到鸡鸣声。当我闭上眼睛，仿佛正在一个凉爽的早晨沐浴着晨光，在万物苏醒的时刻聆听着法师的教导。鸡鸣把我的思维带到了远离都市的远方。到6点半，录音结束，Su总结了教导的三个要点，即不行恶、行善和用纯洁的心地与智慧作用于社会。

　　第二天7月18日下午4点，我继续在档案馆参加冥想小组的活动。志愿者问大家，冥想的作用是什么？如何在生活中练习？他说，冥想只是训练的方法之一，人们可以借此了解自己，知道事情是如何发生的。比如为什么有的人拥有了一切但仍然感到痛苦，仍然烦恼？人生无常，只有知道痛苦的根源才能灭苦。有的人常常做功德，念佛经，但是痛苦仍在。有的人冥思的时候内心平静，但是在工作的时候与人争执，产生痛苦，这又是为什么？

　　志愿者说冥思不只是闭眼打坐，而是集中注意力于某一件事情，这样来让自己认识到真相，让心定，对一些根本性的问题进行思考。比如认识到美丑之分让人产生烦恼，带来痛苦，因此我们要让心空（chit-wang）。要专心，让自己满足，做到自知（ru-dua），从而感受到宁静。佛使比丘说心也需要好的粮食，要满意，充满喜悦（pidi）。佛使比丘强调多练习，只有这样才能建立新的认识。讨论结束后大家开始冥思，志愿者说如果不习惯打坐，可以去馆外的林子里走走再回来。这时开始播放佛使比丘的录音，内容大概是说如何通过观呼吸来增长智慧。关于如何建立新的认识，佛使比丘说了几点：有好的朋友；尽量去做，不管做到什么程度都满足；有戒、定、慧；有力量，热爱善行。活动结束后，有一名青年女子向志愿者请教。她的问题是母亲质疑冥思能够得到功德，应该怎样说服母亲。看来，不同代的人对于实践的重要性的理解可能存在差异。

4. 在当下即可灭苦，修行实践已经成为部分都市道场的礼佛仪式中的一部分

　　2013年7月22日，我在档案馆参加入安居期的做功德仪式。在乡村，入安居期的做功德仪式是非常热闹的，人们往往穿上华丽的节日礼服。而在这里，大多数人，包括不少年轻人都身着简朴的白色或其他素色服装参加活动，人们说这样做是为了表明他们的态度是严肃的。僧人在开示的时候特别强调，没有必要在去寺庙或道场之前花很多时间装扮，只有心里有幸福，身体才能幸福。

这里的人安居仪式和乡村寺庙的仪式在主要程序上没有大的区别，都是先礼拜佛三宝，然后是持戒与开示，还有巡烛的活动。不同的是，在这里修行实践成为整个仪式的中心。比如僧人在开示中谈到，每个人都能修行，在当下即可灭苦，身心舒畅；苦的原因在于自己没有智慧；有人说宗教难以理解，实际上是因为没有实践，无法获得心灵的平静与幸福。在僧人开示之后大家会打坐 5 分钟：通过呼吸让自己的心专注起来。志愿者还准备了解脱自在园版本的经书，并告诉大家今天诵经的具体段落。在僧人用餐的半个小时里，志愿者会带领众人诵读经文。该版本的经书对巴利语经文逐句进行泰文翻译，这样俗众可以克服神圣语言与日常语言之间的距离，通过读经来领会佛法的真谛。这里的巡烛活动也给我留下了深刻的印象。四五百位信众尾随僧人围绕草坪中间安置的一小尊佛像缓缓步行三圈。这里没有富丽堂皇的佛殿，蓝天和大地就是庙宇之所在。庄严肃穆的巡烛队伍与他们身后的高楼大厦形成了有趣的对比。

（二）修行实践中的身体技术与身心关系

在与 S 的第一次谈话中，当我谈到希望去女子修行处亲自实践时，S 离开沙发，坐在地上教导我正确的打坐姿势——双莲花坐式。但我的腿韧性极差，只能勉强用半莲花坐姿。莲花坐姿是很好的姿势，它让身体保持平衡，不易左右摇摆，有利于练习定和内观。不过，对我来说，这种坐姿难以坚持，腿脚的疼痛和麻木感总让人坐立不安。

人类学对宗教的研究通常关注教义和仪式。教义属于观念，而仪式通常是集体性行为。作为个体体验之基础的身体与感官长期被排除在人类学话语之外。莫斯早就指出"人的第一个、也是最自然的技术物品，同时也是技术手段，就是他的身体"，人类学当中关于身体的讨论却是在近年才受到关注。在开展本项研究的过程中，人们不断向我强调身体感受与理解之间的联系，身体技术成为佛法实践的重要法门。衡量一个人是不是佛教徒，仅仅信奉佛教被认为是不够的，通过身体技术进行的实践才是真正的意义所在。有意思的是，当地人向我讲解了听闻佛法和实践佛法之间、知道和理解之间的区别。听闻佛法对应的是"知道"，而实践佛法对应的是"理解或真正明白"。这也向我提出了认识论上的挑战，如果要真正理解佛法，就必须亲自实践。

1. 修行实践中的身体技术：以呼吸法和走步法为例

2013 年 7 月 25 日，我专程到解脱自在园的女子修行处实践。当天晚上 6 点，我参加了晚修。一位每年来这里短期修行的退休大学教授见到我还不会正确地打坐，就请负责日常接待工作的女居士 V 教我一些打坐方法。V 教导说身体姿势很重要。在诵经之后，需要从礼拜佛三宝的天仙跪姿改为双莲花坐姿，这样才能保持身体的挺拔，有利于修行。采用莲花坐姿时，双手应当自然伸直放在双膝上，如果打瞌睡，身体弯曲双臂也就会弯曲。专心意味着身体的各个部位能保持正确的姿势。起立时，应当从莲花坐姿转变为天神坐姿，然后站起来。

关于打坐，V 说在坐好之后，要控制呼吸。呼吸分为短、长和适度三种。当人生气的时候，呼吸急促，这时如果深呼吸能使自己放松下来。但如果长时间深呼吸会让人疲倦。打坐时的呼吸是把自己的呼吸控制在适当的长短程度，知道呼吸何时长、何时短。呼吸有三个节点：鼻、胸和肚脐。无论呼气还是吸气，都要知道气息到达了哪个部位。呼吸的时候不要想别的，从面部、脖子到肩膀，全都要放松。我的半莲花坐姿坚持不到 20 分钟就因为疼痛和麻木有些受不了，于是我更换了姿势。V 说疼痛的时候应当忍耐，疼痛就像世间的所有事物一样，不断生起又消失，应当通过观看疼痛来明白无常的意义。

V 还教我如何有节奏地走步。走步要和呼吸结合起来：迈出左腿时呼吸，呼吸的尽头稍停顿一下，这时左脚已经落地，右脚脚尖触地，正要迈出；然后迈出右腿，呼吸。走步时双眼注视大约一米远处。走步的距离不要太短，也不要太长，大约 39 步，然后转身，往返走。转身的时候不能急促，否则会破坏内心的宁静；脚步要符合节奏，迈步时不要紧张，顺其自然即可。V 说自己每天早起后练习打坐和走步各半个小时，晚上睡前也如此；打坐和走步都有益于身心。V 还推荐我阅读佛使比丘写的关于练习步骤的书。我很感激 V 的教导，她给我上了关于身心修炼的第一课。我回到宿舍时已经 8 点多了，虫鸣、宁静，开始实践。

7 月 26 日。我在凌晨 3 点醒来。随后听见敲磬的声音。差一刻 4 点，我起床，洗漱之后在月光下来到诵经处。有四名修行女子已经到场，她们静坐或是在屋内走步。4 点半，Su 来了，诵经至约 5 点半，打坐约半小时。我很难将注意力集中在呼吸上。一是因为困倦；二是因为脚脖子和膝盖疼痛，虽然感觉腿的韧性较昨日有进步。打坐时熄灯，黑暗中更显宁静。我在黑暗中观察其他人。除了我，其他四位坐如磐石。

完成早课之后我见到几位快走锻炼身体的女士，包括女子修行培训班的导师 D 大妈。我随 D 走了几圈，D 让我加速，迈大步，手摆起来。我感到左肩有些疼痛，走了两圈之后，疼痛减轻了。早饭后我拜访了 D。

D，68 岁，是一位退休教师。她有三个孩子，丈夫健在。D 曾经在呵叻府的一所寺庙修行，1986 年她第一次来到解脱自在园，听佛使比丘关于训练学生的道德的教导。"什么是正确的？就是不让自己和他人受伤害。"D 用这一点来指导人生。

D 在 55 岁时提前退休。2004 年开始成为女子修行处的志愿者，协助这里的培训工作。D 谈道："要去我执，工作不要指望回报。"D 的思维非常敏捷，表达很清晰，语气柔和慈祥，是她拉近了我和佛法之间的距离。D 说佛使比丘只教"苦"与"灭苦"。佛祖觉悟的事情很多，如林中的树叶，但佛祖教授的要义只有手中的树叶。

D 教导我说，佛祖教导呼吸内观法，佛使比丘亲自实践后加以宣扬；佛教一定要实践。了解知识之后只有通过实践才能真正领会真理，才知道为何要灭苦，能否灭苦，从中能得到哪些益处；实践之后人们才会相信自己。佛使比丘在《出入息修持法》一书中将修行实践分为十六个步骤（十六阶），修行者依次达到四个阶段，即身观念处、受观念处、心观念处和法观念处。在我看来有意思的是，南传佛教重视《四念处经》，不过佛使比丘在书名中并没有沿袭经书旧称，而是直接突出"出入息"，即"呼吸"法门。从呼吸开始，这是人人都能做到的，我也由此克服了畏难情绪。D 为我细致讲解了呼吸法的十六个步骤，记录如下。

修持的第一段是"身观念处"，也就是将心念安放在身体上。这一个阶段包括前四个关于身体的步骤，简单地说就是"了知自己呼吸的长短"。第一阶感知长的呼吸，第二阶感知短的呼吸。D强调说劳累、生气或者慌张的时候呼吸就会急促，生气的时候深呼吸可以消除怒气，让身体恢复正常；如果呼吸变化，身体也会变化，这是科学而非迷信。第三阶感知呼吸和肉体的关系，通过调节呼吸来调节肉体。第四阶是调节呼吸使其逐渐平息，使心平定，身行定止，达到禅定。

D特别为我讲解了这段练习所需要的技术。一是知觉跟着气息上下奔走。用理智来吸气和呼气，用呼吸声来引导；或者集中精神于鼻子与肚脐。心不练习就会走神，只有通过不断练习，才能与呼吸一体。通过练习人们会脱离烦恼的状态，自然而然地察觉内心。不要强行呼吸，如果能察觉自己何时走神说明有理智。这就像骑自行车，一定要自己骑才能学会，摔倒了可以再来。二是坚守在一个适当的地方观望，像守门员那样将注意力集中于一点，如鼻尖，不必追随呼吸。有人至此心灵已经平静，没有烦恼。三是检查心灵是否有力量，在心中成立意象，比如想着清澈的水珠或者透明的钻石，这叫观照相境。这可以用来检验心是否有能力控制烦恼欲望。四是变换心中的图像，这说明心灵有很多力量，非常平静。很多人做不到第三点和第四点，做不到也没有关系，只要心灵平静即已灭苦。修完这四阶修程，就完成了御气、御身和御心的工夫。

第二段是"受观念处"，即将心念安放在感受上。在这个阶段，实践者心里会感到高兴、满意，知道自己能达到喜悦的状态并为此激动。这时要从喜乐的感受上着手，在每一呼每一吸上观察"喜"发生的情形，知道什么叫作"喜"，其状态如何。这个阶段的第一阶即总的第五阶是产生高兴和满意（bidi）。第六阶是产生幸福和平静的"乐"，心有力量，不迷恋喜悦的状态。第七阶叫作心行，察觉到受对于心的支配，喜乐等感受会改变心灵。第八阶要抑制心行，以达定止。

第三段是"心观念处"，直接修行御心。第九阶是在每一呼吸之间观察心的现状，知道自己的心的每种状态。第十阶是控制心使其产生极喜，在每一呼吸之间全心沉浸在极喜的感觉中。第十一阶是控制心使静定。第十二阶是令心解放，让心清净，了无一物，解放一切杂念。

第四段是"法观念处"，即观察法的演变。第十三阶是观无常。通过观察呼吸和各种感受的变化而察觉正在生起的事物，洞察万物变化无常。如果知道所有事物无常，心就会保持正常状态。持己为苦的根源，明白了这一真理，才可以让心清净。要看内心，看到自己的心和身体一直在变，懂得因和果、苦和苦因，懂得了这些就不会再在意什么，就会有慈悲去理解他人的苦因，懂得宽恕，懂得要去灭苦就要灭苦因。苦来自内心，六识产生苦。眼睛见到事物之后就会产生触，触产生受，受会让人产生想要的欲望，欲望带来烦恼。没有理智的触就会产生烦恼。欲望和烦恼有三种：想要、不想要和犹豫要不要。这三种欲望都会产生我执和各种烦恼的生起。理智就是不让烦恼和苦产生。

D说："每个人都有理智，但是还不足以克服欲望。所以要通过对理智进行训练，让心灵有力量，不让触产生，战胜烦恼。要以正确的身、语、意战胜烦恼和痛苦。人心有两个部分，即欲望和法。有理智，欲望和痛苦就不会产生，就不会有烦恼。心灵有力量就会产生定力，会看清真理，心思敏捷。坚定和纯洁都是心定的表现。"

接下来的第十四阶是修持离贪观，即通过内观渐次消灭执着和痛苦。第十五阶是修持灭观，即观见烦恼与执着消灭殆尽。第十六阶是舍弃观，在呼吸之间观见舍弃的情境，断绝一切烦恼与痛苦之后去妄归真，回到大自然。

D特别强调的是观呼吸和观无常。观呼吸是入门法门，观无常则是内观当中最关键的一步。留恋心定的状态，没有对无常的领悟，就无法获得最高境界。有僧人将呼吸法的练习过程比作猴子上树取椰子。呼吸不能太短，也不能太长，最后如果能集中注意力在椰子上，就能获得仿佛猴子吃椰子时的喜悦。

当天下午，我继续向D求教，她手把手地教我如何练习走步。D说，练习走步的目的是让心止息杂念，走步也是内观的一种练习方法。练习走步可以遵循由简到繁的过程，逐步深入。下面是她教我的练习步骤。

第一阶段：右脚迈步，左脚迈步。

第二阶段：将迈步分解为抬脚、迈步、踩地。

第三阶段：将迈步分解为抬脚、迈步、落脚、踩地。

第四阶段：将迈步分解为抬起脚后跟、抬脚、迈步、落脚、踩地。

第五阶段：将迈步分解为抬起脚后跟、抬脚、迈步、落脚、触地、踩地。

第六阶段：将迈步分解为抬起脚后跟、抬脚、迈步、落脚、触地、踩地、脚步下压。

D强调，要通过练习，让自己明了没有"我身"，只有色（与身相对）和名（与心相对）。通过走和停顿，能够察觉万物的生起和熄灭，见无常，见无我，见到的只有走步，而没有走步的人。对于这种解说，我还不能领会。不过当我按照这些步骤实践的时候，倒是能够增进自己的注意力，专注于行走。

在女子修行处的五天时间里，我接触到的导师和僧人都从不同的角度解释了修行实践中的法门。比如有导师说诵经很重要，是必要的修行方式：如果诵经的时候用心，人们就会接近法身，知道如何灭苦，因此，诵经也是禅定的一种方式，人们可以通过声音来达到慧；诵经是训练理智的方式，对健康有益，每天诵经的人能保持好的记忆力；诵经要有节奏，如同歌唱，这样能让人学会忍耐，远离欲望，到达高的修行层次。

身体技术是多样化的，呼吸、走步、诵经等方式都可以增进定力。专注或者定是内观的基础，心定才能见苦和真理，才能见心的各种状况，才能灭苦因和欲望。正如BIA项目管理员P所说，不管采取哪种方法，取得的成果是一样的，人们可以根据自己的性格喜好选择不同的方法。BIA在修行方法训练上进行了综合和创新，不仅教授佛使比丘、天法师等高僧的呼吸法和走步法，还融合了音乐冥想、瑜伽等修行法。

2. 修行实践中的身心关系

通过对于佛法实践中的身体技术的描述，我们看到，掌握身体技术是实践的法门和基础，人们从对身体的审察开始进入到对心的审察。女子修行处的另一位导师N说，身心应该结合，强有力的心会使身体更有力量；反之，亦然。在修行处，导师强调要正确地对待身体，并带领大家快走和练习瑜伽。

身体不应当成为与心对抗的力量。有学员提问"是否一定要通过打坐才能修行"，导师

D回答说，先采取舒服的姿势，等到能够控制呼吸之后再试着改善姿势，也可以从走步开始训练。

因为把烦恼的生起归结为心的不当念想，因此身体的感受通常可以从心的方面来审察。心的力量不足导致身体和各方面的痛苦。就如修行处的僧人在开示中所说的，无论僧人还是平民都有机会涅槃；生命中应当修行，如果心的力量不足以解决问题或灭苦，就需要继续培训；要学会对自己满意，忍耐和接受，比如炎热的房间里有蚊虫，没有空调，这会让我们积累见苦的经验，人舒舒服服地是无法修行的，要明白触是苦的根源。

解脱自在园的住持颇师父教导我时说，做功德的人死后能升上天堂，但是还没有达到最高层次，最高的层次是涅槃。师父问我是否会打坐。他说先要观呼吸，至少15分钟，看心，了解自己的心，看心是不是我的。心里如果有定，就会产生喜悦。为什么要看心？因为问题来自心，心练好了才能有幸福。

身体既是个体感知世界的媒介，也是个体反观内心的途径和基础。身体的各种感受不应该是被压抑的对象，而应当是被审察的对象。对身体的审察和对心的观看最终将消解对我的执着，产生对无常和无我的觉悟。

（三）修行效应：自我认同与社会关系再生产

我的第一位报道人、解脱自在园女子修行处的导师S这样向我描述修行带来的人生转变："通过修行获得的智慧可以减少人们的烦恼（gilet）。比如家里的东西被盗，一般的人会为此感到懊恼，但修行的人对此抱持无所谓的态度。因为没有任何物质是能够永存的，我们所拥有的一切迟早会与我们分离，因此不值得为物而烦恼。修行的人还会去帮助他人，在工作的时候不会因为期望回报而感到失落。"这番话揭示了修行实践如何能够改善对自我的认同以及自我与他人的社会关系。在后来与其他实践者的访谈中，人们多次提到这两个方面，我将之归结为修行效应。

1. 修行的自我认同效应

在田野调查的过程中，访谈对象常常向我描述他们通过修行所获得的全新的对于自我与世界的认识。修行的首要目标不是改变外在世界，而是通过改变对于自我的认知来矫正对于世界的感受，从而接受或者化解生命中的痛苦。因此，修行所带来的自我认同效应是一种内向性的个体体验。

> 通过修行安住于当下，感知自己的存在，寻求心灵的平静。

高娃是我十年前就认识的同龄朋友，是泰国某大学的研究人员。在我的印象里，高娃对于佛教没有什么热情。记得十年前第一次去她家的时候正赶上佛教节日，她都没有兴趣去寺庙做功德。听说我要研究佛教改革运动和修行实践，高娃却表现出浓厚的兴趣。她说在11年前，她去过沙功那空府一座属于天法师派系的丛林寺庙，那里的教义受到佛使比丘的影响。高娃第一次去那里是和朋友一起去的，住了三天，第二次去住了七天。她说一定要多住几天才有感觉，刚开始两三天的时候会打瞌睡，到了第五天的时候心里才会觉得平静。她认为通过修行，可以让自己安住于当下（yu-gab-bachuban），有理智（sati），感知自己的存在（ru-dua-yu）。刚从寺庙回来后，她坚持每天打坐，但是到了后来没能一以贯之。不过，在精神紧张烦恼的时候，她仍然能够通过修行实践来寻求心灵的平静。

> 没有自我就没有痛苦，通过内观让另一个自我看清楚自己；道理只有通过修行才能领会。

Y 是一位于 1974 年出生在中国的华裔，汉语很流利。他 6 岁的时候随父母移居泰国。Y 从一所著名学府的经济系毕业后在中国银行等公司工作过。后来他决定自己开公司。2013 年 7 月 19 日，我们在去往一所寺庙的路上见到小学生的巡烛游行队伍。Y 说你们研究人类学的可能会对仪式感兴趣，但是他认为仪式是非常表面的。大概四五年前，Y 去参加青年佛教协会（曼谷一所较大规模的修行培训中心）的活动，拜访了泰国东北部的一座寺庙。他第一次去该寺仅逗留了一天，第二次去了七天，接受了修行训练，回来之后开始每天在家修行实践。

Y 说他认识到人的存在的三个方面：身体、感触和识。识用来规定物质的好坏并进行价值判断，产生特殊的触。人可以通过识来认识而非控制身体和感触，认识到怎样才能让自己感到舒适和有力量，也就是通过识来观察自我。人们需要正见，即认识到无我和生命无常，痛苦的产生是因为无知。如果没有自我会有痛苦吗？痛苦出于自我。

Y 说佛法实践有八万四千个法门，而最主要的方法就是观呼吸（anabanasati）。打坐可引进对自我的观察，呼吸可以拉住理智。当通过打坐把感想固定到一个地方之后，就可以通过内观来观察和证实三性（即苦、无我和无常）。Y 说他自己刚学习的时候感到很困难，要让另一个自我看清楚自己并不容易。但是到了某个时候，就像绳索拉断以后，杂乱的思想就没有了，很静，然后再想想曾经让自己烦恼的事情，就不再烦乱了。他在那一刹那得到无我的感受，从那以后就再也没有乱过、烦恼过。这种改变是在无意识当中发生的。

在 Y 修行的寺庙，僧人诵经的语速非常慢，早诵经 45 分钟，晚诵经一个小时。Y 跪坐时间长了脚疼，这就是苦。诵经的语速越慢，苦就越多。这时 Y 看到旁边的人老在晃动身体，比他自己更痛苦。过了一会儿，Y 专注于诵经，疼痛的感觉减轻了，再过一阵子，疼痛的感觉好像又增强了。他由此领悟到生命中的感受一会儿来了，一会儿又走了，就如同万物的出现与消逝一样。他还认识到，在日常生活中，人们想减轻痛苦，但是如果方法不当，反而会增加痛苦。Y 强调说这些道理是他在寺庙里真正通过修行而悟出来的，如果由别人告诉他这些道理，他就不能真正领会。

通过修持内观来观察疼痛、接受病痛并从病痛中学习，从而产生智慧和对生命的热情。在高僧查亚萨若的道场，一位 30 岁左右的男子询问如何对待自身的病痛。这名男子因为健康问题于几个月前开始修行实践。下面是这名男子与高僧之间的对话片段。

> 问：在过去四年里，我因为腿部受伤接受了多次手术，时刻感到疼痛，也无法做任何工作。请问怎样才能做到心空。

答：在情感方面，要放下怀疑，近距离地审视自己，将痛苦与感情分离开来，多思考生命与未来的意义。在方法方面，要创造积极的情感，如感念家人对自己的爱，用积极情感来代替消极情感。全然接受病痛，改变自己与疾病的关系。

问：病痛时间太长，难以接受。医生说能好转，但是一直没有好转。如何能够在病痛中拥有完整的生命？

答：关键在于接受。用内观的方式在当下观察疼痛的强度。要做到无我，如果考虑"我"能否活下去，那么仍有我执。可以在情感和实践两个方面努力，愿意接受病痛并从病痛中学习，从而产生智慧与对生命的热情。

问：我现在开始接受了。

答：要专注于情感上的接受。要做到喜欢自己，喜悦地接受目前的状态，这是一个学习的过程。过去只是存在于回忆当中，要回到当下。对病痛时长的强调会产生消极的情感，应该对生活存感激之情，通过冥想来看待所有的事物。

从以上个案可以看出，修行者的自我认同效应建立在对苦、无我和无常的认识的基础之上，通过修行实践，人们获得了关于平静的生命状态的体验，学着安住当下，从痛苦中解脱。有意思的是，人们对自我的理想状态的认同是通过放弃对自我的执着的修行实践来实现的。

2. 修行与社会关系再生产

修行在带来对自我的全新认识的同时，也帮助实践者重新确立自我与他人的关系，因此，修行可能成为社会关系再生产中的一个起点。这包括两个方面：一方面是如何消除社会关系中的紧张感；另一方面是如何积极建立新的社会关系。

通过修行锻炼人的理智，让自己的心平静，有力量，使自己从竞争激烈的工作环境中解脱出来。

一个周五的下午，在档案馆二楼的佛法实践厅，志愿者 B 带领人们诵经。活动结束之后，我向 B 介绍了自己的身份，在走廊里和他聊了起来。B 就在档案馆对面的泰国石油公司总部大楼里上班。两年前，在档案馆开放后，他就来担任诵经活动的志愿者，在此之前他本人并没有诵经的习惯。他说自从早晚诵经之后，心变得更平静了。刚开始的时候声音不够响亮，但是现在声音洪亮，有力量。B 本人并不是佛使比丘的弟子，而是追随连法师的弟子吞法师，他们的教义与佛使比丘的教导相似。核心教导之一在于从正确的见解中产生智慧。正确的见解即正见和正思维，要认识到"我"是不能常在的，真实存在的是无常、无我和苦。通过认识到身体不能永恒而增进智慧。核心教导之二在于通过思考才能理解佛法。当我们先看到结果，就应该找原因，就像医生一样。只有先知道了原因，才能解决问题。没有正见的人只看到"我"和"我的"，这种错见是产生痛苦的原因，对此一定要专心地思考。

我问起冥想的作用，B 说冥想就是让自己能够集中注意力，能在工作中有定力。吞法师认为正思维是中心，同时要练习定力。他自己练习有节奏地走步已经有 15 年了。通过有节奏地走步可以锻炼人的理智，让自己不因为外界而影响心情，让自己的心平静，有力量，从而产生理智和正确的思维，这对工作很有帮助。他说自己在大公司工作，同事之间竞争很激烈，有时会让人很烦恼。通过练习，他可以使自己从紧张的工作环境中解脱出来，泰然应对工作中的问题。我问"心有力量"的状态是怎样的，他说每天练习两个小时，一个月后就能明白。

仅仅是自己修行还不够，还应当帮助其他人。

7月20日这天下午，我在佛使比丘档案馆的书店遇到了志愿者T。T在每个周末下午都来书店做服务。他非常熟悉佛使比丘的著作，热衷于向人们介绍这些著作的内容。T曾出家两个安居期，当时只是为了用功德回报父母的养育之恩，并没有真正地进行修行实践。他后来对其他寺庙感兴趣，开始实修，修行到一定层次后，就自己在家练习。他说那时他自认为懂得比别人多，了不起，看不起他人，这是因为还缺乏理智。在他看来，大多数人的佛教信仰停留在道德的层次，而佛教的无上法（promattham）高于戒律；佛使比丘只教导两件事情——苦与灭苦，无常和苦是佛祖之前就有人明白的，但是无我却是佛祖醒悟到的。谈到修行，他说佛使比丘教导人们摆脱物质主义，在当下实践，无时无刻不可修行；走路、喝水、呼吸、刷牙和咀嚼的时候都可以练习，之后心就会增进；如果在走路的时候想着别的，就会产生苦。问起他为什么来档案馆担当志愿者，T说佛使比丘教导人们仅仅是自己实践还不够，还应当帮助其他人认识到修行实践的重要性。

T是档案馆一百多名志愿者中的一员，我见到的其他志愿者也以不同的方式为人们提供服务，不论是带领人们修行，还是引导人们通过修行来解决生活中的问题。现代社会团体的志愿精神与修行实践活动的结合，成为档案馆得以拓展公共活动空间的基础。

三　讨论：身心锤炼与宗教个体化的兴起

当代泰国城市中产阶层的修行实践体现出以身心锤炼、改善自我和修当下为价值指向的特点，使之成为不同于传统的、以积累功德和修来世为价值指向的宗教生活形式。具体而言，其特点表现为五个方面。

其一，修行实践中心成为新兴的、与传统寺庙有所区别的佛教场所，修行者通常会跨越生活社区的界限，根据自己的喜好来选择导师和修行场所。

其二，个体的修行实践路径具有高度的选择性，人们可以依据自身的体验来选择修行方式，其最后的目的都是达到定和内观的理想状态，从痛苦中解脱。

其三，身体成为修行者最重要的工具，修行者通过对身体的控制以及细察身体感受来达到对心的状态的了知以及对无我的深入认知。

其四，修行的首要目标不是改变外在世界，而是通过改变对于自我的认知来矫正关于世界的感受，从而接受或者化解生命中的痛苦。因此，修行所带来的自我认同效应是一种内向性的个体体验。

其五，修行实践所带来的社会关系再生产包括两个方面：一是通过身心锤炼来消解社会关系中的紧张感；二是积极地建构新的社会关系，这种社会关系仍然是以宗教个体主义话语为基础的。

一方面，身体技术与修行之间的密切联系突出了个体作为宗教行为主体的地位，因而强化了佛教实践的个体化色彩。另一方面，在当代泰国社会，围绕修行实践活动产生了众多新兴的宗教组织、新的世界观和新的公共话语，这是宗教公共性得以实现的重要途径。修行者个体化与佛教公共性之间的复杂关联还有待进一步研究。

从泰国社会转型的角度来看，城市中产阶层以修行实践作为成为真正的佛教徒的条件，并与乡村社会或底层社会的做功德活动区别开来，将超越痛苦置于道德完善之上，这暗示着泰国社会的现代转型在宗教层面带来的分化以及内在的紧张；另一方面，以内向性的个体体验为中心的修行实践与外向性的社会制度变革之间也存在一定的矛盾关系。如何解释当代泰国城市中产阶层修行实践背后的动因及其与泰国乃至全球的经济政治体系变迁的关系，是笔者下一步需要完成的工作。

从宗教个体化与宗教公共性两个方面来看泰国佛教改革运动产生的社会影响有助于我们理解当代宗教的现代性问题。我们仍然需要走进宗教行为主体的日常生活世界，在不同的社会生活领域之间发现问题的关联性。只有将宗教放在现代生活中加以考察，才有可能理解宗教现代性的多重面向。

（本文作者　龚浩群）

第十一章　占卜术与时间焦虑
——当代青年自然节律时间与社会时间之间的张力[①]

一　问题的提出

　　"时间"是构成人类社会的基本维度之一，是理解人们情感归属、价值观念、行为方式的重要途径，对时间的理解是观察人们日常生活的一个有效切入点。[②] 在一般观念中，时间是单向度的客观存在，个体受到时间必然性的约束。时间既是自然的表现，也是人类社会的产物。认识时间、调试自身与时间之间的关系，是人类实践活动的重要内容之一。当代社会，时间制度呈现出标准化和抽象化的特征[③]，当个体自然的时间节律不能与时间制度相合拍的时候，二者之间的张力便出现了。

　　改革开放以来，中国取得了举世瞩目的成就，但是在经济高速发展、物质极大丰富的同时，焦虑成了一种普遍的社会现象。[④] 时间焦虑是社会焦虑的表现形式之一，"抓住时间窗口""出名要趁早"等流行语都体现着人们的时间焦虑，担心自己无法跟上社会的快速发展而成为时代的弃儿。

　　八字、风水、占星、打卦这些我们习惯上称之为"封建迷信"的事物在科学昌明、教育普及的年代本该销声匿迹，但在现实中这些事物仍然存在广阔的生存空间。本文聚焦的研究对象主要是在大型城市生活、初入劳动力市场、处于职业发展的起步阶段的青年人，考察他们接触占卜术的原因，了解当下国人的精神状态和信仰状况。

二　文献评述

（一）关于"时间观"的讨论
　　时间观念是随着社会生产生活的发展和变化而形成、发展和变化的。围绕着时间与人类之间的关系这一核心议题，时间观念大致形成四种范式。

[①] 本文部分内容以《占卜术与时间焦虑——当代青年的自然节律时间与社会时间之间的张力》为标题，发表于《中国青年研究》2019年第1期。

[②] 赖立里，张慧.如何触碰生活的质感——日常生活研究方法论的四个面向 [J]. 探索与争鸣，2017（01）.

[③] 成伯清.时间、叙事与想象——将历史维度带回社会学 [J]. 江海学刊，2015（05）.

[④] 石畅，赵展慧.中国进入"全民焦虑"时期，社会不公加剧不安情绪 [N]. 人民日报（海外版），2011-10-21（6）.

1. 自然时间观

自然时间观在人类历史上很长一段时间里都处于主宰地位。自然时间依据天文变化而确立，它所表征的自然物质不受人的力量的影响和作用，其顺序和延续的过程按照自然的法则展开。依据天体运动而形成的时间通常被假定为人们生活的唯一时间度量标准[①]。

自然时间观从两方面塑造了人的认识。一方面，人们通过时间建构起一种循环的意识。时间的变化与天体的运转密不可分，四季轮回、昼夜更迭、生老病死等都是自然循环的一个部分，人无法超越，只能顺应。[②] 另一方面，循环的时间意识催生出各种传统和习俗，通过一系列的节日、律令年复一年循环往复，建构出了社会生活的秩序。"日出而作、日落而息"的时间观念看似自然而然，但它通过"阴阳割昏晓"、"明而动、晦而休"划出了中心／边缘、上层／下层的分野，进而与政治上的合法／非法，社会生活中的正常／非常联系起来，划出农业社会所需的生活秩序的界限。[③]

自然时间观的特征主要有以下几点：时间具有必然性，外在于人及人的行动而存在；时间是循环的；时间是具体的，嵌入在生活场景之中；人的认识和社会生活的秩序，都是自然时间的投射。

2. 历史时间观

西方文明进入中世纪，基督教传统下的历史时间观逐渐取代了自然时间观。宗教上的一神论在认识论上表现为一元主义，时间成为一个过程，是贯穿于过去、现在、未来之间一条永远向前的直线，"创世"是这个过程的起点，一直通向"末日审判"。

这一时间观突破了循环论，指明时间具有鲜明的线性指向，认为每一轮循环往复对人类整体的发展而言，都意味着一次历史性的救赎与蜕变。时间从具体的场景中独立出来，具有抽象性。时间的抽象性激发人们认识时间所蕴含的规律、趋势，为人类在时间面前确立主体性打开了出口。

这一时间观与自然时间观的共同之处在于：时间外在于人及人的活动而存在，人要么是自然界的一部分，要么被神的意志裹挟进历史的洪流。人的主观意识仅体现在对时间的投射、认识和适应上面。

3. 存在主义时间观

存在主义时间观的关键在于突出了"人"在处理与时间的关系时的主体性与建构作用，认为人对生命与生活的体验体现在对时间的不同理解之中。存在主义哲学对时间的理解最为突出的特点就是将生命与时间连接起来，时间是生命本质"自我显现"的过程，时间的意义存在于人的生活之中。时间既不是客观的，也不是主观的；它既不是单纯的计量单位，也不是表象中的先天直观形式。时间先于人自身的存在而存在，统一于存在的整体性之中[④]，它强调人的体

---

① 练宏. 注意力分配——基于跨学科视角的理论述评 [J]. 社会学研究，2015（04）.

② 曹东勃. 时间意识的现代嬗变 [J]. 社会科学辑刊，2008，176（03）.

③ 葛兆光. 严昏晓之节——中国古代关于白天与夜晚观念的思想史分析 [J]. 台湾大学历史学报，2003，32（12）.

④ 牟岱，张岩. 超越"活在当下"的现代性自由困局——论马克思社会时间观与人的自由 [J]. 国外社会科学，2016（03）.

验，指出不能外在于人的生存的过程去理解时间，但存在与时间的体验如何与社会生活相联系，并不是这种时间观所关注的重点。

4. 社会时间观

社会时间观认为，时间意识是人类在协调人与自然环境、人与人的关系时产生的，"时间观念"属于社会的范畴，是人类社会活动的产物。

社会时间观有三个层面的特性。第一，实践性。马克思从人的社会劳动出发，"实践"是建构社会时间的关键，人与时间在实践的基础上相互作用，从而将自然时间社会化。[①] 第二，集体性。涂尔干将时间视为"集体意识"的产物，它分成若干的时段、事件与活动，并按照一定的社会节奏排布，承载着习俗传统、带有集体生活的烙印，具有很强的稳定性和规律性。[②] 第三，结构性。社会群体及群体活动的节奏是社会时间的基础，人所隶属的群体在很大程度上决定着人们的时间价值取向和对待时间的态度，不同的群体确定和记忆自己认为重要的时间[③]，现实生活中的时间是多重的。社会时间观肯定了人的能动性，认为时间是人类集体的实践活动创造的产物。

正是由于上述三个层面的特性，社会时间观被不断改写。

首先，人类的实践活动形成的社会必要劳动时间是现代时间均质计量单位标准性的根据，先将时间进行抽象、计量，进而整合世界范围内的生产与交换，建立凌驾于个人之上的标准化的时间衡量系统。[④] 尽管社会时间肯定了人的能动性，但这里的"人"是抽象的，与个体的处境、当下的情景和感受并不直接相关。

其次，时空分离。钟表的出现使得精确的计时开始出现在人类生活当中，时间得以统一度量，标准化的时间体系得以建立，"脱嵌"由此产生。[⑤] 技术发展对物理意义上的时间和空间的重塑作用，使得个体无论在世界的哪个角落或者哪个层次，都会被通过时间整合进庞大的政治–经济体系当中，脱离其物理属性。

最后，时间就是权力，谁控制了时间体系、时间象征和制定时间的规则，谁就控制了社会生活[⑥]，时间霸权就此产生。上层阶级、社会的主流群体决定了时间的意义和重要性，而下层阶级、社会边缘群体的时间则是不重要或无意义的。当代社会，技术的强势介入，使时间不断加速，空间不断压缩；资本、商品、信息、权力在全球范围内流动[⑦]，个体被迫投入到一种充满着现实紧迫感的环境当中，被笼罩在"存在性焦虑"[⑧]的铁笼下。

---

① 马克思恩格斯全集：第 47 卷 [M]. 北京：人民出版社，1979.

② 爱弥尔·涂尔干. 宗教生活的基本形式 [M]. 渠东，汲喆，译. 上海：上海人民出版社，2006.

③ 埃文思–普理查德. 努尔人 [M]. 褚建芳，阎书昌，赵旭东，译. 北京：华夏出版社，2002.

④ 尤西林. 时间与现代性 [J]. 学术月刊，2003（08）.

⑤ 安东尼·吉登斯. 现代性的后果 [M]. 田禾，译. 南京：译林出版社，2000.

⑥ 吴国胜. 时间的观念 [M]. 北京：中国社会科学出版社，1996.

⑦ 伍麟. 社会焦虑的时间视角 [J]. 哲学动态，2013（05）：80-85.

⑧ 安东尼·吉登斯. 现代性与自我认同——现代晚期的自我与社会 [M]. 赵旭东，方文，译. 北京：生活·读书·新知三联书店，1998.

(二) 关于"焦虑"的讨论

对焦虑的讨论主要从两个维度展开：心理学家认为，焦虑是一种心理现象；社会学家和人类学家则试图讨论，焦虑是一种社会事实。

1. 作为心理现象的焦虑

心理学从人格的角度讨论焦虑问题，认为焦虑是人们面对危险和不确定性时，个体由于缺乏有效的应对手段而启动的情感上的自我保护机制，这种机制往往与个体的人格相关联，它本身可能就是人格的一部分。心理学区分了焦虑与恐惧、压力等概念[①]，试图将焦虑与人格联系起来。此外，在讨论人们应对焦虑的方式时，也倾向于认为这是人格的一部分，个体对焦虑的应对方式的差异是不同人格特征的体现。心理学家并不否认焦虑的社会属性。个体的焦虑会通过一个放大机制和达成共识的过程，"集合"成社会焦虑。[②] 在这个过程中，造成个体焦虑的因素被不断地重申、提炼、放大，使本来间断的、含混不清的焦虑的来源和内容变得持续、清晰起来，再反作用于个体，不同的个体之间便对某种焦虑达成了共识。在心理学看来，社会文化因素是影响"心理"的一种"条件"。

2. 作为社会事实的焦虑

社会学家和人类学家将焦虑作为社会事实予以讨论时，关注焦虑的社会生产过程及其社会文化意义。他们将焦虑的来源指向了现代性所带来的社会变迁：秩序被扰乱，引发无法预期和掌控的风险[③]以及因无能为力而产生的不安和恐惧。秩序被扰乱是焦虑产生的最根本的原因，通过下述三个方面具体呈现出来。

首先，人类对于分类有一种源于天性的偏好，通过分类确定秩序关系[④]，秩序帮助人类建构意义感、安全感。结构有序可循，人便是安全的。社会变迁引发结构性的变化，既有的分类不断被打破，局部性、突发性事件的波及范围难以预计，陷入失序状态，个体处于结构性焦虑当中。

其次，阶层流动和财富流动所引起的焦虑。社会地位低的群体容易遭受不公正待遇，生活资源相对匮乏使得他们容易感到生活的压力。阶层位置和支配资源的能力总是具有相对性，无论是同一阶层内还是不同阶层之间，都会产生"比较"。在财富流动的问题上，市场希望通过货币手段、信贷创新来制造流动性、刺激经济持续增长，经济增长速度一旦放缓，财富流动就会停滞[⑤]；外部格局发生变化，个体手里的财富被稀释，甚至消解，财富的增值和保值成为焦虑的又一来源[⑥]。流动所引起的焦虑，关键在于对于资源的拥有和支配的不确定性。

最后，意义感的缺失引起的焦虑。技术的发展导致资本、商品、权力实现了在全球范围内的流动，科技的强势介入生产出大量的信息资源。在信息饱和的环境中，符号来源多样化、变

---

① 华红琴，翁定军. 社会地位、生活境遇与焦虑 [J]. 社会，2013，33 (01).

② HUNT A. Anxiety and social explanation: Some anxieties about anxiety [J]. Journal of social history, 1999, 32(3).

③ 张慧，黄剑波. 焦虑、恐惧与这个时代的日常生活 [J]. 西南民族大学学报（人文社科版），2017，38 (09).

④ 爱弥尔·涂尔干，马塞尔·莫斯. 原始分类 [M]. 汲喆，译. 北京：商务印书馆，2012.

⑤ 朱迪. 金砖国家中产阶层的发展概况和困境 [J]. 文化纵横，2016 (04).

⑥ 朱宇晶. 财富焦虑与中国式金融主体化：基于温州的民族志研究 [J]. 西南民族大学学报（人文社科版），2017，38 (09).

化很快，由此所产生的去中心化和即时体验使得人们需要适应角色多重化及即时转换的要求，制度化的稳定机制日益衰微①，人们熟练地运用各种符号，却悬浮在意义之上。意义感的缺失造成的焦虑，本质上是如何建构认同感的问题。

综上所述，对于焦虑的讨论主要集中在焦虑的来源，焦虑产生的原因、形成机制及作用等问题上，对个体如何应对鲜有涉及。本文将焦虑放置在社会事实层面展开讨论，而讨论的侧重点则是个体对焦虑的认识、面对焦虑所采取的行动，以及行动的背后所要达成的目的。

（三）关于占卜术的讨论

占卜术在中国的传统文化当中长期存在，相应的解释主要有三种。第一种观点认为包括命理、术数、巫术等在内的民间宗教是传统道德秩序的组成部分，发挥着维护乡民社会道德机制的功能。② 第二种观点则将民间的命理占卜看作大传统与小传统的映射与共振，个人与自然的合理配合是传统社会中人们算命的观念基础，"致中和"的理想境界为庙堂之上的精英传统与江湖之远的民间日常实践所共享。③ 第三种观点认为，传统中国没有超然性的宗教，人们没有向往彼岸世界的宗教价值观，包括占卜术在内的命理学替代宗教完成了个体命运的研究和探索，形成了中国人的认识论：天人合一的宇宙观、世俗化的价值取向。④

西方学术语境中，"文化资源论"（cultural source theory）和"经验中心论"（experience-centered approach）是目前解释灵媒、占卜等现象最为重要的两种解释路径。文化资源论认为超自然的经验与科学伦理相背离，它主要是为处于经济和社会劣势地位的群体提供意义支持和社会关系网络。⑤ 经验中心论则认为紧张、焦虑、沮丧等消极情绪是个体向超自然信仰求助的最主要的原因，用以缓解个体的消极情绪。⑥

对于占卜术在当今中国社会的呈现，国内学者尝试从两个角度解释。一种解释从社会结构变迁的角度出发，指出今天中国社会变迁影响深远，个体被卷入社会变革之中，很难对结构形成宏观认识，局部性、突发性事件的波及范围难以预计，怀疑与信任、安全与风险的平衡被打破，占卜术为个体应对和抵挡各种不确定性提供了方案。⑦ 另一种解释则从行动者的角度出发，强调进入后工业社会后个体经验和体验得到重视，人们从自身所面对的境遇出发选择最符合自身需求的信仰方式⑧，占卜术体现了较强的个体性与私人性的特征，是原子化信仰的一种表现形式。

这些研究对我们认识和理解占卜术在当代社会中的存在状况提供了总体性的材料，它们关注的焦点都集中在兴起的原因上，占卜术的兴起是被解释的因素。对于占卜术是如何运行的，它究竟对人的境遇如何产生作用，并没有展开充分的讨论。

---

① 伍麟. 社会焦虑的时间视角 [J]. 哲学动态，2013（05）.

② YANG C K. Chinese communist society: The family and the village [M]. Cambridge: MIT Press, 1959.

③ 李亦园. 文化与修养 [M]. 桂林：广西师范大学出版社，2004.

④ 陆致极. 中国命理学史论 [M]. 上海：上海人民出版社，2008.

⑤ GOODE E. Paranormal beliefs: A sociological introduction [M]. Prospect Heights, IL: Waveland Press, Inc. , 2000.

⑥ SCHOUTEN S A. Attitude about technology and belief in ESP [J]. Psychological reports, 1983, 53: 358.

⑦ 董向慧. 中国人的命理信仰 [M]. 上海：上海人民出版社，2011.

⑧ 潘天舒. 文化全球化与多元信仰实践：美国"新时代运动"的人类学解读 [J]. 思想战线，2016（02）.

三 研究方法与材料来源

由于本文的研究对象既不是一个边界明确的群体，也不集中在一定的区域或空间内，因此需要较长时间"打入内部"。文章的实证材料来源于 2013 年开始至今笔者在上海、北京、南京等地开展的田野调查。

本文采用了人类学传统的参与观察和深度访谈的方法，把研究的落脚点放置在人们对时间焦虑的体验和应对问题上，牺牲掉某些虚拟的全局性眼光以求认识更为具体的生活样貌[①]，去发掘现有研究尚未注意到的机制和逻辑。"当地人视角"是不用外在于研究对象的理论框架来分析他们的行动，强调进入到研究对象的行动逻辑当中予以解释。这一点对于研究有悖于常理的问题至关重要。就本文研究的主题——为什么拥有良好的教育经历和科学知识的年轻人面对时间焦虑的时候会求助于占卜术？占卜术为什么在应对时间焦虑时别有一功，需要深入到行动者的"内里"，用他们的视角予以分析。

笔者采取了以点带动面、以深度带动广度、对建立关系的个案长期跟踪调查的方法获取第一手材料。包括与研究对象保持日常生活中的互动，参与他们的活动，分享他们的心得，并在必要的时候辅之以结构访谈。用"滚雪球"的方法不断扩大研究对象群体，了解研究对象的多样性以及各自的行动逻辑，做到深入"内里"。

四 占卜实践的"江湖"

（一）占卜术的呈现方式

占卜实践像是一个江湖，折射出深浅不一的介入程度，展现着形态各异的精神需求。在互联网的推波助澜下，网络算命的人数急剧增加，形式多样化，线上线下互动并行。在具体工具的选择上，既有中国传统的四柱八字[②]、梅花易数[③]、七政四余[④]、六爻[⑤]，也有从外来的西方现代占星术[⑥]、塔罗占卜[⑦]等。

---

① 梁永佳. 庙宇重建与共同体道德——以大理 Z 村空间差异为例 [J]. 社会学研究，2018（03）.
② 八字，是一个人出生时的年、月、日、时按照上天干、下地支的方式进行排列，形成一个人出生的八字格局。八字排盘，就是一种根据干支历、阴阳五行、神煞等理论进行推测的中国传统命理学。
③ 梅花易数起源于宋代易学家邵雍写的《梅花易数》一书，它主要是通过产生声音、方位、时间、动静、地理、天时、人物、颜色、动植物等自然界或人类社会中的一切感知的事物异相，对事物的发展趋势做出预测的方法。
④ 七政四余是中国古典占星体系，"七政"是指日月水金火木土，"四余"指黄道与赤道运行交汇的四个虚点。根据人的出生年月，测算星曜的位置，推断人生的凶吉。
⑤ 六爻八卦预测起源于西汉，将三枚铜钱放于手中，掷六次而成卦。通过测卦当日的干支，配以六亲及六兽，主要依靠用神的五行生旺，结合易经的爻辞而判断事物的发展动向。
⑥ 占星术是用太阳系内行星的运行相对位置来解释或预言人的命运和行为的系统，试图通过事件发生的地点、时间和天体的位置来解释事物的走向。古典占星术的行星要素是"七曜"，即日月水金火木土。天王星、海王星、冥王星的发现和加入标志着现代占星体系的确立。
⑦ 塔罗是从 22 张牌中抽取 5 张进行解析和预测的占卜术。其中包含了占星学、炼金术、卡巴拉、灵数学、符号象征等多种西方神秘学科的意义与原理。

前来求助的问题大致可以分为两类①。一类是要通过占卜来寻求一个答案，这类问题的关键词是"怎么办"。例如，两个选择摆在面前，各有利弊，应该如何取舍？个人意志与客观情况相左，该何去何从？突发事件令人措手不及，该如何应对？此类问题可以概括为"问事"，即预测某一具体事件的结果或者给出建议。另一类是想通过占卜术来讨个说法，这类问题的关键词是"怎么回事"。为什么我的运气总是那么差？状态不佳又苦于找不到出路，究竟该怎么办？此类问题可以概括为"看运"，即对一个人的运势、格局进行全局性的梳理和把握，来分析人的个性特征和命运走势。此类问题比例远高于前一类。

人们求助于占卜术的直接动机都与日常生活密切相关：感情、婚姻、子女、财产、职业等频繁出现。透过占卜的具体问题，背后体现出一些共性的诉求：在社会时间不断加速的情况下，个体对社会时间的把握往往缺乏宏观性和主动性，人们生怕"赶不上趟"，担心错过了某一次机遇或某个时间点而被时代所抛弃。

（二）时间焦虑在占卜实践中的表现

中国改革开放 40 多年，经济高速增长，物质极大丰富，社会矛盾也随之产生。全球化浪潮席卷而来，技术的发展给社会结构、劳动力的地理分布、工作范式的转型带来全面影响，青年一代常常感受到身不由己的压力，他们的时间焦虑主要体现在时间效率化和单向度发展观两个方面。

1. 时间效率化

当我们被卷入到全球化的浪潮当中，新自由主义的竞争方式一层一层波及个体的身上，"竞争力"意味着时间效率化的加剧②，单位时间内的产出是衡量个体的社会价值的重要指标，在单位时间内比别人更有产能才是有竞争力的表现。在观念上认同又快又好、以快为先，"慢"意味着低效率，"拖延"意味着缺乏竞争意识。这种社会心态氛围给青年人的观念和行为框定了一个"理想模型"，推动着他们进行竞争。但并不是每个人都能够跟上社会大环境的时间节奏，有些人因为从事的行业需要 10 年、20 年，甚至更长时间的积累；有些人本身对外部环境不敏感，无法准确捕捉到快速发展的路径，这使他们承受了时间效率化带来的巨大压力。

小超③是个慢性子，喜欢做些"无聊的小事"，同学们毕业之后百舸争流的发展态势给他带来了不小的心理压力。

> 这个时代一直强调"快"，但我就是快不起来。你看我马上 30 岁了，又是个爷们儿，眼看着别人都风生水起的，着急。咋办？老话常说"人各有命"，自己到底是个什么命？找人看看八字呗。

---

① 邢婷婷，潘天舒. 焦虑的个体与非制度性意义体系——关于多元信仰实践在当代城市中国青年人群体中兴起的原因考察 [J]. 华东理工大学学报（社会科学版），2017（03）.

② 萧易忻. 从全球化视角看"抑郁症"如何产生 [J]. 文化纵横，2016（02）.

③ 根据研究伦理的要求，本文中的人名均为化名。

小林是周围人眼中聪明又努力的小伙子。从小一路学霸，高考进入名牌大学的热门专业。但是研究生毕业后一段时间里，他的发展情况处于周围的平均水平之下，这令他感到失意和迷茫。

> 就像待在玻璃房子里，看得到外面，却不知道门在哪里。我去算命就是想问问，我还有戏吗？不都说人生充满变数么？我的变数在哪里？还是我根本就是个赶不上趟的人？

效率不断被强调，要求个体长期自律，从而加强竞争力。"优秀"的界定标准在表面上来看是多种多样的，但是背后隐藏着共同的逻辑，就是单位时间内快速、稳定、高效的产出。这样的追求没有客观上的节点，每前进一步都是相对的，需要长期保持高昂的士气，个体处于长期紧张的状态之中，自我怀疑和焦虑很难避免。

2. 单向度的发展观

单向度的发展观与时间效率化相伴而生。社会的发展仿佛是不断向上延伸的台阶，个体遵循着同样的方向，拾阶而上。变化是正常的、必然会发生的，停滞是竞争力退化的表现。单向度的发展观所造成的焦虑有两种表现形式。

一种是对"稳定"的质疑，它不再具有压倒性优势，反而意味着无趣、呆板、胆小而缺乏冒险精神，不具备应变能力；人们要具备若干的知识、技能、判断力，从而让自己能够准确判断外部的发展变化，增强抓住机遇的能力，退一步讲，以备不时之需，来应对各种突如其来。

小瑞今年33岁，当年高考顺利考入某985高校，直升研究生，硕士毕业留校从事行政工作，又考取了在职博士、顺利转入实验科研岗。毕业后在家长的支持下结婚、买房、生孩子，少有波折。她应该对生活高度满意，但她却说：

> 这三十来年的人生没有经历一点风吹草动。在"知乎"上看到一句话，想知道五年后自己的样子，就看看身边比你大5岁的同事，我一下子就特别心慌。我看星盘就想知道：一直过这种特别稳定的生活，万一发生什么变故，会不会一点竞争力都没有啊？

稳定曾经是很多人最高的生活追求，因为它意味着物质资料、社会地位的保障，不必为衣食而忧。但在当前，发展的重要性已经取代了稳定，对青年人而言，稳定在很大程度上已经不是温床，而是个体进阶的牢笼。

一种是对"失去"的担忧，对已经斩获的东西缺乏长期持有的信心。

小路生于20世纪70年代末期，专科毕业后通过会展工作积累了人生的第一桶金。其间先是自考获得了本科文凭，又考取了全日制研究生。在资金、学历、经验各方面条件都具备的情况下开始创业，创办了一家品牌战略咨询公司，40岁不到已经收获颇丰。她的问题在于如何让自己的财富保值并逐渐增长。她在投资房地产和移民之间举棋不定，于是想通过塔罗占卜术看看哪一条路更加稳妥：

牌一开出来，塔罗师说，你的问题在于八个字：能力有限、举棋不定。这我就被击中了！我不是那种大富大贵，可以大手笔规划，我真的是勤勤恳恳赚到一点小钱，所以特别在乎保障的问题。特别怕风向一变，行业不行了，有什么新的东西产生了，自己没察觉，就被大风扫落叶了。谁知道头顶哪块云要下雨，所以慌啊！

个体对于自己是否能够应对外部世界的变迁心存疑虑，担心自己对突如其来的转变缺乏预判能力；社会时间在加速往前走，对于自身万一没有跟上步伐、反而出现倒退状况的担忧成为焦虑的另一诱因。

"我"的时间由谁规定？"我"的自然节律时间与外在的社会时间是否有协商或者斡旋的余地？顺着这两个问题，个体借助占卜术来调节社会时间与个体自然节律时间之间的张力。下面笔者将以田野中长期追踪调查的深度个案为主、零星获得的研究资料为辅，来考察占卜术是如何调节自然节律的时间和外在的社会时间之间的张力的。

五　占卜术有效缓解时间张力的两种情况

占卜术对于缓解时间焦虑有效的情况有两种：一种是重视个体体验、给予个体希望；另一种是通过占卜术背后的知识体系，化解外在的社会时间观，帮助个体塑造新的时间观。

第一种情况：重视个体体验、给予个体希望。

笔者 2013 年甫进田野便认识了小唐，他出生在西北某省会城市，高考进入全国排名前五的大学。但是，进入大学后他的状态一路下滑，本科毕业找工作时四处碰壁，于是他决定继续攻读硕士研究生。硕士毕业之际进入私营公司开始职业生涯，工作一直没有突破；做一天和尚撞一天钟，似乎又心有不甘。在第一次求助于占卜时，他已经觉得自己在这种浑浑噩噩的状态之中快要撑不住了。

他先是求助于八字。八字先生告诉他，他这些年感到无力，是因为正在走一个叫作"枭神"的大运，这是一个被限制、缺乏资源支持的运势。好在一个大运十年，马上就要过去了，下一个大运有可能进入到体制内的单位，有进展但不会是变革型的突飞猛进，再下一个十年可有一番作为。这个结果对于 S 君来讲是莫大的慰藉。

因为我看到了，尽管目前一时处于落后的状态，但未来有希望。后来想想，觉得特别有道理。我是从小地方来的，考上名牌大学，留在上海，从出类拔萃到隐入芸芸众生，的确需要经历一个转变的过程。从浑浑噩噩到找到方向，差不多需要十年时间。

两年后，他告别了私营企业，进入事业单位。从得到编制到获得第一次提拔，他只用了两年的时间，这在事业单位来讲算是较快的速度。体制内的工作大多按部就班，在短期难有超越性的作为；加之收入有限，与在市场上拼搏的同学相比，物质生活相形见绌。"担心被落下"

的心态再次占据了他的思想。

于是，他第二次求助于八字先生，得到的建议是"按部就班、积蓄实力"。他结合自己的意愿对未来进行了规划。接下去的几年，生活稳扎稳打，他利用业余时间开始在互联网平台做文化传播的尝试，从微博到微信公众号，分享的内容由身体保健和心理健康两个方面组成。他在公众号上运用各种理论分析人生的困境，为读者答疑解惑。目前，他的微博有近8万粉丝，微信公众号的文章阅读量都在3万左右，已经有了向盈利方向运营的打算。时至今日，他与八字先生的关系逐渐转变成了师友，他带笔者走访了八字先生，共同探讨人的运势与时间节律的问题：

> 每个八字都是十年换一次大运，有些人起运早，有些人起运迟，所以我们看到有人占尽先机，有人后来居上；有人顺风顺水，有人大起大落；有些人时来运转一下子就上去了，也有些人就一直平平常常没什么大起色。人和人运程不一样，没有多少可比性，把自己和所有人放在一个框框里比较这个想法就不对。

小唐自己对占卜实践的评价是积极的，在他看来，正是因为在年轻的时候走了那么多年背运，才会静下心来思考如何处理自我与外界的关系。他尤其肯定了八字流年运势对于个体认识和掌握自身命运的作用：

> 首先，每个人都有自己的时间表，十年一个大运，就是每个人自身的时间节律，命运起伏、自成体系。当个体在时间焦虑的状态中难以自拔的时候，可以调整一下思维的聚焦，将焦点从社会时间转移到自身的命运时间表。其次，个体在现代性的时间状态下只是一个对象，感情、体验都没有得到重视，占卜术帮助个体将自身时间节律凸显出来，个体的体验得以解读。虽然社会时间的压力依然存在，但是个人的主体性得到了尊重。再次，通过占卜术展示的个体自然时间节律带给个人希望，尽管他目前无法与外在的客观时间相合拍，但是在未来，他仍然有希望可以迎合外在的客观时间，抓住机遇。

第二种情况：化解外在的社会时间观。

除了预测外，每种占卜术都有一套包含了认识论和价值观的理论体系做支撑。中国传统的五行八字所蕴含的相生相克的转化规律、西方现代占星术所蕴含的长时段视角，在占卜实践中都对化解人们的时间焦虑起到了作用。

何老师是70后占卜师，由于家传的缘故，他在年纪很小的时候就接触到了五行八字及其理论体系。后来他又系统学习了西方现代占星术，在两套体系的比较研究上颇有心得。他一开始并没有以此为业，只是业余帮人看看。随着案例的增多，他发现了一个问题：

> 很多人基本上没什么特别突出的优点，也没有什么大毛病，长处短处加加减减，也就一个平常人。但他们来找我的意图很明确，希望我告诉他们在一个时刻可以一见钟情或者大展宏图、名满天下。他们很着急、没有耐心，希望天上掉馅饼、坐享其成。他们把算命

看得太神，预测只是其一，还有一层是讲道理，帮人思考，就是"参悟"，这是其二。

有了这样的积累和思考，何老师开始有意识地主动帮人占卜，在算命之余和人们分享命理知识的原理，启发前来找他的人做一些时间节律的思考。

他认为，中国人的八字包含一套生克制化的哲学智慧：五行相生形成一个循环，五行相克又形成一个循环。生克制化展示出来的世界观不是一条直线，而是相互联系、不断转化的，是一种制衡、平衡和转变的思维方式。这套体系不会将一个逻辑推到极致，没有极致，没有终点，越过某个节点就会发生转化，好比水满则溢、月盈则亏。

何老师在解读占卜结果的时候会有意识地将这种思维方式贯穿其中。当下社会的人们都非常注重世俗的成功，在八字的角度讲，就是注重官、杀、财。

> 财是好事，是资源，是财富，但是如果过旺而无制，就会"贪财坏印"。印是规矩、约束，财过旺而坏印，就可能唯利是图。官杀是权力，是威望，是掌控别人的能力，如果过旺而没有食伤来泄，就会官杀攻身，身体都会有麻烦。个性、才华和想法的表露是食伤，可是食伤太旺而没有印来制，就空有想法，缺乏持之以恒将才华打磨出来的毅力。在八字的思维体系中，对你有利的东西不断壮大，如果没有东西制衡，就会崩盘；有利和制衡同步壮大才能形成转化。①

赵鼎新认为，中国道家时间本体的关键在于转化和否定，历史没有终极目标和意义，但是有转化和规律②。这种时间观充满智慧，可以帮助我们以更加平和的、非零和的心态来看待这个世界。占卜术中化解外在的时间观念给个体带来的焦虑运用的就是这一原理。

何老师自学了西方现代占星体系，除了测算，他对西方现代占星体系中世代行星的概念推崇备至：

> 现代占星跟古典占星相比加入了世代行星的因素，天王星 84 年走一圈，海王星 165 年左右走一圈，冥王星 248 年走一圈，意义就是让人体会长时段的视角。命运不是某个个人事件，它是一个世代性的反应，人不要那么纠结于一城一地的得失，"时不我与"不是跟你一个人过不去。

中国传统的五行八字所蕴含的相生相克的转化规律、西方现代占星术蕴含的长时段视角，从原理上来讲都可以帮助人们跳出时间效率化和线性进步观的框架，那么，在具体的占卜实践中是否有效呢？何老师坦陈，这更多的是一种努力：

---

① 官杀、食伤、比劫、偏财、正印等属于八字体系，表示的是八字当中其他七个字与日主（日柱的天干）的关系。其中，财克印、食伤克官杀、印克食伤，这是五行逻辑规则演化的表现形式之一。这里我们不能将"克"理解为消极的破坏意义，它更多的是克制、约束的意思。

② 赵鼎新. 从美国实用主义社会科学到中国特色社会科学——哲学和方法论基础探究 [J]. 社会学研究，2018（01）.

坦白地讲，来找我的人里面还是想要个直接结果的人多，这个比例至少在七成左右。有不到三成的人愿意听我多讲一些背后的道理，这些人都是经历了些事的，自己阅历能跟上了。命理是一套的思维方式，人一辈子就这么长，一方面在于你怎么过，一方面也在于你怎么看待它。

占卜术背后的理论体系，重点都在于解构线性发展观，帮助人们重新理解时间问题，建立新的时间观念，从而有了走出时间焦虑的可能和途径。但是在现实中，这一条途径的作用尚待发挥。

六　占卜术缓解时间张力失败的情况

占卜术对个体时间焦虑的缓解并非总是有效的，如果个体未能打破外在社会时间带给个体的压力约束，人的体验也未得到重视，时间焦虑就无法得到缓解。

小莹的主要问题是婚恋不顺利，一直没有合适的对象，三十好几了还没结婚，"错过了人生婚嫁最好的年纪"。硕士毕业后，小莹在上海工作，收入不菲。面对"一把年纪还是单身"的状况，她并非不着急，但她一直坚持认为如果找不到满意的伴侣，就一个人好好过。但是生活在中原大省地级市的父母并不这样看问题，他们认为人一辈子就是"出生、长大、上学、工作、结婚、生孩子、退休、养老"。小莹和父母在"人为什么要结婚"这个问题上出现了严重分歧。她认为婚姻是感情问题，必须以提高生活质量为前提。父母则格外强调人生的时间安排：二十来岁就应该结婚，三十岁之前生孩子，把这些都安排妥当了再说后面的事；一个时间点没踩好，一辈子都要乱套。小莹在焦虑感的迫使下，寄希望于占卜术为她指点迷津。她先看了八字，核心内容是：

> 伤官大运，不利婚姻；但是，聪明莫过伤官，智商高，好好努力，事业上会有回报。

这个结果让她感到迟疑，因为没有告诉她确切的时间，焦虑情绪没有得到安抚。于是，她又有意识地借助另外一种占卜工具——塔罗牌占卜，再次对自己的困惑进行探索。她对算塔罗牌时候的情形记得非常清楚：

> 塔罗师就说，你现在不结婚才好呢，都是些烂桃花。现在这个时间对你来讲不是好的时间，你的长处和注意力应该都在事业上，把握那些能把握的事情，努力就有回报。

她认为这两次占卜结果都是避重就轻，转移话题，没有正面回答婚姻的问题，两种占卜术给她答案的前提都是默认个体结婚、生育、抚育的时间界限，只是告诉她在这个时间点你的运势不好，无法完成客观时间所规定的个人行为。所以，无论哪种占卜，都没有缓解她的时间焦虑。她仍然陷落在冷漠而不可逆的外在社会时间当中，主体性被忽视的问题没有得到解决，对于时间的焦虑不但没有缓解，反而加剧了。

七 总结与讨论

（一）占卜术与时间焦虑：两种时间之间的张力与融合

人们通过占卜术所表达出来的时间焦虑，主要体现在时间效率化和单向度发展观两个方面。占卜术在缓解个体的时间焦虑时，与我们平常所说的算命算得到底准不准并没有直接的关系，而主要在于它是否满足了占卜者的几点要求。

首先，它是否让个体的时间节律凸显出来并受到重视，个人的情感、价值、理念、体验得到重视和尊重。其次，如果个体的时间节律暂时不能与外在的社会时间节奏相吻合，那么占卜是否能给人希望——或者在个体自身的时间节律中有解决的方案，或者未来个体的时间节律能够与外在客观时间相吻合。这两点在很大程度上决定了占卜术是否能够缓解个体的时间焦虑。另外一条途径是，占卜术是否帮助人们树立了新的时间观念，使个体能够从线性进步观和时间效率化当中跳脱出来，但这一条途径实现的难度要比上述两条大。

（二）几点讨论

人在时间面前拥有了主导权是否意味着人在时间问题上实现了自由？在社会时间观当中，对时间拥有主导权的是抽象的"人"，而非具体的个体。社会时间经过抽象成为一个标准的度量衡，凌驾于个体之上，衡量具体个体的自然节律时间。技术的创新和生产力的提高带来的并不是自由时间，而是时空压缩，个体被卷入到充满现实紧迫感的生存状态当中，人们不但没有获得更多的自由，反而被一种无形的社会力量压制和剥夺。社会时间与个体自然节律时间之间的张力是难以消除或弥合的，并且会不断扩大。

时间焦虑形成的原因是结构性的，在应对策略的选择上却是个体化的。新自由主义带动的不仅是资本、技术、权力的全球流动和扩张，还将个体推到最前端。个体看似有了更多的流动和选择的自由，但是竞争、责任和风险也都变成了个人的问题，困境的形成倾向于对内归因、困难的解决最根本的是要依靠个体自身。人们选择各种方式和策略应对社会时间的压力和由此带来的时间焦虑时，都仍然是个体化的行为。只要"竞争""增长""扩张"还掌握话语权，产生焦虑的结构就依然存在。

除了预测，各种占卜术背后的认识论和世界观可以帮助人们用以建立意义的体系。人的意义通过个人与他者、与环境的关系而构成。人们关注"我为什么会是这样""这究竟是正常还是不正常"等问题，将自己嵌入到意义体系中，对于自身处境和行为的理解，需要通过将他人作为参照才能赋予其意义。占卜术重视对个体生活的理解，选择最适合自己的策略来解决源于社会时间的压力问题，但是最终探讨的仍然是人们在互动过程中形成的共同情感，个人只有将自身放置在如此种种的共同情感之中，其行为和处境才是可以被理解和解释的。各种占卜术给出的解释，其背后蕴藏的逻辑，都是在指示个体的行为、情绪、观念、情感在共同情感当中的位置问题，而这种位置一旦脱离社会便无法解释并失去意义。

（本文作者　邢婷婷）

第十二章 隐退、"自杀"与"重生"：
互联网时空里的自我技术

一 问题的提出：为何研究微信与其弃用者？

2011 年，腾讯公司正式推出微信 1.0 版本。作为专门为智能终端提供即时通信服务的免费应用程序，短短 6 年的时间，微信已然超越早期社交平台，成为中国使用人数最多、集成功能最丰富、嵌入日常生活最深入的网络社交形式。基于其所集成的强大功能，使用者的大量日常表达、社会交往从线下搬到了线上，开辟出一个全新、数字化的社会交往空间。

微信快速而惊人的发展历程，极为典型地体现了技术和使用者互相塑造的关系。一方面，微信回应着使用者的需求，在形式与内容上走向不断丰富和扩展。微信在最开始仅提供满足即时通信的聊天功能，而后不断拓宽边界，通过建群、朋友圈、"附近的人"等功能的引入，微信作为社交工具的意义进一步丰富；"扫一扫"及其附加功能的出现，则开始将线上社交与现实生活勾连。另一方面，在以上技术扩展的同时，使用者也在重新磨合与技术之间的关系，运用技术的细节来塑造并重构自身的社会交往结构。朋友圈、"摇一摇"等功能的创设将使用者之间的社交图景打开，引入更加具有互动性、日常性的状态展示；而当资本逐渐进入微信，使其成为集通信、分享、支付等功能于一体的整合性平台时，使用者实际上也在不断地更新、改写自己的行为模式。

基于以上经验基础，我们将微信看作一个至关重要的"田野"。这里，我们可以重新面对涂尔干当年提出的关键性问题：伴随着技术发展而产生的新型社会分工，是否以及如何影响了个人相对于集体的存在方式？[①] 换言之，新发明让人们越来越生活在一个由技术媒介主导的世界当中，新的技术在悄然地重新界定我们的观念，改变我们的思维习惯以及对世界的感知。正如温纳所言，"技术是一系列的结构，技术的运行要求重新建构自己的环境"[②]。因此，技术就其本质而言是政治性的。如果我们就此假定，每一种技术工具都内嵌了政治意识形态的偏向性，倾向于赋予某类特定的事物和关系以更高价值，放大某种特定感官体验，那么，越来越深地介入微信所创造的社会交往空间中的人们会由此发生怎样的变化？个人与集体之间的关系，

---

① 埃米尔·涂尔干. 社会分工论 [M]. 渠东, 译. 北京：生活·读书·新知三联书店, 2000.

② WINNER L. Autonomous technology: Technics-out-of-Control as a theme in political thought [M]. Cambridge, Mass.: MIT Press, 1977: 100.

乃至社会整合①的状态又会发生怎样的改变？这可能是生活在微信时代的研究者不得不深入反思的问题。

无须怀疑的是，微信的存在和流行，体现出人们在日常生活当中某种深层的社会需要：它扩展了人的交往密度、频率、广度，在很大程度上充当了社会欲求满足与解放的机制。然而，在享受技术带来便利的同时，个体也因此被裹挟进入微信所设定的日常生活时空结构，被新的时空结构重塑自我。福柯提醒我们注意微小事物背后隐藏的权力结构，以及微观权力如何浸润日常生活的细部②，而我们更关注的是，面对水银泻地般结构的力量，行动者如何被结构塑造，又为何以及如何以日常行动来应对结构的力量。

基于这一研究旨趣，我们选择了微信弃用者这一群体，试图从其日常生活入手，探究其抵抗使用微信的深层机制。所谓弃用者，指曾经深度使用微信，却在一段时间之后主动全部或部分弃用微信功能的使用者。基于微信深入日常生活的程度，"曾经深度使用"意味着这部分人群的日常社交生活已经依赖微信展开，那么主动弃用意味着会产生一定的社交成本。为何明知会产生不便与高昂的社交成本，仍主动做出这一选择？从这个角度切入，有助于我们展开对行动者行为意图与策略的分析。

本文将主要聚焦以下问题：（1）微信所构筑社会时空的具体特征；（2）弃用者为何弃用，意图放弃什么？（3）弃用之后的社交生活受到怎样的影响；（4）如何重构自己的社会交往；以及（5）重构过程中的困难与感受。

二　熟人时空：作为行动者网络的微信

在正式处理弃用者的案例之前，我们有必要先行回答：弃用者所生活于其中、做出弃用决定以对抗的，究竟是怎样一种社会生活？它如何区别于其他社交网络所造就的社会空间？换言之，微信弃用者所试图回避、放弃或者对抗的是一个怎样的世界？

对于微信之于社会生活的影响，最常见的分析来自传播学视角。作为一个时空扩展的媒介平台，微信被看作一种新传播媒介，其核心意义在于促成了全新的信息传播路径，也因此给人们的社会生活带来了根本性的变化。早在互联网产生伊始，研究者就关注到互联网作为新媒介或者新技术给社会生活带来的根本性变化。麦克卢汉在伊尼斯提出的传播偏向③的基础上，将电子媒介视为一种极度空间偏向的传播介质，影响了整整一代互联网研究者。

数字化时代集大成的互联网一方面继承了这种趋势，倾向于空间偏向的媒介环境导致集权式的权力被延展，个人因为时间偏向的缺失而丧失了宗教感，日渐陷入当下生活；然而另一方面，互联网史无前例的实时交互性也对伊尼斯的判断提出了新的挑战：同时扩展空间和时间维度的互联网，是否可以通过某种方式重新实现时间偏向和空间偏向的平衡？研究者已经意识

---

① 本文中的社会整合指的是"行动者之间和谐的或冲突的关系"，参见 MOUZELIS N. Social and system integration: Lockwood, Habermas, Giddens. Sociology, 1997, 31(1)。

② 福柯. 权力的眼睛——福柯访谈录 [M]. 严锋, 译. 上海：上海人民出版社, 1997.

③ INNIS H. The bias of communication [M]. Toronto: University of Toronto Press, 1951.

到，任何技术应用所造就的社会后果，都是由生产者与使用者的共同行动所塑造的。^① 麦克卢汉曾经从技术的潜在力量出发，预言人类社会的变化^②；莱文森则提出"补偿性媒介"的概念，要求充分认识人对于媒介发展的关键意义，强调媒体在技术和主体共同作用下的演化过程^③。在社会科学领域，卡龙提出行动者网络概念之后，作为合作者的拉图尔促成了科技人类学领域内著名的ANT（actor-network theory）理论转向。^④ANT所强调的行动者，在拉图看来，可以是人，也可以是非人的存在和力量，例如观念、技术、生物。所有的行动者，包括人的、非人的，都是成熟的转义者（mediator），转义者会改变（transformation）、转译（translation）、扭曲（distort）和修改（modify）节点本应表达的意义或元素。所有这些行动者的共同行动带来了行动者网络，这种网络不是纯技术意义上的网络，也不是结构化网络，而是一种描述各元素之间连接路径的方法。^⑤

从信息传播媒介到虚拟生存空间，理论研究对于如何把握互联网之于人类社会生活的影响做出了巨大的推进。然而，一旦我们将日常生活体验代入以上两种理论视角，就会发现以上两个视角仍不足以帮助我们深入挖掘微信的社会意义。

作为一种互联网媒介，微信对传统时空系统的打破在已有的微信相关研究中被反复提及。一方面，微信是使用者随身携带的"移动场景"^⑥，使用者作为阅读方，可随时随地与其联系人所在的时空进行接触；另一方面，伴随时空的无限延伸而来的庞杂信息量的负面效应也为部分研究者所关注，如被反复转发的链接文本对朋友圈阅读质量的影响^⑦。但限于此类的探讨则仅将微信看作一种快速信息传播平台，将之降格为石头、纸张、电视广播之后的新媒介手段，错失了微信最重要的互动性。

但从技术细节入手，对微信世界时空特征的讨论大多作为微信相关研究的序言出现。部分研究者以此为基础，利用传播学、人类学、社会学或其交叉视角，就情感需求、个人表达、人际交往等议题，对不同人群的微信使用模式、行动逻辑及其原因进行探究。例如，国内大学生的微信使用习惯与其现实生活中的孤独感具有相关性^⑧；微信构建的信息交流场所使得青年知识女性可通过朋友圈意见发表、公众号的关注评论等行动来构建自我告知的文人形象^⑨，甚至有利于某些使用者进行"性别表演"^⑩。值得注意的是，此类研究大多将微信视为与现实生活有

① DENNIS M. How users matter: The co-construction of users and technology by Nelly Oudshoorn; Trevor Pinch [J]. The British journal of sociology, 2004, 35(4).
② MCLUHAN M. The Gutenberg Galaxy: The making of typographic man [M]. Toronto: University of Toronto Press. 1962.
③ LEVINSON, P. Digital Mcluhan: A guide to the information millennium [J]. AcmSigcas computers & society. 1999, 103(1).
④ KLAPP, O E. Overload and boredom [M]. Westport, CN: Greenwood Press, 1986.
⑤ 吴莹，卢雨霞，陈家建，等. 跟随行动者重组社会——读拉图尔的《重组社会：行动者网络理论》[J]. 社会学研究，2008（02）.
⑥ 孙玮. 微信：中国人的"在世存有"[J]. 学术月刊，2015（12）.
⑦ 蒋建国. 微信成瘾：社交幻化与自我迷失 [J]. 南京社会科学，2014（11）.
⑧ 焦开山. 孤独感与移动互联网使用——以大学生微信使用为例 [J]. 青年研究，2016（04）.
⑨ 梁娜. 青年知识女性微信中的自我形象建构研究——基于微信社交行为的分析 [D]. 南京：南京大学，2015.
⑩ 龙慧蕊. 中国青年群体性别气质呈现与模糊化：基于微信虚拟空间的性别表演 [C]. 中华新闻传播学术联盟研究生学术研讨会. 2014.

所区隔的虚拟空间，空间中的人被凸显了出来，成为某种虚拟存在而在空间中进行意义建构；微信使用者也成为虚拟与现实二分关系下的实践者与人格特质持有者，在朋友圈以及微信日常对话中展开行动，进而构建自我形象。然而，若将微信理解为一种在主体和技术互动之下开辟的虚拟生存空间，讨论这一虚拟生存空间内人们的行动逻辑、主张和命运，以及虚拟空间与现实生活空间的差异与交集，看似充分重视了微信所创造的新社会，却陷入了一场先入为主的虚拟－现实社会二元对立幻影。

孙玮以存在现象学的技术论为基础进行探讨，从而提出一种微信世界观，不再将微信世界与日常生活世界隔离开来："微信呈现了一种公域与私域、现实与虚拟、线上与线下混杂互嵌的移动场景，也由此开启了人类一种崭新的存在方式。"一些跳出特殊人群、关注人们在朋友圈中的"点赞"行为和微信群运作的研究虽未点明此观点，但也已关注到了微信与日常生活世界的双重嵌入。例如，在微信群中，群成员的去或留、发言或沉默等各类行为均会受到群中议题、资本、权力的因素影响[1]；而"点赞"作为象征符号，其背后蕴含的交往意义一方面给予相关者积极的心理支持，一方面又催生了"虚假的沟通"[2]。以上关于微信日常使用的分析有如下特征：（1）均强调微信的"熟人圈子"特征，使用者身处其中，受到他者的暗示与压力。（2）关注到"点赞"等极简化的人际交往工具对沟通可能造成的负面影响：人们为追求社会资本的积累而利用技术时，会赋予技术更开放的意义创造空间，反而导致了意义的模糊化。

总而言之，虚拟性或许是理解技术与社会生活空间的关键入手点，然而，微信时代社会生活的特殊性就在于，它以技术手段促进了社会行动网络的剧烈重构。这里所说的行动网络，指的是韦伯意义上的人们生活所依赖的意义网络。对行动者而言，它并不区分虚拟还是现实，甚至并不存在虚拟和现实。因此，技术与使用者复杂的交往互动，决定了微信所参与构筑的行动者网络的结构、形态与未来，而这个行动者网络，则是我们的研究对象——微信弃用者——所面对、参与、为之焦虑、采取行动的社会空间。社会，在这里，不是一个已经存在、发挥结构力量的实体，而是等待被解释和描绘的对象本身。

以下，我们将采取行动者网络的视角，观察微信平台与使用者之间的互动及生成网络的具体特征。

（一）真实的身体感

互联网早期，有一个如同谒语般的说法："在互联网上，没人知道你是一条狗。"（On the Internet, nobody knows you're a dog.）基于匿名性的社会交往，曾经是互联网最典型的特征。然而，微信的成功恰恰与此背道而驰。2011 年，微信先于其他社交网络开发出独有的语音收发功能。此前的网络即时通信功能，一直秉持匿名性的特征，提供一种以文字及少量图片为中心的交往方式，使用者身处文字背后，按照自己的意愿、选择某种方式进行信息的输出和解读。而语音功能所承载的声音，则是个体特有的身体特征，真实可辨。在技术上，这可能只是一个集合了语音功能的微小发展，但从使用者角度而言，当他主动利用语音进行即时沟通，意

---

① 蒋建国.微信成瘾：社交幻化与自我迷失 [J].南京社会科学，2014（11）.
② 刘一鸥，陈肖静.微信朋友圈"点赞"行为文化表达的逆向思考 [J].当代传播（汉文版），2015（04）.

味着他愿意在可以操控的文字之外，通过无法改变的声音展现出一部分真实的自己：一方面，这种展现真实自我的意愿必然更多地指向生活中认识的人，这与微信的联系人添加设置紧密相连；另一方面，语音对传统人际交往的高度模拟，即通过音色、语调、口音、语气、背景音所营造出来的情境感，也将微信即时通信功能的定位拉向真实生活本身[①]。

与语音类似，微信在 2014 年推出小视频功能，更将使用过程中的人际互动指向直接的身体存在。作为移动客户端，微信试图在使用者的动态经历之上打造一个更加逼近真实的世界。相比于被各大社交平台广泛运用的图片社交，小视频直接反映了使用者日常的生活经历，是未经修饰的、向受众传递实在触感的媒介。小视频被广泛应用于使用者的日常生活聊天与朋友圈展示当中，成为比长视频更具即时社交特性、比图片更具动态真实性的社交手段。

身体从匿名到在场，构成了微信社会网络极为突出的特征。

（二）真实的社交网络

与匿名性相对应的，是早期互联网产品背后隐藏的陌生人社交模式。早期的 ICQ、QQ 等在线联系工具，帮助第一代网民突破身边的社交网络，与世界各地的陌生人自由交往。[②]博客与微博环境下，使用者可以通过搜索任何关键词找到内容发布者，并与之建立关注－被关注的个人联系；人人网虽然将此功能的范围缩小到以学校为纽带的圈子内，但内容转发功能还是可以让使用者在联系人转发的内容来源链条中直接寻找到感兴趣但素不相识的人；QQ 的使用者不但可以通过号码查找来添加好友，还可以通过选择年龄、所在地、性别等进行条件搜索，来满足其交往需求。

相比而言，微信塑造出的是一个半封闭的人际圈子——设微信号、关联手机号、二维码、群聊、名片等联系人添加方式，都有一个前提条件：双方必须在现实生活中发生直接或间接的接触与联系。微信中所有互动的发生几乎都依赖于这一进入门槛，保证了使用者在一个相对稳定非虚拟的熟人关系网络中开展交往行动。换言之，微信的世界里，我们不会遇到一个真正的陌生人。

（三）真实的交往行为

微信的分享平台"朋友圈"，同其他社交网络的分享平台一样，具有进行分组发布、点赞和评论等功能。然而，由于联系人列表与真实人脉高度一致，微信朋友圈中的行为不可避免地受到熟人社会交往规则的强力支配。在匿名性和陌生人社交的背景下，互联网使用者可能会产生某种类似 avatar 式的虚拟人格。[③]然而，在微信背景下，交往和互动更多的是基于真实的亲子关系、同事关系、上下级关系、同学关系、同乡关系、恋人关系和朋友关系，即使是与不太熟悉的人的交往，也基本从属于某个真实的人际脉络。

微信不断开发的新功能，也旨在对线上交往行为和真实的人际关系进行加固。

---

① 值得指出的是，QQ 的语音功能于 2014 年开通，且带有可选择的变声设置，这在事实上指向一种更具后现代意义的身体假设。

② 相比学术研究，互联网早期的文学和电影作品更典型地体现了这种对陌生人社交的向往，以及人们想要超出日常生活领域的欲望，例如《告别薇安》《电子情书》等。

③ 陈文娟. 数字人格：数字虚拟世界的另一个"我"[D]. 首都师范大学，2009.

2015 春节上线的"红包"功能，通过在这一特定时间点与团聚、发红包等传统习俗的结合，大为流行，并在此之后作为金钱流通手段得到沿用。它除了满足使用者的生活服务需求外，还充当着各种交往中的意义载体，如道谢、道歉、祝福等。

（四）永不消逝的熟人社会

巴洛曾在《赛博空间独立宣言》中宣布："我们的世界既无所不在，又虚无缥缈，但它绝不是实体所存的世界。"① 虽然这种极端的网络自由主义已经被证明是又一个技术乌托邦的梦想，但微信所致力于创造的熟人世界，以及这个世界里高度的去匿名化、去陌生化和封闭性，相信仍然会让早期的网络参与者大为震惊：具有高度时空延展性的微信在同线下生活共融的过程中，已经缔造了一个 24 小时贴身在线的"熟人社会"。

就其功能而言，微信在持续开发、更新的过程中最大限度地涵盖了日常生活所能涉及的方方面面。如工厂流水线一般，微信在我们的生活中构筑起一条欲求传送带，将各类社会资源进行集成、贯通与输送。单微信"钱包"一栏中，便涵盖了支付、出行、购物、就医、缴费、理财等十余种功能，在最大限度上打通不同需求之间的技术与空间距离屏障，与人际沟通功能一道，使得微信能够串联起一个人的基本日常生活轨迹，在潜移默化之中增强了使用者对于产品的依赖性。而微信对当代生活最为革命性的创造之处在于对日常人际交往无孔不入的渗透：它并不试图打破熟人社会，而是将其作为载体，不断以使用者的日常生活为原料进行熟人社会的再生产。日常交往的生活圈子已被微信内含，使用者所赖以生存的情感交流、工作沟通、人际维护均被囊括于聊天、群聊、朋友圈等互动之中，在技术所构建起的空间中，人们足以利用各项功能经营人际生活，并进行社会资本积累。同时，流动的信息、细节与未知性也不断在这一时空中流转，它们因其发布者与使用者的熟人关系，在不同程度上扩充着使用者的日常生活可能，且拉近他们同这一时空之间的距离，使其欲罢不能。一个典型的例证是，尽管微信对外保持着相对封闭的准入机制，但在以使用者为中心的熟人世界内部，却保持着高度的关联性与活力。它试图通过各种功能，来尽可能减少使用者与熟人之间因时间、空间相互区隔所造成的距离感。语音、图片、小视频、红包，人们可以通过各种形式进行日常交流与分享。日常生活的每一个瞬间，因此得以从具体的时空之流中被凝固、截取、长久储存、提取、传播、分享。熟人所构成的网络，在微信所构筑的时空里，因此得以保持永不消逝的在场感。也正是在技术与人的行动相互碰撞的过程中，一个寓于微信平台的生活世界随之产生。使用者逐渐依附于这套体系，建立起依赖熟人关系乃至亲密关系而存在的自我。

三 弃用：行动者放弃了什么？

在我们的调查中，所谓的弃用，指使用者通过采取关闭朋友圈、卸载微信等行动，以极端的形式使技术及其承载的社交内容本身"消失"，从而从以上所描述的微信生活世界中退出的行为。②

---

① BARLOW J P. A declaration of independence of cyberspace [J]. Humanist, 1996(9).
② 使用者通过一系列技术操作，取消某些次要功能，如消息提醒、设置黑名单等，不在本文关于弃用的讨论之列。

具体来说，朋友圈功能的关闭，使得弃用者不能再即刻将生活投入公共分享，亦不能再时刻跟进联系人的日常生活状态。虽然私聊、群聊功能仍然正常运行，但弃用者的日常社交生活圈会发生相当大的变化：继续围绕具体事务交流，而没有发生事务型交往的联系人群体则被隔绝在可接触范围之外，潜在的互动机会将不再能被弃用者感知和利用。换言之，朋友圈弃用者的熟人世界不再具有极大的时空延展性。相对于微信所构筑的熟人时空，弃用者实现了一次有组织的撤离，或者说从社会生活中的隐退。

彻底不再使用微信的全部功能，则意味着放弃所有基于微信平台的通信、分享、生活服务等功能，由此将微信所创设的时空从日常生活中消除。除去使用者因信息获取通道的切断和生活服务工具的离去而产生的不适与不便感外，其弃用行为本身也不可避免地对其所处的人际网络带来影响。

从深度访谈的 11 则个案①中，我们识别并抽象出三种不同的弃用者类型：信息过载型、关注过载型和任务过载型。基于这三种理性类型，在这一部分我们将致力于回答以下问题：基于弃用行动，使用者究竟在对抗怎样的微信世界？不同的行动者在选择弃用微信功能时的意图是否存在差别？如果说放弃意味着对微信世界不断嵌入日常生活趋势的抵抗，那么对于不同类型的弃用者，他们所抵抗的意义又有何差异？

（一）信息过载型

此类弃用者表现出类似于克拉普所描述的信息过载（information overload）状态，这一概念原本指接收信息超过个人或系统所能处理或有效利用的范围，并导致故障的情况。②具体到我们的案例中，当大量的他人生活场景通过微信的聊天、群组和朋友圈快速呈现时，使用者所接触到的信息变得异常庞杂，此类弃用者往往通过一定的调整手段，如彻底取消朋友圈功能，来完成对生活基本格局的重新掌控。

传播学研究通常将信息过载的负面效应总结为厌烦（boredom）和过多刺激导致的焦虑（anxiety），但这种在现象与情绪之间建立相关性的方式，无法解释信息过载究竟在何种意义上影响到行动者的生活，或者说，它给行动者的生活世界带来了怎样的变化。

作为微信的核心功能之一，朋友圈在某种程度上承担着使用者在私聊、群聊中无法得到满足的信息输出欲望，当人们需要表达观点、分享生活、展示自我或扩散信息时，朋友圈显然是一个极佳的"新闻发布会"场所。然而换一个角度，对这些新闻的读者而言，朋友圈状态的频繁发布无异于无数个人生的现场展演：

> 上大学好友膨胀得特别快，我统计过，大一100多个好友，现在将近800，但里面很多人是我认识的，不同程度，就发现朋友圈刷不过来了，信息更新非常快，但不是很想看到……有的人记录生活。（20161024KGL）

---

① 11 则个案分别来两种方式：一是论坛发帖，招募有过弃用行为的访谈对象；一是利用微信联系人网络，寻找并招募有过弃用行为的访谈对象。我们在 2016 年 9 月至 2016 年 11 月间针对每一位被访者进行了一对一的深度访谈。这种研究方法决定了我们的研究无法穷尽所有的弃用者类型，也不能保证访谈对象具有相对于总体的代表性，但这不构成我们从深度访谈的丰富细节中识别、建构理想类型的障碍。

② KLAPP, O E. Overload and boredom [M]. Westport, CN: Greenwood Press, 1986.

设想回到没有互联网的时空，人们的生活细节能够被其他人感知，一般要通过共同生活、见面聊天、电话、书信等途径方可实现，而感知细节的具体程度，则与交谈双方的关系密切程度有关。

> 比较熟的会聊天，大学的高中的初中的，一个月聊三四次，聊多了我也觉得烦，毕竟没有在一起生活，聊多了会让彼此觉得更加陌生。大学同学经常会有事情说一说，吐槽吐槽，室友比较多，或者班里的同学。（20161024YY）

在 QQ 和微博占据主导地位的互联网时空，由于交往一定程度上的匿名性和陌生关系，生活细节的披露并不是交往的主要内容。然而，在微信时空下，朋友圈的主旨即在于分享生活和展示自我，且如何展示、展示什么取决于发布者的自我意识，阅读者仅仅处于一个接收的状态。在这种情况底下，"好友"及其生活细节以前所未有的巨大体量涌向微信的使用者。

> 最开始登录以后，有一个 panic（惊慌）的事情。所有的手机联系人会自动显示，我就觉得：天哪，我就只想加一下几个朋友，看他们在干嘛，没想所有人都加。就觉得那样太疯狂了，然后不就全都暴露了吗？大家竟然全都有微信。（20160921ZH）
>
> 觉得信息太冗杂了，大家在干什么的信息突然涌向我，但我对这些越来越不关心了。这样特别不好，社交网络让生活更复杂，想不明白自己的状态和想要什么。（20161025TXJ）

其他人生活细节的涌入，无异于在部分使用者的生活里插入了另一套，甚至多套不同的时间系统。按照受访者 K 的个人生活想象，她需要在大一下学期通过转专业考试，这样才能顺利完成她对于大学生活的整体规划，乃至为未来的人生打下良好的基础，但是微信通过对同学生活细节的展示，将"春假"的时间系统挤进了她的视野，导致她自身日常生活的一次小型危机。

> 第一次停用朋友圈是大一下，春假前。后来（用于备考的）时间不够，就觉得朋友圈不好，不能沉迷于它。因为刷的时候老想着大家都去玩了我也想去，但是我不能去，有点失落和难受。但我有强迫症不能看到那个小红点，想把它消掉，一点进去就又开始刷和失落。复习起来就不太能集中注意力和专心了。（20161024KGL）

朋友圈的生活展演不但增加了时间系统的复杂性，也促进了自我认知系统的复杂性。人的自我评价往往取决于参照群体的设置 [①]，在线下生活中，分层在某种程度上会影响层级之间的日常交往，但在微信社会空间，参照群体的设置主动权很难被用户自行操控，甚至也不取决于

---

① KREIDL M. Perceptions of poverty and wealth in western and post-communist countries [J]. Social justice research, 2000, 13(2)；怀默霆. 中国民众如何看待当前的社会不平等 [J]. 社会学研究, 2009（01）.

他们和参照群体的日常生活接触。只要有非常薄的社会关系，例如高中好友在一个交流项目里的朋友，处于悬殊巨大层级的人们往往能够互相看到生活细节的分享。

> 有的时候考试是看信息获取能力，比如师兄师姐给的资料，本来觉得自己复习得还可以，但是看到票圈有人发师兄师姐发的范围，然后我就很焦虑，就关掉了。（20161024KGL）

除了会激发出更多焦虑，当使用者透过朋友圈认识到自身行为或观点与群体中的他人格格不入时，也会激发出一种更为复杂的自我认知，即生活在庞大的他者群体巨大影响下的危机感，甚至焦虑。

> 讨厌深夜发娇情文的，觉得不行就别做，想做就做，发朋友圈有什么用，负能量。因为相互关注也不好意思取消，还屏蔽过经常发自拍的，受不了……觉得烦，就觉得世界上没有一个可以自由发泄的地方吗？（20161025YY）

总而言之，对信息过载型弃用者来说，微信带给他们最大的困扰，是将其他人的生活细节大量地带入了自己的生活，伴随着生活细节而来的，是其他人的时间系统、生活水平、消费层次、价值体系、政治倾向等，对原本处于稳态的生活预期、时间计划、自我评价、自我认知构成了冲击和挑战，而这部分使用者又没有足够的能力，在个人生活系统内部消化这些信息带来的冲击，为保护自己的生活按预期运行，他们选择通过关闭朋友圈，让自己与朋友圈所展示的其他群体相互隔离，从而避免比较、衡量与压迫。

（二）关注过载型

此类弃用者同样是出于某种不堪重负的状态，做出弃用朋友圈或卸载微信的决定，但他们无法处理的，不是过多的信息和外在参照群体，而是在微信时空中被激发出的过多的自我关注。

由于"熟人社会"因微信的存在而无限延伸，微信世界呈现出的样貌十分复杂，工作、家庭、学业、人际交往等多重要素交互杂糅，共同指向社交行动背后的意义生产。关注过载型的弃用者往往对意义的生产过程极度敏感，因而难以随心所欲地进行表达，而受制于基于真实社会关系的礼貌与规范。

> 加不认识的人也得给面子，不好不加；但后来就忘了这人是谁，得设名片、用微信分组，也花时间。有的时候没分组，有的信息不适合给他看就发出去了。微信是卡拉OK，微博是广场舞，微信还是要多少打个招呼。某种时候即使是一面之交，相互之间也有某种期待。想你点赞但没点赞就不大合适，就好像你对人家有意见……有的人还是在意别人转不转，以己之心度人之腹嘛。发点小孩过生日什么的期待点赞，痛苦的时候期待安慰，都是人之常情，可以理解。如果期待的话就会花很多精力。由于技术（方便）的原因就凑合了，之前不愿离开（朋友圈）的原因是怕造成误会，没时间看的话就要往前翻，（害怕）该点赞没点赞，该问候没问候。（20160917FSZ）

在这种类型的使用者看来，微信更像是一出"情景剧"：使用者一方面是他者舞台下的"观众"，接收来自演员释放出的意义信号，并且根据自身所处的即时性场景而做出不同形式的回馈；另一方面，使用者也是自己微信舞台上的"演员"，需要他者的参观与回应来达成自我期待的满足。二者随时互相"监督"，营造出了亲密的交往空间。

桑内特指出，对自我的迷恋就是不断追问"这个人，这件事对我有什么意义"[1]，当微信上的互动行为令得人们不间断地陷入这种追问，使用者就会陷入一种关注过载的状态。受访者 Z 在这种无止境的关于自我确认的等待中深受其扰。

> 原本这个过程是让我享受的。第一条朋友圈是来北京下了第一场雨，当时我高中班主任还在底下赞还是评论，还有几个同学点赞评论。当时就觉得："嗯？还有人认可，挺好的。"当时觉得点赞是大家互动的方式，觉得有人关注你关心你。所以以前会比较多地发朋友圈，发开心的事。后来感到不舒服是因为我会一直等：等什么人会点赞，什么人会评论，等到之后会一一回复……（20160919ZYM）

而她弃用微信的理由正是："我不喜欢依赖别人的感觉，非常讨厌期待着什么不确定的东西。"由此可见，熟人圈中的交往行为本身是被使用者承认的，人们按照真实关系的亲疏远近去发送、解读和期待载于技术的行动。每个用户都同时身负演员与观众的角色，将"发布""点赞""分享"等普通功能道具转写为"关心""嘲笑""炫耀"等意义性表达。人们的交往行为在很大程度上就建立在对隐藏含义的想象基础上，无论是哪一方均有可能身处"期望不对称"的状况，若是交流双方对意义的解读出现偏差，其关系便可能会受到潜在影响。

因此，当人们对于每一个微小的、由技术承载的互动行为可能对人际产生的后果进行想象并受其支配时，使用者花在人际关系维护上的时间成本大大增加。关闭朋友圈或不再使用微信，便成为这一类使用者逃离由于技术而"变本加厉"的熟人社会以调整自身情绪及人际交往的尝试。

正如受访者 F 谈及不愿意在朋友圈频繁送赞，便是他选择弃用的前奏：

> 这种期待的满足总是有不对称的情况发生。比如你是因为 A 原因没满足，但会被别人理解成 B 原因。要是要人人满意的话，就得天天给人送赞。就要花太多时间，也没太大意义，干脆除了不是十分必要就不露面了。（20160917FSZ）

（三）任务过载型

与前面两种类型不同，任务过载型的弃用者所面临的危机来自日常生活总体。他们往往是在人生的某一个关键阶段或者时点，积聚着巨大的压力，有非常明确的问题需要解决。在这种情况下，他们将弃用微信作为解决人生问题的关键。

---

[1] 理查德·桑内特. 公共人的衰落 [M]. 李继宏，译. 上海：上海译文出版社，2014：10.

在使用微信近三年后，受访者 T 进行了为期一个月的弃用。进入大学后，T 的生活与高中相比，发生了巨大的变化，生活内容从单纯的学习扩张为学习、社团活动、工作实践、情感关系等多个方向，基于生活的变化，也因为微信的加入，她的人脉圈迅速扩张，并在一段时间之后，因为无法处理好新旧关系感到整个生活陷入了混乱。

> 我当时跟各种人聊天，还有学生会工作，和以前的同学的关系也很混乱，大家分开了，不想和谁联系了又不好意思讲……（当时）思想走到极端，表面上看不出来，实际上比较烦躁，觉得自己挣扎在无望里。（20161025TXJ）

T 也在努力寻找改变生活的方式：

> 不想接电话，想和不想联系的人断了联系。有时候你会很难挂掉一个人的电话，想来想去不想把这个关系进行下去了，我觉得很勉强。精力有限，没法做其他的事。（20161025TXJ）

最后，她决定停掉微信，因为她认为，这种千头万绪的生活状态，"微信的因素占了大半。停用一阵的话，就可以慢慢不联系了"（20161025TXJ）。

与前述两种弃用者相比，任务过载型的"敌人"既非信息内容，也非过多目光的注视，而是主体同微信之间的关系。他们深知微信对日常生活和人际网络的介入程度，因而强行设定将这个复杂的时空彻底从生活中袪除，简化日常生活中所需要面对的任务结构，从而实现注意力的重新分配。有趣的是，他们通过调整个体与微信之间关系的方式所想达到的目标，却是减弱由生活方式发生变化而带来的真实复杂性。

（四）弃用者理想类型的比较

基于为何弃用的不同回答，我们识别并建构起三个弃用者的理想类型，可以尝试通过理想类型的比较，回答开头所提出的问题：基于弃用行动，使用者究竟在对抗怎样的微信世界？如果说放弃意味着对微信世界不断嵌入日常生活趋势的抵抗，那么对于不同类型的弃用者，他们所抵抗的对象又有何差异？进而，他们透过这种抵抗的行为，到底意图完成对生活世界怎样的控制？

表 1　弃用者的理想类型

弃用者类型	弃用者眼中的微信	抵抗什么？	控制什么？
信息过载型	将太多人的生活细节代入使用者的世界	日趋复杂的生活系统	社会场景
关注过载型	将太多人的目光带入使用者的自我结构	过于紧密的人际关系	自我发展
任务过载型	将一个全新的时空带入使用者的生活	时空系统的分裂与爆炸	时空系统

四　重建：控制系统的建立与发展

从弃用的起因与过程来看，弃用者并非渴望回到脱离便捷移动网络的"原始"社会，而是面对日趋复杂的生活系统、过于紧密的人际关系、超出自身调控能力之外的复杂时空，所做出弃用这种应激性反应。由于微信是一个基于熟人关系、连接线上和线下生活的平台，弃用的决定和行动并无法彻底斩断使用者和微信世界的关系。正如受访者 T 所说，她想要简化人际关系退出微信的决定，反而影响了现实中的"学生会工作，后来我的部长跟我说我关微信太奇怪，一度把我排除在考虑范围之外"（20161025TXJ）。

熟人社会的"黏性"①迫使弃用者们开始了与微信分分合合的过程。他们在重建"后"微信生活中遇到的困难，集中体现在社交信息缺失方面。好友在向公众发布自身的状态、心情，只有弃用者由于关闭了朋友圈，无法即时跟进，这无疑会对双方日后的社交期待和互动发生一定的影响，而在人人用微信的背景下，强行从这个世界里退出，也会激发 T 所遇到的困境：这是一种不正常的事情，即使不会被否定性评价，可能也会被质疑。

> 这次回来特别受刺激，水果摊都可以扫二维码，但是付现金他们也会收呀，不过确实是感到比较方便。比如昨天买什么东西，它就要支付宝，我说我手机上没有支付宝那个 App，他们都很吃惊……（20160921ZH）

更重要的是，弃用者可能在这个过程中，无法获得与自身生活密切相关的重要信息，而使得现实生活的开展具有更大的风险。

> 目前是做不到永久地离开。以前的社交网络不会像微信一样耗费我这么多时间，走在路上不开 4G 我都觉得不安全。班群的通知什么的，是一种最有效率的方式，逼着大家都去 follow（持续关注）。我思考过，但觉得无法摆脱它。（20161024KGL）

在我们的调查中，所有弃用者都历经了从"不习惯、仍旧想看"，到渐渐"习惯、不再想看"，但最后还是逐渐回归微信的过程。重新回归并不意味着完全重复之前的状态。虽然弃用者们走向了复归，但弃用经历带给其自身的思考，促使他们尝试通过各种应对策略，进行以日常为导向的"后"微信生活重建，以在使用和抵抗之间实现某种平衡，而且不同类型的弃用者根据其对微信社会的认识与曾经的抵抗原因，发展出的生活重建策略以及同微信建立的关系也各不相同。

（一）信息过载型

因微信将过多他人生活代入私人生活而感到焦虑的弃用者，在回归微信社会后，普遍倾向

---

① HEATH C, HEATH D. Made to stick [M]. New York: Random House, 2007.

于利用微信内部的技术，从观看者与发布者视角分别对朋友圈内容进行管理，基于自身需求，来挑选进入视野的信息种类和频次。

为将朋友圈变成一个"自己愿意看的东西"，部分弃用者开始对联系人设立更严格的准入门槛，换言之，就是对熟人社会进行分层分类管理，而不是任由技术平台将之扁平化扩展。

> 很多大群，我是不得已待在里面的，也没法退群，所以重要的信息一定会知道。其他的大群，如果可以选择、如果有人在里面发莫名其妙的东西，我就退群了，能退的我都退了，剩下的基本上都是有用的。……还有要加我的基本我都不同意，比如很多高中同学申请很多次我都说不加，坚决不加，如果高中同学好的我会跟他们联系的。（20161018ZH）
>
> 新加的大部分人都选了不看他们的朋友圈。……加的时候就会大概看一下，他会发些什么样的东西，绝大多数都会选择不看，不然每天就会觉得负担特别重。从一开始就会（筛选），除非有一些人本来就是朋友。（20161018ZH）

与此同时，弃用经历也令行动者有意识地规划自己发布的内容，以照顾到他人的阅读感受。考虑到过多信息曾带给自身的压迫感，以及分组发布的风险性，他们发布朋友圈的频率在重回微信社会后均有不同程度的降低，私信与群聊便会作为分享、表达欲望的替代出口。在内容方面，则会基于个人喜好、社交需求与形象维护精心挑选发布内容。

> 会发特别需要转的，很希望去支持的，比如我朋友做的那个公益，但我也很限制量，比如一个月最多发五条。（20161018ZH）
>
> 慢慢发得少了，但会管理朋友圈，（因为）加了新认识的人会先翻朋友圈，（朋友圈）代表了自己。（但是因为）不知道如何管理所以会少发。……会筛选内容，发些正能量的。（20161024KGL）

对比信息过载型弃用者的"前""后"微信生活，他们对微信的使用经历了一个逐渐走向谨慎的过程。不同于在"前"微信生活中因信息冲击而感到不适与失控，他们开始频繁利用准入、屏蔽等功能，对可接受信息与自身发布的信息进行双重调整和选择性接受。

（二）关注过载型

依赖真实人际关系而运行的期待传递与满足机制，不会随着某类信息的淡去或某种问题的解决而消失，因此，关注过载型弃用者在回到微信这个充满不确定性与焦虑感的互动空间后，多主动调节自身行为节奏与模式，实行有抽离倾向的微信使用方式，基于自身的节奏，选择将自身暴露在熟人社会目光之下的时机。

在回归后的生活重建中，行动者除了降低在朋友圈点赞、回复的频率，还将"弃用"转换为一种间歇的习惯性策略。在这种情况下，弃用微信不再是日常生活中的一种应激状态，而是随主体特定需要而调整的灵活手段。

受访者 Z 在弃用失败、被迫重返微信后，发展出了与微信独特的相处模式：在某些特殊时期，如非常需要集中精力但又不会收到太多重要信息的阶段，进行宽松、灵活的停用，而只有在需要情感慰藉时，才将自己重新放到公共空间内，展开与其他人的情感交流。

> 那为什么期末还要主动停用？因为压力大，就要找个倾泻口。……考完就重新用，停了之后很爽，每次停都很爽，我会特别集中精力在做事情，每次有考试我都会慢慢卸掉所有影响我注意力的 App，可以管住自己，因为真的很不想用。……只有回来的时候，想聊天、交流一下看的书的时候才会用一下微信。……这种时候觉得微信还是挺好的东西。（20160919ZYM）

（三）任务过载型

由于造成任务过载型弃用的根本矛盾在于社会生活本身，这一群体在重回微信后，通常并无明显的、针对微信使用习惯的调整与改造。然而，弃用经历不可避免地给其带来潜在影响，使得他们在看似自然地重新开始"玩微信"之后，在如何"玩"的假设中仍然发生了一定的变化。他们通常开始逐渐基于自身的喜好，将微信看作与微博类似的内容提供者，展开阅读者与对象的互动。

受访者 G 在停止使用朋友圈数星期后重新打开它，发现"觉得自己不如原来那么想看了"。不同于弃用前一定要看完每一条朋友圈的内容，他现在会仅挑几个自己关注的好友，偶尔点进去他们的朋友圈，看看发了什么有价值的内容。

弃用和无微信生活的经历，令使用者在一定程度上在心理层面摆脱了对微信的使用依赖。从照单全收的"刷"到精心安排的"挑"，他们开始更精准地寻找乐趣，更有效率地吸收信息。与严格筛选联系人及其发布内容以避免无益信息的信息过载型弃用者相比，此类群体对于信息的处理更积极、更具针对性、更有取舍。

> （现在刷朋友圈）取决于有没有有意思的文章……真正很重要的事情会点赞。比如有的内容很不错我有了解就评论点赞一下，有同学写了一首歌，我听了一下觉得很不错就点赞一下，有朋友画了幅画（就点赞一下），点赞都是发自内心觉得很厉害的。（20161026GQL）

（四）"重生"：理想类型的比较

微信平台和使用者的互动，在原则上构建了一个永远在线、无处不在的熟人社会。对部分使用者而言，这个社会展现出某些令人焦躁的力量，他们也因循着不同路径而走向弃用的时点。

表2 弃用的诱因、机制和结果

弃用者类型	诱因		机制		弃用结果
信息过载型	他者的生活场景涌入	→	使用者自身时间系统交错,生活系统的复杂性增加自我认知系统的混乱	→	保护私人领域
关注过载型	过密人际互动与审视空间	→	对互动意义进行想象的复杂性增加,维护人际关系的成本增加	→	解放来自互动网络的过度牵制
任务过载型	微信外部空间的复杂性增加	→	生活失衡、内部冲突感加剧,使用者对技术的失控感增加	→	弃用日常生活中的微信部分以调整生活秩序

这三类弃用者在弃用过程中拥有各不相同的经历。在庞大的熟人社会通过技术手段采取不同攻势从社会四面八方进行围攻时,部分使用者经由不同机制一度退出这个世界。对信息过载型弃用者来说,人际关系作为社会资本的累积在更多时候体现为具有强迫性的不对等权力关系,其发生裹挟着无数具有统摄力的言谈、知识与经验细节。在被动接受信息轰炸的过程中,使用者私人空间也为技术所殖民,因而他们通过弃用以实践对自我空间的保护。对关注过载型弃用者而言,微信中不仅包含来自他者的资源介入,更多的是自我心智结构对这套互动模式的反应与解读,因而逃逸微信的控制是寻求对人际关系依赖感的克服以及在复杂互动时空中的自我需求解放。而对任务过载型弃用者来说,各种冲突在生活中迸发,而微信是其中凝结矛盾最为深刻的其中一部分;而弃用过程也是切断对信息依赖的习惯,进而调整生活秩序的人与技术的共生关系。

当这些使用者发现自己已经无法像当年戒掉 BBS 一样,将微信从自己的日常生活中完全铲除时,他们开始逐渐回归,通过更复杂的控制技术来细致地调整个体与这个新社会时空之间的关系。

表3 弃用者的回归和调整

弃用者类型	微信社会的意义	关注	学习
信息过载型	他人的生活	社会场景	技术控制
关注过载型	他者的目光	自我发展	自我控制
任务过载型	双重时空	时空系统	人与技术的关系控制

如果说社会只有被转化为一个巨大的心理系统,社会本身才是有意义的[①],那么经由弃用和重建的过程,微信所创设的社会时空,已然进入到使用者的身心系统,完成了其最终意义的建构。

---

① 理查德·桑内特. 公共人的衰落 [M]. 李继宏,译. 上海:上海译文出版社,2014.

五 结论：微信社会的自我技术与自我生成

"什么是全世界？一个没有面目的无限！一种抽象。"

——米兰·昆德拉[1]

有趣的是，微信时代开始成长的新一代，或许会对昆德拉在 20 世纪末曾经激发深刻共鸣的判断感到隔膜而惊异。从各种方面来说，微信似乎都在承诺带来一个反抽象化的社会。技术开启了另一个社会时空，让原本被认为随着社会化、城市流动、劳动分工的变化等机制而逐渐消退的"熟人社会"，在这一时空内得以长久地、深入地、时时刻刻地存在着，机械团结持续占据着核心的位置。人们每天都在呼吁三观的吻合，热门文章一遍一遍地被转发，时刻呼吁着实质意义上的道德认同，人格化的互动在日常生活的每一次浏览、点赞、回应、转帖当中被不断加固，身份政治让位于身份制，在代表着女性、知识分子之前，我们也许首先是老师、下属、朋友、女儿、妻子和母亲。

但也正是在这个极为特殊（社会理论意义上）又极为普遍（经验层面上）的世界里，我们得到了一个近乎社会实验般的机会，以反向的角度，以隐退和"自杀"这种决然的方式，真实地展现出抽象机制对于现代人的伦理性意义。

所有我们调查的微信弃用者，如果站在微信社会的角度来看，或许不过是些失败者。他们没有能力处理新技术带来的具体而复杂的信息系统，他们过于敏感而陷入对意义的无止尽追问，像一个自恋者等待着无休止的评判。他们有幸生活在一个多元时空系统，却缺乏足够的精力来完成自身的目标，因此他们首先决定放弃，重回更加冷清、孤独的现代社会生活。

BBS 时代，曾经将这种放弃在虚拟社会存在的行为称为"自杀"。尽管技术不断更迭，社区的虚拟型也逐渐成为历史，但这种具有某种象征意味的身份"死亡"无时无刻不在发生。与生物意义上的生命体征结束和虚拟空间上的身份消失类似，"弃用"这一行为的发生，也意味着使用者从一个世界退出的决断和努力。

正是在"自杀"这个维度，我们可以重返文章开头所提出的涂尔干式的问题。如果说"自杀"本质上关联着人的社会属性，是在最不可能出现社会的地方证明社会的力量[2]，那么我们在 21 世纪微信世界里发现的"自杀"，可能也隐藏着这个时代非常特殊、正在缓慢成形的"社会"观念。ID 和 App 取代身体，成为人们在新的社会时空中存在的基本状态，这虽然在某种程度上缓解了"死亡"的绝对性，但它并没有减弱人们在做出这一决定时刻的严肃性：一种抵抗普遍性力量对自我的改造、捍卫自我生活图景的努力。

涂尔干在《社会分工论》的开头指出，他的关注点在于对自我的非功利主义理解，如果我们暂且将他的忧虑和理想放在一边，直接面对他的洞见：自我不仅是亚当·斯密所说的利益主

---

① 米兰·昆德拉. 慢 [M]. 马正骋, 译. 上海：上海译文出版社，2014：29.
② 李猛. 论抽象社会 [J]. 社会学研究，1999 (01).

体，更是一种具有复杂结构的深度自我①，那么揭示这个复杂结构，探究影响这个结构的力量，也许恰恰是今天在中国的具体处境中和涂尔干对话的经验基础。

几乎所有研究者都在逐渐发现，中国人正处在一个自我的重新结构过程当中。这个过程的起点并不清晰②，而终点也不一定就在涂尔干所阐释的现代个人主义方向③。阎云翔通过对市场经济发展历程的剖析，检讨了中国个体主义的可能内涵④，而我们关于微信弃用者的分析，则试图将网络社会的议题加入这场关于中国人自我结构发展的讨论当中。

隐退、"自杀"与"重生"的故事，在这个社会的成功融入者看来，是不成熟者面对世界的异常过程，但从行动者的角度，我们看到，它背后是真正具有社会学根本意义的所谓苦痛性的实践经验。在调查的过程中，我们不断发现人们从过度密集的人际关系和机械团结中挣脱的欲望，也看到这种挣脱究竟有多么困难。这些拒绝而无法退出的人，最终走向一系列日常而复杂的关于应用软件、自我欲望和对象化世界的控制技术，则折射了现代中国人面对过于复杂的熟人社会强大压力时逐渐学习自我治理技术的过程。

对社会学研究而言，更大的困境是，无论是塑造还是学习的过程都并未停止，方向也并未凝固。而这个过程的复杂之处更在于，在这篇文章中，我们仅仅分析了微信作为熟人时空的侧面，显而易见的是，它同时是一个几乎印证了所有后现代消费理论的时空。言辞、照片、视频、转发热帖、朋友圈人脉的强大程度，制造着作为欲望生产者的消费个体。点赞数、评论数，在将人们固定在熟人网络的同时，也在将人的社会欲求转化对数字的渴望；微店的普及、公众号文章的转发和打赏，正在通过熟人社会之间的交往逻辑把市场、资本和货币全面引入个人的生活。熟人社交，是微信作为社会时空的本质，也成为微信作为一个商业平台的支撑性卖点。

那么，这样一个叠加了熟人社会和抽象性消费机制的时空，在慢慢地接管了人们的社会生活之后，究竟会造就一个什么样的世界？而人们在这个世界里自我挣扎、自我考察，经过不断的技术学习和自我控制，又会最终产生一种怎样的自我结构？这些不仅是发生在微信时空的问题，也是发生在很多不同领域内的共同过程，而在这些领域里，社会学所要面对的真正问题，可能才会慢慢浮现。

（本文作者　储卉娟、张颖璐、朱晨聪）

---

① 埃米尔·涂尔干.社会分工论 [M].渠东，译.北京：生活·读书·新知三联书店，2000.

② 费孝通提出的"差序格局"长期以来被看作中国人内在自我结构的传统模式，近年来也受到比较研究和历史研究的批评。首先，圆环外扩的结构被证明不仅仅是中国特有的，而是古代文明中常见的结构，参见梅因.古代法 [M].沈景一，译.北京：商务印书馆，2011；吴飞.母权神话"知母不知父"的西方谱系（上）[J].社会，2014，34（2）。其次，研究者发现，差序格局的平面外扩结构无法容纳家与国两个层面，因而提出了种种替代性变体，参见周飞舟.差序格局和伦理本位：从丧服制度看中国社会结构的基本原则 [J].社会，2015，35（1）。这一批评预计还将随着研究的深入而不断扩展。

③ 这样的假设曾经未受挑战地被置入关于中国现代转型的讨论中。例如法律社会学领域对法治意义的探讨，曾普遍采取欧洲民法中常见的关于现代人的假设，认为"通过法律进行的治理，就是要求社会中的普通人能够为权利而斗争，这本身就是一种社会义务"。参见赵晓力.民法传统经典文本中"人"的观念 [J].北大法律评论，1998（1）。然而近年来的实践和研究都逐步显示，通过法律进行的治理，在中国并未走向要求社会中的普通人为权利而斗争的道路，它本质上仍然是国家义务。

④ 阎云翔.中国社会的个体化 [M].陆洋，等译.上海：上海译文出版社，2012.

附录 2016—2019、2022—2023 年会议议程

2016 年会议议程

时间	发言人	题目
	分主题一：城市·公共生活 **评议人：赖立里、魏伟**	
11月5日 上午	刘文楠	晚清上海日常生活中的爆竹
	郭春宁	寻常物的嬗变：以 AANAATT 为例分析动画艺术家对日常物的改造
	罗攀	有机可乘——关于有机食品、农夫市集的人类学调查
	刘威	"好人好事"：中国式慈善的日常生活面孔
	朱妍、林盼	宗族俱乐部的兴起：修谱活动中的代际分化与青年人利益诉求
	分主题二：情感 **评议人：张慧、肖索未**	
11月5日 下午	袁长庚	疯人张宇——个体创伤叙事中的"当代"及其反思
	邓国基、徐志伟	虚拟恋人（上）：中国互联网中的情感劳动研究
	史华罗、张慧	明清中国士人对社会变迁的新应对
	符广兴	"Gaig"：佤族布饶人的害羞观念与社会性别建构
	张超	制造日常生活恐慌：边缘女性的自我赋权策略
	分主题三：性·身体·家庭 **评议人：富晓星、黄盈盈**	
11月6日 上午	邢朝国	私房钱的道德评价——兼论中国农村家庭的个体化
	肖索未	"时尚的重要性"：消费文化、婚外包养与都市女性的"尊严经济"
	刘宏涛	日常行为、制度行为与空间：海南黎族的例子
	鲍雨	残障者的身体管理——基于对脊髓损伤者的日常生活研究
	魏伟	同性伴侣家庭的生育：实现途径、家庭生活和社会适应

时间	发言人	题目
	分主题四：理论与方法 **评议人：储卉娟、冯仕政**	
11月6日 下午	孙飞宇	忏悔者与生活世界
	赖立里	日常生活研究方法导论
	贺苗	中国日常生活批判的理论范式及多学科发展态势
	圆桌讨论及总结	

2017 年会议议程

时间	发言人	单位	题目
主题发言 主持人：黄盈盈			
10月28日 上午	冯珠娣	芝加哥大学人类学系、Max Palevsky 荣休教授	Anthropology, Everyday Life, and the Cultural Unconscious
分主题一：视觉与音乐 主持人：富晓星 评议人：杨春宇、赖立里			
10月28日 上午	朱靖江	中央民族大学民族学与社会学学院	方苏雅的晚清云南"电影百科"：百年前的昆明市井生活
	富晓星	中国人民大学社会与人口学院	作为行动者的摄影机：影视人类学的一种尝试
	王凤	天津大学冯骥才文学艺术研究院博物馆部	中国古代女性形象及其生活空间的建构与表达：以四大木版年画为考察中心
	王黔	宜宾学院	双重性/别矩阵里的迷思：自然、性/别和流行音乐的复合符号体系研究
分主题二：时间与空间 主持人：储卉娟 评议人：张有春、储卉娟			
10月28日 下午	邢婷婷	上海财经大学经济社会学系	自然节律的时间与外在时间之间的张力：从占卜实践观察当代青年人的时间焦虑
	李静玮	四川大学西部边疆安全与发展协同创新中心	东道主生活与游客域限：加德满都泰美尔区的时间制度研究
	李耕	中国社会科学院民族学与人类学研究所	20世纪50年代工厂住宅与主体性重塑：基于北京市某国营工厂职工住宅情况的研究
	梁琛	Alephatlas 建筑设计事务所	安东与我的时空交叠：一个建筑师对于故乡环境与自我形成的分析样本
分主题三：历史与表达 主持人：刘文楠 评议人：李萌昀、刘文楠			
10月29日 上午	封磊	南开大学历史学院	晚清内阁侍读的日常生活:《翁曾翰日记》与其人、其事、其世
	杭苏红	中国社会科学院社会学研究所	无根之群：民国新女性的精神困境
	沈洁	上海社会科学院历史研究所	作为"枢纽"的庙宇：村落场景中的"现代"与"国家"
	杨春宇	中国社会科学院民族学与人类学研究所	"民无幸生"与"各适其性"：中国式生命政治的渊源

时　间	发言人	单　位	题　目
分主题四：方法与叙事 主持人：黄盈盈			
10月29日 下午	罗牧原	香港中文大学性别研究课程与社会学系	死亡与性别：丧母之痛的女性主义自我民族志研究
	储卉娟	中国人民大学社会与人口学院	内在经验及其表达：基于身体叙事实验的观察报告
	黄盈盈	中国人民大学社会与人口学院	从性故事的讲述看"叙述"的陷阱与可能
	赖立里	北京大学医学人文研究院	日常生活再出发：身体、体现、体验
	肖索未	北京师范大学社会学院	因果解释的方法论反思：关于翻译安德鲁·阿博特的缘起
圆桌讨论及总结			

2018 年会议议程

时间	发言人	单位	题目
11 月 2 日上午　9:00—12:30 主持人：闻翔、富晓星			
9:00—9:30	袁一丹	首都师范大学	思想史、生活史与社会实践的交集与断层
9:30—10:00	刘文楠	中国社会科学院	新生活运动：政治视野下的日常生活
10:00—10:30	张丽华	北京大学	鲁迅小说中的"故事"与反讽
10:30—11:00	刘亚秋	中国社会科学杂志社	论记忆中的生和死——以黛玉的日常生活为例
11:00—11:30	朱舸	中国人民大学	追星伦理与粉丝社会： 互联网粉丝群体"后花园"结构探究
11:30—12:30		评议与讨论	
11 月 2 日下午　14:00—17:30 主持人：赖立里、黄盈盈			
时间	发言人	单位	题目
14:00—14:30	肖索未	北京师范大学	"照料劳动"框架下的家政研究
14:30—15:00	钱霖亮	澳大利亚国立大学	电商经济的时间制度与观念——以淘宝、天猫等阿里巴巴平台卖家为中心的讨论
15:00—15:30	龚浩群	中央民族大学	从灵性经济到灵性政治：新自由主义语境下泰国城市中产阶层的修行实践
15:30—16:00	李荣荣	中国社会科学院	地方社会的人物评品与道德经验
16:00—16:30	苏春艳	中国社科院大学	我的网络看病经历
16:30—17:30		评议与讨论	
11 月 3 日上午　8:30—12:00 主持人：肖索未、张慧			
时间	发言人	单位	题目
8:30—9:00	邢婷婷	上海财经大学	从道德判定到境遇诠释——大型城市青年占卜从业者的话语建构分析
9:00—9:30	冯珠娣	芝加哥大学	有关福柯"curiosity"的讨论
9:30—10:00	林丹	中国人民大学	How Chinese and African live with differences in China: inter-ethnic relations in the framework of everyday multiculturalism
10:00—10:30	黄盈盈	中国人民大学	MSM：一个公卫概念的跨国旅行及其问题
10:30—11:00	赖立里	北京大学医学部	日常知识与日常生活
11:00—12:00		总结及讨论 2019 年会议筹备	

2019 年日常生活研究论坛：重拾"好奇心"会议日程

<table>
<tr><td colspan="4" align="center">11 月 9 日上午　9:00—12:30
分主题：关于过去
主持：黄盈盈
评议：黄剑波　岳永逸</td></tr>
<tr><td>时间</td><td>发言人</td><td>单位</td><td>题目</td></tr>
<tr><td>9:00—9:25</td><td>刘文楠</td><td>中国社会科学院近代史研究所</td><td>谁杀了唐有壬和杨永泰？</td></tr>
<tr><td>9:25—9:50</td><td>尹韬</td><td>挪威奥斯陆大学社会人类学系</td><td>从社到文化协会——中原地区一个乡村组织的演变历程</td></tr>
<tr><td>9:50—10:15</td><td>李明洁</td><td>华东师范大学社会发展学院民俗学研究所</td><td>从民国《神祠存废标准》看哥伦比亚大学"门神纸马"专藏</td></tr>
<tr><td>10:15—10:40</td><td>岳永逸</td><td>中国人民大学社会与人口学院</td><td>迷信、社会事实与文字敬拜：现代中国的扶箕研究</td></tr>
<tr><td>10:40—12:00</td><td colspan="3" align="center">评议与讨论</td></tr>
<tr><td colspan="4" align="center">11 月 9 日下午　14:00—17:00
分主题：关于现在
主持：张慧
评议：肖索未　赖立里</td></tr>
<tr><td>时间</td><td>发言人</td><td>单位</td><td>题目</td></tr>
<tr><td>14:00—14:25</td><td>朱剑峰</td><td>复旦大学人类学与民族学研究所</td><td>性别神话的制造：基于上海市某胎儿医学部田野研究的思考</td></tr>
<tr><td>14:25—14:50</td><td>王簴</td><td>中国人民大学社会与人口学院</td><td>卖醉的艺术——美国东西海岸调酒师的舞蹈与脚镣</td></tr>
<tr><td>14:50—15:15</td><td>杨可</td><td>中国社会科学院社会学研究所</td><td>做织女——毛线手工编织时间之变异分殊与理论反思</td></tr>
<tr><td>15:15—15:40</td><td>张劼颖</td><td>中国社会科学院社会学研究所</td><td>人为什么（不）做垃圾分类？——一个民族志的回答</td></tr>
<tr><td>15:40—17:00</td><td colspan="3" align="center">评议与讨论</td></tr>
</table>

11月10日上午　9:00—12:30 分主题：关于可能性 主持：富晓星 评议：邢婷婷　储卉娟			
时间	发言人	单位	题目
9:00—9:25	邓国基	南京大学社会学院	Virtually Girlfriends: "Emergent Femininity" and the Women Who Buy Virtual Loving Services in China
9:25—9:50	张颖璐	杜克大学亚太研究所	"虚拟恋人"——线上恋爱服务中的爱情想象与自我技术
9:50—10:15	郭春宁	中国人民大学艺术学院	VR 中的日常生活想象：在记忆中重构家园
10:15—10:40	屈博洋	青年志市场研究咨询有限公司	视"妄想"为一个学术问题：一个文化研究式的思考
10:40—12:00		评议与讨论	
11月10日下午　14:00—17:00 圆桌讨论			

2022 年会议日程

<table>
<tr>
<td colspan="4">10 月 29 日上午　8:30—12:15
主持：刘文楠、张慧</td>
</tr>
<tr>
<th>时间</th>
<th>发言人</th>
<th>单位</th>
<th>题目</th>
</tr>
<tr>
<td>9:00—9:20</td>
<td>曹寅</td>
<td>清华大学历史系</td>
<td>民族国家和殖民帝国的日常焦虑：战时中印航线的走私者</td>
</tr>
<tr>
<td>9:20—9:40</td>
<td>杨春宇</td>
<td>中国社会科学院民族学与人类学研究所</td>
<td>维新时代的脱魂术：近代云南游冥类鸾书中的文体、危机感与时间意识</td>
</tr>
<tr>
<td>9:40—10:00</td>
<td>刘文楠</td>
<td>中国社会科学院近代史研究所</td>
<td>南京国民政府时期的征工理论与实践</td>
</tr>
<tr>
<td>10:00—10:30</td>
<td colspan="3" align="center">评议与讨论</td>
</tr>
<tr>
<td>10:45—11:05</td>
<td>艾云</td>
<td>中央财经大学社会学系</td>
<td>数字时代金融诈骗是如何组织起来的？——以"中非"公司网络民族志研究为例</td>
</tr>
<tr>
<td>11:05—11:25</td>
<td>钱霖亮</td>
<td>东南大学社会学系</td>
<td>积极的虚假意识：草根带货主播的不稳定劳动与进取精神</td>
</tr>
<tr>
<td>11:25—11:45</td>
<td>张慧</td>
<td>中国人民大学社会与人口学院人类学研究所</td>
<td>生活在两种抗疫模式之中：以在波兰的华人为例</td>
</tr>
<tr>
<td>11:45—12:15</td>
<td colspan="3" align="center">评议与讨论</td>
</tr>
<tr>
<td colspan="4">10 月 29 日下午　14:00—17:40
主持：赖立里、富晓星、黄盈盈</td>
</tr>
<tr>
<th>时间</th>
<th>发言人</th>
<th>单位</th>
<th>题目</th>
</tr>
<tr>
<td>14:00—14:20</td>
<td>吴心越</td>
<td>东南大学人文学院</td>
<td>有限的关怀：养老机构认知症照护的民族志研究</td>
</tr>
<tr>
<td>14:20—14:40</td>
<td>赖立里</td>
<td>北京大学医学与人文学院</td>
<td>当前沿技术进入身体："做试管"女性的日常生活策略</td>
</tr>
<tr>
<td>14:40—15:00</td>
<td colspan="3" align="center">评议与讨论</td>
</tr>
<tr>
<td>15:00—15:20</td>
<td>钟淑如</td>
<td>中山大学旅游学院</td>
<td>作为日常和非日常的菜市场</td>
</tr>
<tr>
<td>15:20—15:40</td>
<td>张静红</td>
<td>南方科技大学社会科学中心</td>
<td>工夫茶、摄像机和潮州的新日常</td>
</tr>
<tr>
<td>15:40—16:00</td>
<td colspan="3" align="center">评议与讨论</td>
</tr>
<tr>
<td>16:15—16:35</td>
<td>苏夜阳</td>
<td>中国科学院基础医学与肿瘤研究所</td>
<td>困在当下的我：历史感与情动的捕捉</td>
</tr>
<tr>
<td>16:35—16:55</td>
<td>黄盈盈</td>
<td>中国人民大学社会与人口学院</td>
<td>大姐与小姐之间：碎片处的阅读</td>
</tr>
<tr>
<td>16:55—17:40</td>
<td colspan="3" align="center">总结与讨论</td>
</tr>
</table>

2023 年会议日程

10 月 22 日 18:00—20:00		
纪录片《余生无余》放映讨论		
主讲人：富晓星		
与谈人：朱靖江		

10 月 21 日上午 8:30—12:00		
主题对谈		
时间	发言人	主题
8:30	张慧	开场发言
8:40—9:40	主持人：张慧 对谈人：安孟竹、朱宇晶	家庭的病理学：人类学视角下的家庭治疗
9:40—10:40	主持人：赖立里 对谈人：肖索未、宋少鹏	从"小保姆"到"家政工"：北京家政服务的市场化变迁（1980—2019）
11:00—12:00	主持人：苏夜阳 对谈人：苏春艳、朱剑峰	照料与家庭：大病家庭的抱团取暖

10 月 21 日下午 8:30—12:00		
主题对谈		
时间	发言人	主题
14:00—15:00	主持人：黄盈盈 对谈人：曹新宇、杨春宇	生活史的常态与非常态：历史学田野与人类学田野方法比较
15:00—16:00	主持人：储卉娟 对谈人：金秋野、李耕	居住这件小事
16:20—17:20	引言人：刘文楠　赖立里	开放讨论：身体、医学－技术、社群
17:20—17:30	黄盈盈	会议总结